Die große
Musikschule

Die große Musikschule

Kinder und Jugendliche lernen musizieren

Herausgegeben von Prof. Dr. Siegmund Helms

NAUMANN & GÖBEL

Inhalt

Vorwort

Musik zu hören bereichert unser Leben – noch schöner ist es, selbst zu musizieren. Kinder kommen schon früh mit der Welt der Musikinstrumente in Berührung: durch Kinderkonzerte, Fernsehen, Familie und Freunde.

Hat das Kind den Wunsch, ein Instrument zu erlernen, bieten sich vielfältige Möglichkeiten. Dieses Buch soll Kindern und Jugendlichen – und ebenso Eltern, Erziehern und Lehrern – die Welt der Musikinstrumente nahe bringen und ihnen helfen, das richtige Instrument zu finden bzw. spielen zu lernen. Sie erfahren alles Wichtige über Einstiegsalter, Ausbildung, Spieltechniken und gemeinsames Musizieren, erhalten außerdem viele praktische Tipps zur Anschaffung und Pflege des passenden Instruments.

Die einzelnen Instrumentengruppen werden jeweils von professionellen Musikern und Musikpädagogen vorgestellt, die jahrelange Unterrichtserfahrung an Musikschulen und Musikhochschulen bzw. als Privatmusiklehrer gesammelt haben. Auf vielen Farbfotos werden alle wichtigen Instrumente – häufig auch von Kindern gespielt – gezeigt.

Der Herausgeber dankt allen Autorinnen und Autoren für ihre Mitarbeit, Musikinstrumentenherstellern, Musikverlagen und Musikhandel dafür, dass sie Materialien und Abbildungen zur Verfügung gestellt oder Werkstattbesuche ermöglicht haben.

Hervorzuheben ist der unermüdliche Einsatz des erfahrenen Pädagogen und Musikers Klaus Heider, ohne den dieses Buch in der vorliegenden Form nicht zustande gekommen wäre. Er hat nicht nur als Redaktionsleiter entscheidend an der Konzeption

mitgewirkt und die Bildauswahl geleitet,sondern auch selbst eigens für dieses Buch zahlreiche Aufnahmen von Musikinstrumenten, musizierenden Kindern und Jugendlichen sowie bei Werkstattbesuchen gemacht. Ihm gilt der besondere Dank von Herausgeber und Verlag.

Dank gilt auch Herrn Burkhard Wepner für den Notensatz und Frau Dr. Marianne Helms für ihre Mithilfe beim Korrekturlesen.

Prof. Dr. Siegmund Helms
Herausgeber

Siegmund Helms

Einleitung

Weshalb musizieren?

Wenn schon das Hören von Musik unser Leben bereichert – um wie viel mehr gewinnen wir, wenn wir selbst musizieren! Wer über einen längeren Zeitabschnitt seines Lebens selbst musiziert hat, hört Musik im Konzert, von der CD oder im Rundfunk viel intensiver als Menschen, die nicht selbst musiziert haben oder musizieren. Viele, die ein Instrument lernen, möchten Musik im wahrsten Sinne des Wortes besser „begreifen". Die eigene Betätigung führt sicherer und besser in das Wesen der Musik ein als alle Theorien und Belehrungen.

Darüber hinaus ist das Erlernen eines Musikinstruments von großem pädagogischen Wert. Kaum eine andere Beschäftigung regt so vieles im Menschen gleichzeitig an wie das Musizieren: Ohren und Augen, Hände und Finger, Kopf und Körper sind an diesem Zusammenspiel beteiligt. Man hat herausgefunden, dass Musizieren das Gehirn in hohem Maße stimuliert. Ein erweiterter Musikunterricht beeinträchtigt nicht die Leistungen in anderen Fächern – ganz im Gegenteil: Die schulischen Leistungen von Kindern, die musizieren, verbessern sich häufig. Musizieren bietet einen hervorragenden Ausgleich zu den Lernformen, wie sie meist in der Schule trainiert werden.

Forschungen haben ergeben, dass Musizieren auch das Sozialverhalten von Kindern positiv beeinflusst. Regelmäßig musizierende Kinder sind deutlich weniger aggressiv und gehen insgesamt toleranter miteinander um als nicht musizierende Kinder. An Schulen mit so genanntem erweiterten Musikunterricht treten Gewalt und Vandalismus seltener auf als an Schulen ohne dieses Unterrichtsangebot.

Musizieren mit anderen erfordert Teamarbeit, Disziplin und Konzentration. Und das Auswendiglernen von Musikstücken fördert das Gedächtnis. Und schließlich entdecken Kinder beim Musizieren in besonderer Weise, dass auch Arbeit und Lernen Spaß machen können, wenn sie feststellen, dass ihre Leistung sich von Tag zu Tag verbessert. Je mehr die allgemeine Musikberieselung zunimmt, umso mehr wächst offensichtlich das Bedürfnis nach Selbsttätigkeit. Wir sollten den Kindern ermöglichen, Musik als Musiziervorgang zu erfahren, als Möglichkeit, eigene Empfindungen auszudrücken.

Die Schülerzahlen an deutschen Musikschulen haben in den letzten Jahrzehnten kontinuierlich zugenommen, und es gibt einen anhaltenden Verkaufserfolg bei Musikinstrumenten. Auch in den allgemein bildenden Schulen gibt es seit etlichen Jahren einen Trend zum Musizieren. Wenn heute Schüler im Musikunterricht weniger gern singen und lieber Instrumente spielen wollen, dann könnte dies mit einer allgemeinen Vorliebe für motorische Aktivitäten zusammenhängen. Hinzu kommt das Schamgefühl vieler Schüler beim eigenen Singen. Dagegen kann das Spiel auf einem Instrument emotional distanzierter ausgeführt werden.

Das Musizieren hat positive Effekte auf andere Bereiche; diese sind jedoch nicht an erster Stelle zu nennen, wenn es um die Frage geht, weshalb Kinder musizieren sollten. Für die meisten Musiker und Musikliebhaber ist die Musik selbst das Ziel. Die außerordentlich vielfältige Welt der Musik fordert uns heraus, stellt immer neue Aufgaben und belohnt uns reichlich. Im Allgemeinen wendet man sich der Musik um der Musik willen zu.

Musikalische Begabung – Musik im Elternhaus

Die gängige Meinung ist: Wer falsch singt, ist unmusikalisch. Dieser simple Fehlschluss begegnet immer wieder und erklärt die Hemmungen so vieler Menschen vor dem aktiven Umgang mit Musik. Kaum ein Kind ist aber tatsächlich musikalisch völlig unbegabt. Von musikalisch Hochbegabten kann man andererseits höchstens in etwa 3 % aller Fälle sprechen. Bei solchen hoch begabten Kindern handelt es sich meist um Mehrfachbegabungen, d.h. um „Überflieger“ auch in anderen Fächern.

Die Eltern sind sehr wichtig für die „Begabung“ und das Musizierenlernen ihrer Kinder. Einstellungen zum Instrumentalspiel werden entscheidend durch musikalische Aktivitäten der Eltern geprägt.

Welches Musikinstrument?

Nicht jedes Instrument ist für jedes Kind geeignet. Die Frage, ob Ihr Kind ein zu ihm passendes Instrument spielt, kann über den Erfolg oder Mißerfolg des Instrumentalunterrichts entscheiden. Kein Kind ist wie das andere. Hier Normen aufzustellen, wäre wenig sinnvoll. Es gibt weder den günstigsten Zeitpunkt für einen Beginn des Instrumentalunterrichts noch das ideale Instrument. Lassen Sie sich von einer Fachkraft eingehend beraten. Sollte Ihr Kind sich nicht entscheiden können, gibt es mehrere Möglichkeiten, unterschiedliche Instrumente kennen zu lernen bzw. auszuprobieren (dazu weiter unten).

Zur Vorbereitung des Instrumentalunterrichts empfiehlt es sich, Kinder an Kursen der „Musikalischen Früherziehung“, der „Musikalischen Grundausbildung“ oder an Orff-Gruppen teilnehmen zu lassen, die von Musikschulen angeboten werden.

Bei der Wahl eines Instrumentes sollten folgende Aspekte und Fragen bedacht werden:

- Größe und körperliche Entwicklung: Entspricht das Instrument der Größe des Kindes? Zu kurze Arme, zu kleine Hände setzen hier natürliche Grenzen.

- Es gibt Instrumente, die „mitwachsen“, d.h., es gibt diese Instrumente in verschiedenen Größen.

- Zusammenspiel: Eignet sich das Instrument zum Zusammenspiel mit anderen?

Wenn Freunde, Geschwister oder Eltern mitspielen, bedeutet das einen großen Ansporn.

Instrumentale Vorlieben

Man hüte sich davor, ein Kind zu zwingen, ein bestimmtes Instrument zu erlernen – sei es, dass dieses Instrument zufällig schon vorhanden ist oder dass es die Eltern früher vielleicht gerne selbst gelernt hätten. Es kann zu keinem Erfolg führen, wenn das Kind schon zu Beginn des Unterrichts das Instrument ablehnt. Erfüllen Sie also, so weit es Ihnen möglich ist, den Wunsch Ihres Kindes.

Es gibt Menschen, die eine Neigung zu tieferen Tönen haben, und andere, die höhere Töne vorziehen. Wenn ein sanftes, zartes Kind sich eine Posaune wünscht, hat dies auch mit dem Wunsch zu tun, sich endlich äußern zu können, Kraft und Stärke nach außen zu zeigen. Die Motivation zum Erlernen eines Instrumentes geht meist von diesem selbst aus, von seiner Klangfarbe, seinem Aussehen, seiner Spieltechnik, seiner Tonerzeugung. Aber bereits an zweiter Stelle folgt das Angebot des örtlichen Musiklebens oder das Instrumentalspiel in der näheren Umgebung – etwa durch Bekannte oder Verwandte.

Nach Informationen des Verbandes deutscher Musikschulen streut die Wahl des Instrumentes bei den Jungen erheblich mehr als bei den Mädchen, d.h., ihre Interessen richten sich auf die gesamte Breite des Instrumentenangebotes. Besonders interessiert sind sie aber an Blechblasinstrumenten, während Mädchen das Klavier, Streichinstrumente und Flöten bevorzugen. Es ist festzustellen, dass Mädchen eher weichere Klänge bevorzugen, Jungen hingegen eher zu härteren und kraftvollen Klängen neigen, außerdem zu Instrumenten, die mittels moderner Technik funktionieren. Insgesamt spielen etwa doppelt so viele Mädchen ein Instrument wie Jungen. Auf der Beliebtheitsskala Jugendlicher stehen insgesamt Klavier, Gitarre und E-Gitarre oben, in der Mitte rangieren Klarinette, Trompete und Violine; relativ unbeliebt ist die Posaune. Harmonieinstrumente (z.B. Klavier und Gitarre) sind bei Jugendlichen beliebter als Melodieinstrumente, die auf Begleitinstrumente angewiesen sind.

Möglichkeiten zum Kennenlernen von Musikinstrumenten

Da die meisten Kinder etliche Musikinstrumente – besonders die traditionellen Orchesterinstrumente – heutzutage nur noch

über die Medien kennen lernen, ist eine „hautnahe" Livepräsentation für sie etwas ganz Besonderes. Es gibt verschiedene Möglichkeiten für Kinder, Musikinstrumente kennen zu lernen.

a) **„Instrumenten-Schnuppertage":**

Viele Musikschulen bieten einmal im Jahr so genannte Instrumenten-Schnuppertage an. Unter fachkundiger Anleitung der Lehrkräfte können die Kinder dabei alle Instrumente ausprobieren, die es in der Musikschule gibt. Wenn Ihrem Kind eines besonders gut gefällt, können Sie mit dem entsprechenden Fachlehrer eine Probestunde vereinbaren. Der Lehrer entscheidet dann, ob das gewünschte Instrument für Ihr Kind geeignet ist. Und Ihr Kind erlebt den Lehrer in Aktion und kann feststellen, ob es ihn mag.

b) **„Tage der offenen Tür":**

Manche Musikschulen veranstalten regelmäßig „Tage der offenen Tür". Hier können Kinder und ihre Eltern beim Unterricht zuhören und erleben, wie kleine und große Schüler auf den verschiedenen Instrumenten spielen.

c) **„Instrumentenkarussell":**

Beim „Instrumentenkarussell" erhalten die Kinder (zunächst) über einen Zeitraum von einem Jahr nacheinander Unterricht auf verschiedenen Instrumenten. Dabei wird gemeinsam mit einem Fachlehrer zum Beispiel zunächst die Gitarre ausprobiert, dann die Blockflöte, später das Klavier usw. Der jeweilige Fachlehrer lernt so das Kind kennen und kann die Familie beraten. Das Kind hat am Ende mehrere Instrumente gespielt und vermag sich eine Vorstellung vom Unterricht mit ihnen zu machen.

d) **Kooperationsmodelle:**

In zahlreichen deutschen Städten arbeiten inzwischen allgemein bildende Schulen und Musikschulen zusammen. Es werden u.a. Streicher- und Bläserklassen angeboten, in denen alle Kinder die Möglichkeit erhalten, Instrumente zu erlernen.

e) **Konzerte:**

Eltern können gemeinsam mit ihrem Kind Konzerte besuchen. Dort sieht und hört es verschiedene Instrumente in Aktion. Am besten

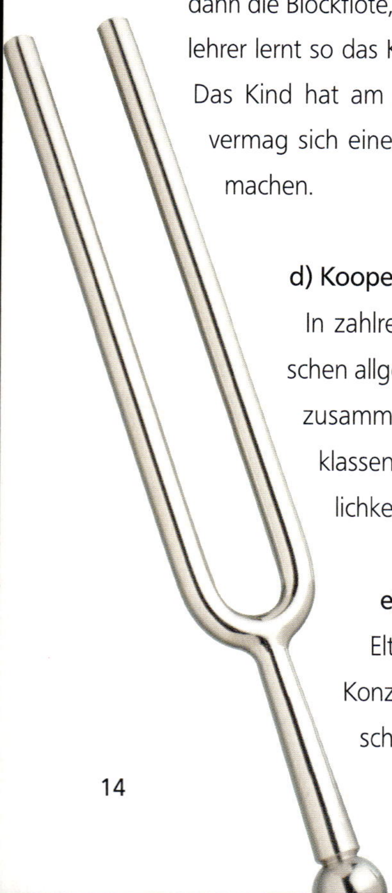

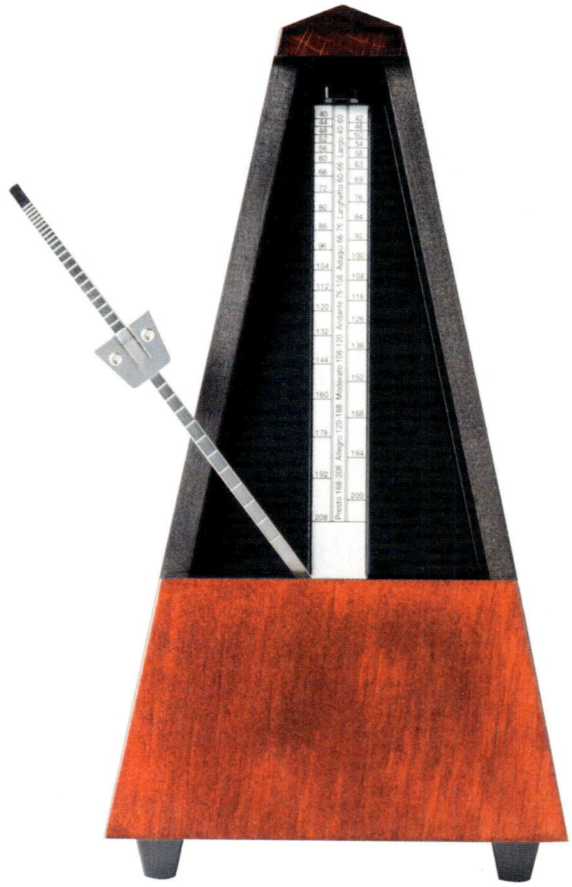

geeignet sind Kinder- und Jugendkonzerte, die in jeder größeren Stadt gegeben werden. Auch kann man Schülerkonzerte besuchen, die in den meisten Musikschulen regelmäßig stattfinden. Sie bieten eine gute Gelegenheit, Kindern beim Musizieren zuzuhören. Das ist sehr motivierend.

Informationen über Konzerte für Kinder erhält man über die „Initiative Konzerte für Kinder der Jeunesses Musicales Deutschland" (www.konzerte-fuer-kinder.de).

Wann mit dem Instrumentalunterricht beginnen?

Die Suche nach dem richtigen Instrument ist eng verknüpft mit der Frage nach dem richtigen Einstiegsalter. Zu früh ist es nie – sagen einige Instrumentallehrer. Wer es in der Musik zu etwas bringen wolle, könne gar nicht früh genug damit beginnen. Wer früh beginne, erreiche eine Leichtigkeit und Treffsicherheit im Spiel, wie sie sich in späteren Jahren nicht mehr so leicht erlernen lasse.

Aber: Manchen Kindern fällt im frühen Alter der Übergang vom spielerischen Lernen in einer größeren Gruppe auf ein instrumentalspezifisches Lernen in einer kleineren Gruppe noch recht schwer, ebenso das Stillsitzen und konzentrierte Durch-

	Lebensjahr nach Rittersberger	Lebensjahr nach Büttner	Lebensjahr nach Pfortner
Blockflöte	6	ca. 5	–
Klavier	6–7	frühestens 3–5, verbreitet 6–9	ab 7
Violine	6–7	4–5	ab 7
Violoncello	6–7	8–10	ab 7
Gitarre	6–7	5, besser 8	ab 10
Harfe	6–7	–	–
Klarinette	8–9	9–12	ab 10
Saxophon	8–9	11–12	ab 10
Querflöte	10–11	9–11	ab 10
Schlagzeug	10–11	7–8	ab 10
Trompete	10–11	6–7	ab 10
Posaune	10–11	12–14	ab 10
Horn	10–11	9–10	ab 10
Viola	12	–	ab 7
Kontrabass	12	14	ab 12
Fagott	12	–	ab 12
Oboe	12	10–12	ab 12
E-Gitarre	–	ab 5	–
Keyboard	–	ab 5	–
Akkordeon	–	7–8	ab 10

halten. Und auch das Notenlernen hat schon bei manchem Vorschulkind die Freude am Spiel erheblich gedämpft.

Das beste Einstiegsalter für den Instrumentalunterricht liegt deshalb nach Auffassung der meisten Fachleute und des Verbandes deutscher Musikschulen ungefähr bei sechs Jahren. Aber nicht jedes Instrument kann schon mit sechs Jahren gespielt werden. Und der Beginn des Instrumentalunterrichts sollte nicht mit der Einschulung zusammenfallen. Diese ist an sich schon aufregend genug und muss von den Kleinen erst einmal verarbeitet werden. Am besten beginnt Ihr Kind entweder einige Wochen vor oder einige Wochen nach der Einschulung mit dem Instrumentalunterricht.

Das sechste Lebensjahr ist aber nur eine ungefähre Altersgrenze. Letztlich ist der Entwicklungsstand des Kindes das entscheidende Kriterium. Manche Lehrer vertreten die Auffassung, das beste Einstiegsalter sei erst mit acht oder neun Jahren erreicht. Die Kinder machen in diesem Alter anfangs auch tatsächlich sehr schnell Fortschritte. Allerdings fällt es ihnen oft schwerer als jüngeren Kindern, die richtige Handstellung zu erlernen.

Mädchen und Jungen entwickeln sich unterschiedlich. Gerade im ersten Grundschuljahr sind die Mädchen in ihrer geistigen Entwicklung normalerweise sechs bis zwölf Monate weiter als die Jungen, die diesen Abstand aber später wieder aufholen. Dieser Entwicklungsrückstand macht sich besonders in der Feinmotorik bemerkbar.

Gibt es körperliche Voraussetzungen zum Spielen bestimmter Instrumente? Wenn wir Fachleute fragen, die sich mit der physiologischen und gesundheitlichen Eignung für das Spielen von Musikinstrumenten befasst haben, erfahren wir, dass eine Antwort kompliziert ist. Es wäre deshalb falsch, Faustregeln aufzustellen – etwa anzugeben, wie lang die Finger sein müssen,

um Violine zu spielen, oder wie weit sich das Handgelenk drehen lassen muss, um eine Violine zu halten. Sinnvoller ist es, zu einem Lehrer zu gehen, der Erfahrungen mit dem Unterricht von Kindern hat, und ihn um einen Versuch zu bitten. Er sieht beim In-die-Hand-Nehmen des Instrumentes, bei den ersten Versuchen, Töne zu produzieren, ob das Kind bereits die körperliche Eignung für das Instrument hat.

Während der Pubertät stellen viele Kinder ihre musikalischen Bemühungen wieder ein und brechen den Unterricht ab. Die Disziplin beim Üben fällt der allgemeinen Lustlosigkeit und Launenhaftigkeit zum Opfer. Auch kommt es nicht selten vor, dass ein Kind sein Instrument wechseln möchte. Das muss keine bloße Laune sein – es ist möglicherweise der entscheidende Schritt zu musikalischem Engagement. Hier sollten die Eltern nachgeben.

Welches Musikinstrument in welchem Alter?

Die Empfehlungen in der Fachliteratur weichen teilweise erheblich voneinander ab. In der Tabelle S. 15 zitiere ich die Angaben (empfohlenes Einstiegsalter) aus drei verschiedenen Veröffentlichungen (Siehe Literaturverzeichnis Seite 19).

Sollte man das erste Instrument für sein Kind kaufen oder ausleihen? Für den Anfang sollten Sie vielleicht ein Instrument zunächst einmal ausleihen, um zu testen, ob Ihr Kind auch wirklich Interesse hat. Viele Musikgeschäfte bieten zu günstigen Konditionen Leihinstrumente an. Die monatlichen Leihgebühren richten sich üblicherweise nach dem Wert des Instruments. Beim späteren Kauf wird ein Teil der bezahlten Leihgebühr mit dem Kaufpreis verrechnet. Auch einige größere Musikschulen besitzen Leihinstrumente.

Bevor Sie sich zum Kauf eines Instruments entschließen, sollten Sie möglichst einen Fachlehrer zu Rate ziehen und sich mit ihm in einem Musikgeschäft verabreden. Der Lehrer kann mehrere Instrumente anspielen und das richtige für Ihr Kind empfehlen.

Eine wichtige Voraussetzung für einen erfolgreichen Instrumentalunterricht ist ein gutes Instrument. Wie viel schwerer hat es doch ein Kind, wenn zu den Anfangsschwierigkeiten noch ein schlechtes Instrument kommt. Viele Eltern begehen den Fehler, ihrem Kind ein billiges, drittklassiges Instrument zu beschaffen. Durch die Schwierigkeiten mit dem Instrument oder den unschönen Klang wird der Schüler bald die Freude am Musizieren verlieren.

Privatunterricht oder Musikschule?

Instrumentalunterricht wird in der Regel von Privatmusiklehrern erteilt oder durch Lehrer an Musikschulen. Im Verband deutscher Musikschulen (VdM) sind etwa 1000 Musikschulen zusammengeschlossen. Getragen werden die Musikschulen teilweise von den Kommunen, teilweise werden sie in privatrechtlicher Trägerschaft als eingetragener Verein geführt. Die Finanzierung der Schulen erfolgt zu einem Teil über Unterrichtsgebühren.

Informationen über Musikschulen in Ihrer Region erhalten Sie über:

Verband deutscher Musikschulen e.V. (VdM),
Plittersdorfer Str. 93, 53173 Bonn,
Tel. 02 28/95 70 60,
Fax 02 28/9 57 07 33,
E-Mail: vdm@musikschulen.de,
homepage: www.musikschulen.de

Das Besondere an Musikschulen ist, dass sie sowohl so genannte musikalische Grundfächer als auch Vokal- und Instrumentalunterricht und eine Reihe von Ensemble- und Ergänzungsfächern anbieten. Der Schüler wird also nicht nur von einem Lehrer in seinem Instrumentalfach unterrichtet, sondern auch eingeladen, Stunden zu besuchen, die seine musikalische Bildung ergänzen oder die Fähigkeit zum Zusammenspiel entwickeln.

Privatlehrer, die sich intensiv um ihre Schüler kümmern, kann man durch persönliche Empfehlungen finden. Oft helfen auch Musikhäuser weiter. Adressen von Lehrern, die in Ihrer Nähe unterrichten, vermittelt auch der Deutsche Tonkünstlerverband e.V. (DTKV), Bavariaring 14, 80336 München, Tel. 0 89/54 21 20-63, Fax 0 89/54 21 20-64. E-Mail: dtkv-bv@t-online.de, homepage: www.dtkv.org.

Einzel- oder Gruppenunterricht?

Einzel- und Gruppenunterricht gelten heute nicht mehr als einander ausschließende Alternativen, sondern es wird häufig für eine Kombination dieser Unterrichtsformen plädiert. Vielfach wird empfohlen, vor allem jüngere Schüler zunächst in Gruppen zu unterrichten, beispielsweise auch als sinnvoller Übergang nach der Musikalischen Früherziehung oder der Musikalischen Grundausbildung. Darüber hinaus vertreten viele Lehrkräfte die Ansicht, dass Gruppenunterricht Raum für zusätzliche Lerninhalte bietet und manche Bereiche dadurch intensiver erarbeitet werden können. Für Kinder, die gerne in einer Gruppe lernen, ist dies reizvoll. Ebenso für Eltern, die sich so das Stundenhonorar mit anderen teilen können. Je kleiner die Gruppe, desto besser. Ist die Gruppe zu groß, besteht die Gefahr, dass der Lehrer nicht auf die Schwierigkeiten des einzelnen Kindes eingehen kann. Selbstverständlich findet nach einigen Jahren, wenn schwierigere Literatur erarbeitet werden muss, immer Einzelunterricht statt, damit die Lehrer auf jeden Schüler individuell eingehen können.

Qualität der Instrumentallehrer – Lehrerwechsel

Instrumentallehrer sollten die Erfolge ihrer Schüler verstärken und nicht die Misserfolge. Sie sollten durch angemessene, Interesse und Aufmerksamkeit neu weckende Wechsel der Unterrichtsinhalte und -methoden darauf reagieren, dass die Konzentrationsfähigkeit von Kindern häufig begrenzt ist.

Welche Möglichkeiten haben Eltern, die Qualität eines Instrumentallehrers festzustellen? Schülerkonzerte oder -vorspiele sind gute Gelegenheiten, einen Lehrer oder eine Schule kennen zu lernen. Ist hier eine Atmosphäre, in der Kinder locker und frei spielen können, oder geht es um Dressurleistungen? Werden die Kinder vom Lehrer „aufgefangen", wenn es einmal schief geht?

Ein Gespräch mit dem betreffenden Lehrer führt bereits zu größerer persönlicher Nähe. Wirkt diese Nähe auf Ihr Kind ermunternd oder befremdend? Kann es dabei auch zu Wort kommen? Scheuen Sie sich nicht, den Lehrer nach seinen Vorstellungen zu fragen. Seine pädagogische Grundhaltung sollte mit der Ihren übereinstimmen. Kinder wollen wissen, was sie im Unterricht erwartet. Fragen Sie den Lehrer, ob Ihr Kind in einer seiner Unterrichtsstunden zuhören darf. So bekommt es einen ersten, ganz persönlichen Eindruck. Es kann sinnvoll sein, eine Probezeit zu vereinbaren. So lernen sich Schüler und Lehrer intensiv kennen, ohne dass sie gleich für ein ganzes Schuljahr vertraglich aneinander gebunden sind.

Nicht jeder Lehrer ist für jede Altersstufe oder jede Problemstellung umfassend geeignet. Manche Lehrer arbeiten phantastisch mit kleinen Kindern, andere können gut mit pubertierenden Jugendlichen umgehen. Ein guter Lehrer weiß, wann er einen Schüler abgeben sollte. Zwingende Gründe für einen Lehrerwechsel sind gegeben, wenn

- das Kind die Lehrkraft nicht mag,
- keinerlei Fortschritt zu sehen ist,
- der Unterricht zu häufig ausfällt,
- das Kind Schmerzen beim Spielen hat,
- die Lehrkraft nicht auf die Bedürfnisse des Kindes eingeht.

Instrumentallehrer und Eltern

Sowohl der Lehrer als auch Ihr Kind brauchen Ihr begleitendes Interesse. Sie sollten deshalb mehrmals miteinander sprechen. Vor allem am Anfang kann es sinnvoll sein, den Unterricht gemeinsam mit dem Kind zu besuchen – vorausgesetzt, der Lehrer und auch Ihr Kind sind damit einverstanden. Dass Sie Ihr Kind ständig beim Üben überwachen, darf jedoch nicht das Ziel dieser Bemühungen sein. Im gemeinsamen Interesse von Lehrer und Eltern muss das selbstständige und eigenverantwortliche Üben des Kindes stehen.

Üben – wie und wie viel?

Ob eine Viertel-, eine halbe oder Dreiviertelstunde, das hängt ganz von Ihrem Kind ab: von seinem Alter, seiner Neigung, seinem Durchhalte- und Konzentrationsvermögen. Kinder können sich gewöhnlich nur kurze Zeit konzentrieren. Kurze, aber regelmäßig ausgeführte Übungen bewirken mehr als lusttötende lange und unregelmäßige. Beim Zusammenspiel mit anderen wird Ihr Kind vielleicht wieder neue Freude am Spiel entdecken.

Zeigen Sie Interesse am Musizieren Ihres Kindes. Hören Sie ab und zu beim Üben zu. Nehmen Sie Anteil am musikalischen Fortschritt Ihres Kindes und loben Sie es. Dazu brauchen Sie selbst kein Instrument zu beherrschen. Problematisch ist es, die Kinder vollkommen zu „verplanen"; sie brauchen auch Zeit zum Spielen und Entspannen als Gegenpol zu Anstrengung und Anspannung. Spielen als notwendige Reaktion auf das Lernen muss im täglichen Leben des Kindes seinen Platz haben.

Literatur

Büttner, Christine: Welches Instrument soll ich lernen?
Hilfreiche Tipps zur Wahl des ersten Instrumentes.
Alfred Publishing Verlags GmbH, Neustadt/Wied 2001.

Pfortner, Alfred: Was Eltern wissen sollten,
wenn ihr Kind ein Musikinstrument erlernen möchte.
Joh. Siebenhüner Musikverlag, Mörfelden/Walldorf o.J.

Rittersberger, Andrea: Jedes Kind will musizieren.
Beustverlag, München 2002.

MELVI

Dorothea Baier

Holzblasinstrumente

Geschichte der Holzblasinstrumente

Entwicklung bis zu den Grundformen der heutigen Instrumente

Schon die alten Griechen kannten ein Blasinstrument, das mit Oboen- oder Klarinettenblatt angeblasen wurde, den Aulos. Stets wurde er paarweise als Doppelaulos geblasen. Es war auch das Flöteninstrument „Syrinx" bekannt. Die Flöten wurden durchweg als Längsflöten geblasen. Die Blasinstrumente hatten eine religiöse und mythische Bedeutung: Der Doppelaulos gehörte zum Dionysos-Kult, die Syrinx zum Hirtengott Pan.

Über verschiedene Wege (Handel, Kreuzzüge) wurden die Blasinstrumente im zwölften Jahrhundert über ganz Europa verbreitet. Im vierzehnten Jahrhundert kamen durch die Erweiterung der Instrumentengruppen zu Stimmfamilien, die sich an den menschlichen Stimmlagen Sopran, Alt, Tenor und Bass orientierten, zunehmend Bassinstrumente in Gebrauch. Die Blockflöte erhielt im fünfzehnten Jahrhundert ihre bis heute gebräuchliche Form mit umgekehrt konischer Bohrung.

Mit der Entstehung der Oper im 16. Jahrhundert änderte sich das Klangideal. Gefragt war nicht mehr der adynamische Gruppenklang, sondern die individuelle musikalische und dynamische Gestaltung gemäß dem Vorbild der menschlichen Stimme. Folglich konnten nur Instrumente weiter bestehen, die diesen Idealen entsprachen. Am Hofe Ludwigs XIV. unter Lully und seinen Musikern vollzog sich um 1660 die entscheidende Wandlung zu den im Prinzip heute noch gebräuchlichen Instrumenten. Aus den mittelalterlichen Querpfeifen entstand der Flauto traverso, die mittelalterliche Schalmei wurde zur Oboe weiterentwickelt und der Dulcian zum Fagott. Um 1720 entstand in Nürnberg aus dem Chalumeau die Klarinette.

Theobald Böhm und der Instrumentenbau im 19. Jahrhundert

Das Bedürfnis nach ausgewogenem Klang bei guter Intonation und Greifbarkeit der Tonlöcher führte bei allen Holzblasinstrumenten außer der Blockflöte zunehmend zur Verwendung von Klappensystemen. In aller Regel wurden die Klappen – wie heute noch teilweise bei Klarinette und Fagott üblich – mit einzelnen Hebeln nebeneinander angebracht.

Theobald Böhm, selbst ein hervorragender Flötist, widmete sich um 1830 der Beseitigung von klanglichen und intonatorischen Schwächen an seinem Instrument. Er entwickelte Querflöten aus Metall, deren Tonlöcher nicht mehr nach den anatomischen Gegebenheiten der mensch-

lichen Hand, sondern nach rein physikalischen Grundsätzen gebaut wurden. Sie wurden mit einem Klappensystem versehen, das an einer Längsachse angebracht ist. Die so weiterentwickelte Böhm-Flöte klang erheblich lauter und heller, sodass sie den Klangerfordernissen des romantischen Orchesters genügte.

In Paris wurde seit 1840 die Oboe weiterentwickelt. Neben dem bis heute gültigen Klappensystem unter Verwendung der Böhm'schen Längsachsenmechanik erhielt das Instrument eine deutlich engere Innenbohrung, sodass der Klang lauter und heller und der Tonumfang nach oben erweitert wurde.

Die Weiterentwicklung der Klarinette beruht auf den Verbesserungen des russischen Klarinettisten Iwan Müller, der sein Instrument 1812 in Paris vorstellte. Basierend auf diesem Instrument sind die bis heute nebeneinander gebräuchlichen Systeme nach Oehler (auch deutsches System genannt) und Böhm (französisches System) entstanden.

Beim Fagott konnte ebenfalls durch die Verwendung eines Klappensystems der Tonumfang erheblich erweitert werden.

Die Erfindung des Saxophons

Adolphe Sax, Klarinettist und Sohn eines Instrumentenbauers, beschäftigte sich zunächst mit Verbesserungen an der Klarinette, besonders der Bassklarinette. Er konstruierte um 1840 als Bindeglied zwischen den stark klingenden Blechblasinstrumenten und den zarteren Holzblasinstrumenten ein Instrument aus Blech mit Schnabelmundstück wie bei der Klarinette. Die Innenbohrung ist stark konisch. Die Klappen sind mit einem Längsachsenmechanismus angebracht. Dies eröffnet völlig neue technische und klangliche Möglichkeiten. Das Saxophon ist lauter und durchdringender als die Klarinette, grifftechnisch jedoch leichter zu spielen.

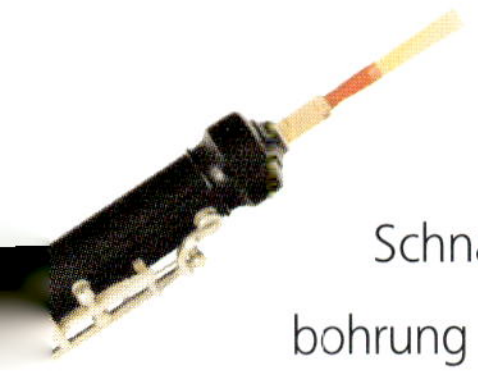

Die Funktionsweise von Holzblasinstrumenten

Schwingungserzeugung bei Holzblasinstrumenten

Alle Holzblasinstrumente haben drei charakteristische Elemente gemeinsam: das Mundstück oder Rohrblatt, die Innenbohrung und die Griff- oder Tonlöcher.

Die Tonerzeugung erfolgt mit einem Mundstück oder Rohrblatt. Dabei unterscheidet man drei verschiedene Möglichkeiten: die Labialinstrumente, die Aufschlagzungen und die Gegenschlagzungen.

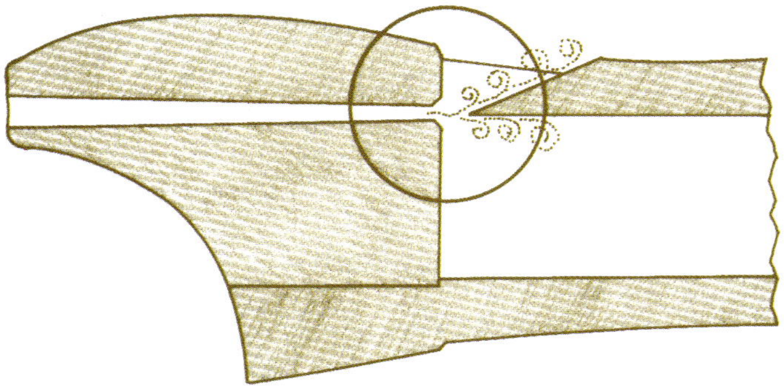

Tonerzeugung, Kernspalte der Blockflöte

Vom Rohling bis zur fertigen Blockflöte

Tenorblockflöte, Einzelteile

Zu den Labialinstrumenten gehören die Flöten. Durch einen Windkanal, bei der Blockflöte Kernspalte genannt, wird der Luftstrom zu einer Kante, dem Labium, geführt und dort gebrochen. Dadurch entstehen Wirbel, die die Luftsäule in der Röhre des Instrumentes in Schwingung versetzen. Bei der Blockflöte befindet sich der Windkanal im oberen Teil des Flötenkopfes. Bei der Querflöte bilden die Lippen des Bläsers den Windkanal; er bläst direkt auf das Labium.

Oboen- und Klarinetteninstrumente werden auch als Rohrblatt- oder Zungeninstrumente bezeichnet. Beiden gemeinsam ist, dass die Schwingung durch ein Rohrblatt aus Schilfgras entsteht. Klarinetten und Saxophone haben ein einfaches Blatt, das gegen die Bahn eines Schnabelmundstückes schlägt. Bei Oboe und Fagott schlagen zwei Rohrblätter gegeneinander.

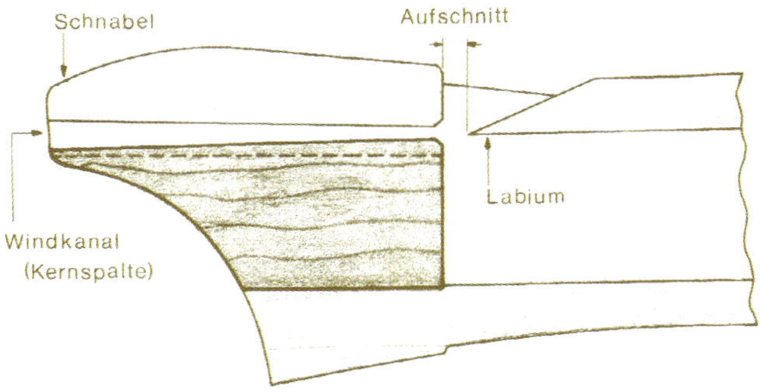

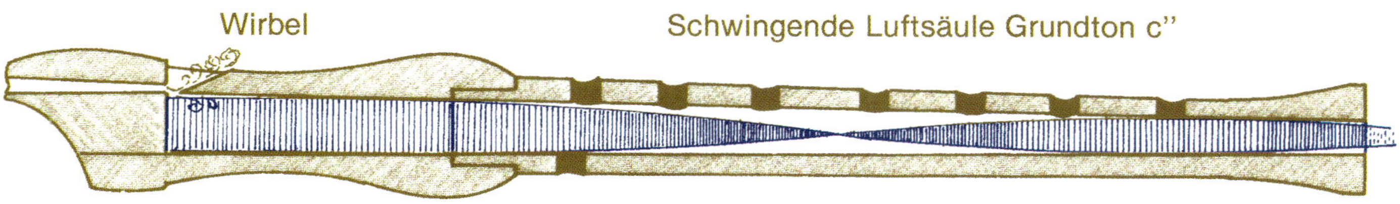

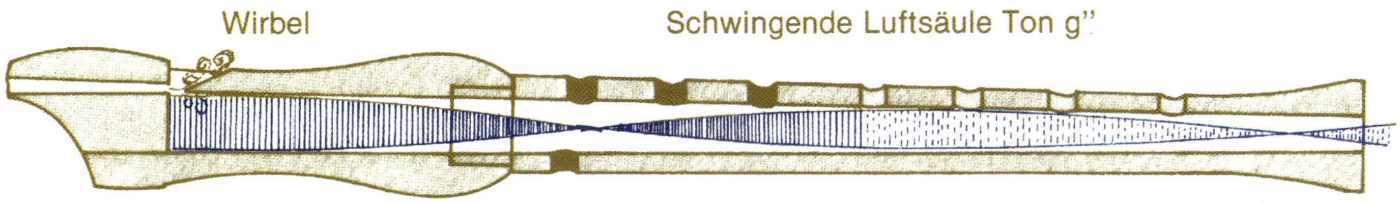

Längsschnitte durch die Blockflöte

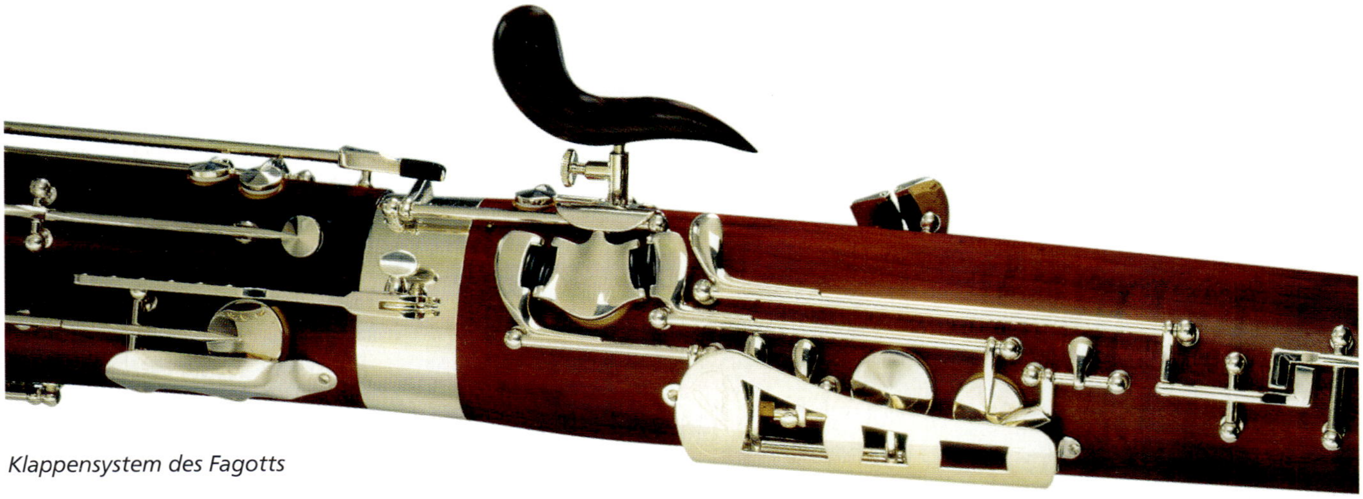

Klappensystem des Fagotts

Der Einfluss des Musikers

Der Einfluss des Musikers auf die Tongebung ist umso größer, je direkter die Lippen mit dem Mundstück oder Rohrblatt in Berührung kommen. Querflötisten beeinflussen den Klang durch die Form ihres Ansatzes und die Drehung des Instrumentes zum Luftstrom. Bei den Rohrblattinstrumenten dämpfen die Lippen des Bläsers die Eigenfrequenz des Rohrblattes und formen so das Klangbild. Zusätzlich nimmt der Bläser Einfluss über das Luftvolumen, die Gleichmäßigkeit des Luftstromes und die Resonanzräume, die im Körper angesprochen werden.

Die Röhre

Als Röhre bezeichnet man den Korpus der Holzblasinstrumente, also den Teil unterhalb des Mundstückes. Er ist in großem Maße verantwortlich für die akustischen Eigenschaften des Instrumentes. Zum einen bestimmt die Länge der schwingenden Luftsäule die Tonhöhe. Zum anderen ist die Form der Innenbohrung entscheidend für die Überblaseigenschaften und den Grundton der Instrumente. „Überblasen" meint das Erzeugen eines höheren Tons statt des Grundtons; dazu verstärkt der Spieler den Luftdruck oder die Lippenspannung. Konisch gebohrte Röhren, dazu zählen Oboe, Saxophon und Fagott, werden in die Oktave überblasen. Blockflöten mit umgekehrt konischer Bohrung und Querflöten mit konisch-parabolischem Kopfstück überblasen ebenfalls in die Oktave. Konisch gebohrte Instrumente sind mit und ohne Klappenmechanismus einfach zu greifen. Zylindrisch gebohrte Instrumente, dazu zählt die Klarinette, überbläst man in die Quinte über der Oktave (Duodezime). Die Griffweise bei zylindrischen Instrumenten ist komplizierter, da ein größerer Tonraum bis zum Überblasen abgedeckt werden muss.

Die Tonlöcher

Die Tonlöcher verkürzen die schwingende Welle in der Röhre. Dabei ist das Verhältnis zwischen Durchmesser der Innenbohrung und Größe des Tonlochs entscheidend für die

Klappensystem der Klarinette

Wirksamkeit des Loches. Sehr kleine Löcher haben erheblich weniger Einfluss auf die Tonbildung als große Löcher. Die Anatomie der menschlichen Hand setzt jedoch der Größe und dem Abstand der Tonlöcher Grenzen, insbesondere, wenn die Tonlöcher direkt mit der Fingerkuppe geschlossen werden müssen. Beim Saxophon und der Böhmflöte, die nach akustischen Gesichtspunkten konzipiert wurden, sind die Tonlöcher genauso groß wie die Innenbohrung an der entsprechenden Stelle. Sie werden mit Deckelklappen geschlossen. Zusätzlich haben die Tonlöcher einen ganz wesentlichen Einfluss auf die Klangqualität des Instrumentes. Offene Löcher strahlen den Klang anders ab als geschlossene Löcher.

Renaissance-Blockflöten

Der Bau von Blättern und Rohren

Ein besonderer Reiz für Bläser von Rohrblattinstrumenten liegt in der Fertigung von Blättern und Rohren. Während Klarinettisten und Saxophonisten meist fertige Blätter kaufen, bauen Oboisten und Fagottisten ihre Rohre überwiegend selbst. Professionelle Rohrbläser passen ihre Blätter und Rohre individuell an.

Blätter und Rohre werden aus Riesengras (Arundo donax) gefertigt, das in Italien, Südfrankreich und Spanien wächst. Das Holz (der Stängel) wird von Blättern befreit, sortiert, in der südeuropäischen Sonne getrocknet, in etwa 10–15 cm lange Abschnitte gesägt und nach Querschnitt sortiert. Anschließend wird es der Länge nach geteilt, innen gehobelt und in Form gebracht (fassoniert).

Rohrblätter für Holzblasinstrumente

Der empfindlichste Teil ist die Bahn, das ist der Abschnitt, den der Bläser im Mund hält. Dafür wird das Holz so dünn gehobelt und geschabt, bis es nur noch wenige Zehntel Millimeter dick ist. Klarinettisten und Saxophonisten binden das so gewonnene Blatt direkt auf das Mundstück. Um Oboen- oder Fagottrohre herzustellen, bindet man zwei Blätter gegeneinander.

Die eigentliche Kunst im Rohr- und Blattbau besteht in der Feinabstimmung am Schluss. Es gehört viel Erfahrung dazu, entsprechend der Holzbeschaffenheit die richtigen Züge mit dem Schabemesser oder dem Schleifpapier zu machen. Einerseits soll das Blatt oder Rohr bequem zu spielen sein, andererseits darf man nicht zu viel Material entfernen, um keinen spitzen, schreienden Klang zu provozieren.

Instrumentalausbildung

Fagottino und Fagott

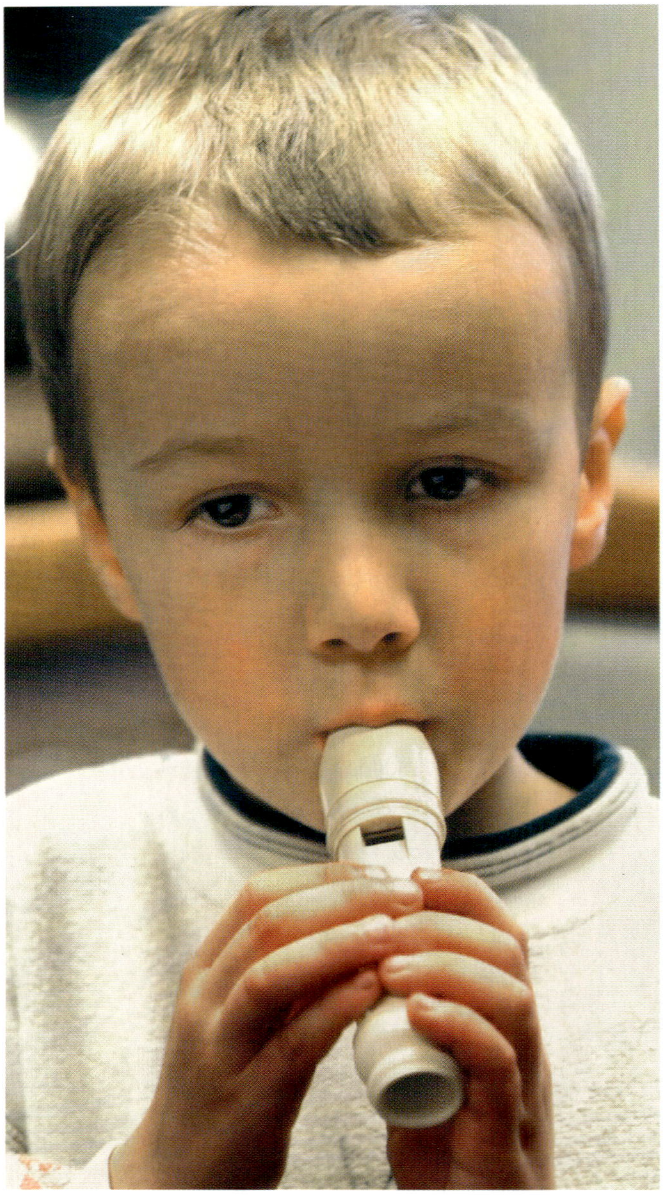

Spiel auf dem Blockflöten-Mundstück

Grundbedingungen für die Holzbläserausbildung

Im Anfangsunterricht werden die Grundlagen für das spätere Musizieren gelegt. Wurden die Weichen beim Anfänger falsch gestellt, sind die Folgen später nur noch mit einem Vielfachen an Kraft- und Zeitaufwand wieder zu korrigieren. Deshalb ist gerade für den Anfangsunterricht der gut ausgebildete und erfahrene Lehrer unentbehrlich.

Blasinstrumente sind Melodieinstrumente. Die musikalische Aktivität findet vor allem im Zusammenspiel statt, das Mitwirken in einem Ensemble gehört zur instrumentalen Ausbildung.

Der für Eltern oft lästige zweite Termin in der Woche ist unbedingt erforderlich für die musikalische Gesamtausbildung, das Durchhalten des Instrumentalunterrichtes über viele Jahre und um altersgemäße soziale Kontakte zu pflegen.

Ensemblemöglichkeiten bieten Musikschulen, Blasorchester und Blockflötenspielkreise. Sie sind in der Struktur und die Spielliteratur betreffend auf die Bedürfnisse von Kindern und Jugendlichen zugeschnitten.

Der richtige Zeitpunkt für den Unterrichtsbeginn

Beim Klavier oder den Streichinstrumenten ist ein früher Anfang mit sechs bis sieben Jahren selbstverständlich. Auch auf der Blockflöte ist das üblich. Bei anderen Holzblasinstrumenten war dies bis vor wenigen Jahren nicht möglich, da die Erwachsenen-Instrumente für Kinder im Grundschulalter zu groß und zu schwer sind. In aller Regel wurde den Kindern zunächst Blockflötenunterricht erteilt, bis die Körpergröße den Unterricht auf dem gewünschten Instrument zuließ.

Je nach Instrument liegt der Zeitpunkt zwischen dem neunten und dem vierzehnten Lebensjahr. Die gängigen Instrumentalschulen sind auf diese Altersgruppe abgestimmt.

In den letzten zehn Jahren haben sich Instrumentenbauer zunehmend mit dem Bau von Kinderinstrumenten beschäftigt. So werden Querflöten mit gebogenem Kopfteil, Klarinetten mit verengter Mensur, also mit verengter Klappenmechanik, Oboen aus leichterem Holz mit angepasster Mechanik und kleine Fagotte angeboten. Diese Kinderinstrumente lassen sich mit reduziertem Kraftaufwand spielen. Gleichzeitig entstanden Unterrichtswerke, die dem Verständnis von Grundschulkindern entsprechen. Generell kann der Unterricht auf geeigneten Kinderinstrumenten heute schon mit etwa sieben Jahren beginnen.

Kinder, die zunächst Blockflötenunterricht erhalten, haben einerseits einen leichten und schnellen Start auf den endgültigen Instrumenten. Sie bringen Vorkenntnisse im Rhythmus, in der Atemtechnik, beim Greifen und auch in der Notenlehre mit. Sie sind diszipliniert genug, selbstständig zu üben; sie haben oft eine Vorstellung von Tönen und Klängen. Andererseits führen gerade die schon vorhandenen genauen Vorstellungen oft zu Enttäuschung, wenn z. B. die Tonerzeugung anfangs noch nicht so recht gelingt. Außerdem fällt der Beginn des Unterrichts am Wunschinstrument zusammen mit der Pubertät. In diesem Zeitraum wächst der Körper sehr schnell und ist deshalb nicht stark belastbar, das seelische Gleichgewicht ist labil. Keine gute Zeit für Höchstleistungen! Kinder im Grundschulalter zeigen im Unterricht natürliche Spielfreude und Neugier. Sie freuen sich über jeden Fortschritt, und sei er noch so klein. Bis zur Pubertät ist der Spielstand dann so weit fortgeschritten, dass Lustlosigkeit und Übefaulheit durchgestanden werden können.

Baritonsaxophon

Die Entwicklung der Klangvorstellung dauert bei Kindern länger. Dies stört meistens die Eltern mehr als die Kinder.

Anhaltspunkte zur Auswahl des Instrumentes

Den direktesten und nachhaltigsten Eindruck von einem Instrument gewinnt man durch Ausprobieren, z.B. beim Instrumententag einer Musikschule. Die Instrumentallehrer sind in der Regel froh, wenn dieses Angebot vor der Anmeldung zum Unterricht genutzt wird. Weder für den Schüler noch für den Lehrer ist es erfreulich, nach kurzer Zeit festzustellen, dass der Unterricht z.B. wegen der falschen Instrumentenwahl oder unterschiedlicher pädagogischer Vorstellungen von Lehrer und Eltern nicht fruchtbar ist.

Die Klangfarbe und die Einsatzmöglichkeiten der verschiedenen Instrumente unterscheiden sich sehr und sind nicht veränderbar. Für die Blockflöte gibt es andere Literatur und andere Ensemblemöglichkeiten als für das Saxophon oder die Oboe. Wer Jazz und populäre Musik mag, sollte sich für Saxophon oder Klarinette entscheiden, klassische Musik wird eher durch Blockflöte, Querflöte, Klarinette, Oboe und Fagott repräsentiert, Volksmusik durch die Klarinette.

Anhand von Forschungsergebnissen aus England versucht man, über die Charakterisierung von Kind und Instrument objektive Kriterien zur Wahl des richtigen Instrumentes zu erstellen. Statistisch gesehen suchen bestimmte Charaktere bestimmte Instrumente aus. Zum Beispiel wird ein sehr aufgewecktes, agiles Kind eher zum Saxophon, ein sanftes Kind eher zur Block- oder Querflöte neigen.

Musizieren soll körperliches Wohlbefinden schaffen. Deshalb sollte ausprobiert werden, ob das Kind es als angenehm empfindet, das Mundstück in den Mund zu nehmen, direkten Kontakt mit dem Rohrblatt zu haben und die Vibrationen und den Blaswiderstand zu spüren. Dies ist bei allen Einfach- und Doppelrohrblattinstrumenten der Fall. Bei Block- und Querflöten ist kaum Blaswiderstand spürbar.

Die alte Vorstellung, bekannte Instrumente wie die Blockflöte oder die Klarinette seien für jeden zu erlernen, während man für Oboe oder Fagott bestimmte besondere Begabungen benötige, ist sicher falsch. Es mag körperliche Eigenschaften wie Zahnstellung, Lippenform oder Handgröße geben, die das Erlernen erleichtern oder erschweren. Grundsätzlich ist aber jedes Instrument lehr- und lernbar. Und ohne Fleiß und Mühe sind auch auf der Blockflöte keine zufrieden stellenden Ergebnisse zu erzielen!

Ausbildungsmöglichkeiten

Die meisten Kinder nehmen Unterricht an einer Musikschule oder bei Privatmusiklehrern. Über Aufbau, Strukturen und Ergänzungsfach-Angebote wurde in der Einleitung schon berichtet. Darüber hinaus wird Holzbläserunterricht auch von verschiedenen anderen Institutionen erteilt.

Blockflötenunterricht wird in vielen Grundschulen als Flöten-AG und von kirchlichen Spielkreisen angeboten. Einige Ratgeber empfehlen ernsthaft autodidaktische Lernversuche. Dabei muss bedacht werden, dass die Blockflöte kein Spielzeug, sondern ein Musikinstrument ist. Auch wenn die erste

Fagottino (Quart- und Quintmodell)

Querflöten-Unterricht

Tonerzeugung einfach ist, so sind z.B. die Griffweise und die Verwendung der Zunge komplizierter als auf anderen Holzblasinstrumenten.

Der Erfolg beim Musizieren steht und fällt mit dem Lehrer und der Motivation des Schülers. Die Flöten-AG und der kirchliche Spielkreis sind gut zur Motivation. Allein führen sie aber nicht zu einem fortgeschrittenen Blockflötenspiel. Dies leistet jedoch der ausgebildete Fachlehrer. Autodidaktisches Flötenspiel, insbesondere mit den Eltern als Lehrern, ist zum Scheitern verurteilt, denn mangelndes Fachwissen kann durch ein Lehrbuch nicht ersetzt werden.

Die Blasorchesterkultur ist in Deutschland unterschiedlich ausgeprägt. Es gibt professionelle Orchester neben guten Laien-Ensembles und eher gemeinschaftsorientierte Musikvereine. Je nach der Qualität des Orchesters schwankt auch die Qualität der Ausbildung. Traditionell werden Nachwuchsmusiker angeworben, indem ihnen über das Orchester sowohl ein Leihinstrument als auch Unterricht vermittelt wird. Die Leiter guter Laienorchester haben sowohl eine Bläser- als auch eine Dirigentenausbildung. Sie tragen Sorge für die Qualität der Nachwuchs-Ausbildung und vermitteln Fachkräfte für den Unterricht. Größere Blasorchester bieten für Kinder und Jugendliche spezielle Nachwuchsorchester an, mitunter ist auch eine private Musikschule von der Früherziehung bis zum Instrumentalunterricht angegliedert. Das Gemeinschaftserlebnis und der volle Orchesterklang sind eine sehr gute Motivation, auf dem Instrument zu üben. Die Vereinskosten werden oft durch Einnahmen bei Konzerten getragen, der Instrumentalunterricht wird in der Regel selbst finanziert.

Bei nicht so stark leistungsbezogenen Orchestern wird Unterricht oft vom Stimmführer der jeweiligen Instrumentengruppe, also von Laien, erteilt. Trotz bester Absichten fehlt die ausreichende Qualifikation, um Kindern das Musizieren beizubringen. Insbesondere die Klangschönheit, die Intonation (das Stimmen der Instrumente) und die Artikulation (die Vielfalt in der Gestaltung) leiden dann sehr. Die Ausbildung ist einseitig auf die Mitwirkung im Orchester ausgerichtet. Außer den Vereinsgebühren fallen bei diesen Orchestern in der Regel keine weiteren Kosten an.

Das Klassenmusizieren ist als Unterrichtsform aus den USA zu uns gekommen. Nach den Ergebnissen der PISA-Studie und dem Wunsch vieler Eltern nach einer Ganztags-Betreuung ihrer Kinder gewinnt es zunehmend an Bedeutung. Die Idee des Klassenmusizierens besteht darin, allen Kindern eines Jahrgangs für einen begrenzten Zeitraum aktives Musizieren zu ermöglichen und dem Musizieren den gleichen Rang einzuräumen wie anderen Schulfächern auch. Eine ganze Schulklasse wird mit Leihinstrumenten ausgestattet. Die Kinder erhalten über zwei Jahre zwei- bis dreimal wöchentlich Unterricht, der abwechselnd im Ensemble (Blasorchester) und in der Instrumentalgruppe erfolgt. Die Qualität der Instrumentalausbildung hängt von den Lehrkräften ab. Im günstigen Fall besteht eine Zusammenarbeit mit örtlichen Musikschulen, die dann Fachlehrer stellen. Leider stehen jedoch oft nicht für jedes Blasinstrument geeignete Lehrer zur Verfügung, oder der Unterricht wird von weitergebildeten Laien erteilt. Dies spüren dann vor allem wirklich interessierte Kinder, da notwendige instrumentenspezifische Grundlagen nicht zufrieden stellend gelegt werden und der Fortschritt äußerst langsam ist.

Die Beschaffung eines Instrumentes

Holzblasinstrumente werden in ganz unterschiedlichen Preisklassen angeboten, von sehr einfachen Instrumenten bis zu Spitzenmodellen. Instrumente kann man nicht nur in Fachgeschäften, sondern auch direkt beim Hersteller oder gebraucht auf dem privaten Markt erwerben.

Blockflöten für den Anfangsunterricht sollte man neu kaufen. Gebrauchte Anfänger-Instrumente sind in der Regel so stark abgenutzt, dass sie dem Musiker keine Freude machen werden. Bei allen anderen Holzblasinstrumenten bestehen drei verschiedene Möglichkeiten: kaufen, leasen oder mieten.

Der Kauf eines Instrumentes überfordert in aller Regel den Laien. Deshalb sollte man ruhig den fachlichen Rat des Lehrers in Anspruch nehmen. Er hat die Erfahrung, Instrumente auf ihre Klangschönheit zu testen und den technischen Zustand sowie das Preis-Leistungs-Verhältnis zu beurteilen. Das einwandfreie Funktionieren des Instrumentes liegt im Interesse von Schüler und Lehrer.

Preisgünstige neue Instrumente sind zwar in Bezug auf die Mechanik so ausgestattet, dass der gesamte Tonumfang spielbar ist, aber Verarbeitung und vor allem Klangschönheit werden sehr bald enttäuschen. Wenn nach einiger Zeit das Instrument verkauft werden soll, muss mit deutlichen Wertverlusten gerechnet werden.

Statt ein neues Instrument kann man auch ein gutes gebrauchtes erwerben. In aller Regel muss zusätzlich zum Kaufpreis eine Überholung der Mechanik beim Instrumentenbauer einkalkuliert werden. Dann hat man jedoch ein gutes Instrument, dass nicht mehr viel an Wert verliert.

Instrumente zur Miete werden über Musikschulen, Blasorchester und einige Fachhändler angeboten. Musikschulen und Blasorchester arbeiten nicht gewinnorientiert, d.h., sie vermieten die Instrumente zu günstigen Konditionen. Leider werden diese Instrumente häufig nicht so gewartet, wie es erforderlich wäre, sodass ihr Zustand oft zu wünschen übrig lässt.

Fachhändler, die Instrumente zum Mietkauf oder zur Miete anbieten, erheben deutlich höhere Mieten. Dafür übernehmen sie jedoch die Gewähr dafür, dass das Instrument einwandfrei funktioniert, und können Reparaturen meist in eigenen Werkstätten durchführen. Oft wird der Mietpreis beim späteren Erwerb eines Instrumentes teilweise angerechnet.

Beim Erwerb von Instrumenten über Auktionen oder das Internet muss bedacht werden, dass gute Instrumente auch dort nicht zu Schnäppchen-Preisen angeboten werden. Außerdem ist es nicht so leicht möglich, das Instrument zu testen.

Anfangsunterricht auf Holzblasinstrumenten

Im Gegensatz zu den Tasteninstrumenten steht der Tonraum bei Holzblasinstrumenten nicht von Anfang an in vollem Umfang zur Verfügung, sondern muss nach und nach erarbeitet werden. Dazu kommen größere oder kleinere Schwierigkeiten bei der Tonerzeugung. Trotzdem gelingt der Anfang auf Holzblasinstrumenten vergleichsweise leicht. Wenn das Prinzip der Tonerzeugung verstanden ist, kann in kurzer Zeit der Tonraum von etwa einer Oktave abgedeckt werden, zumal die Griff- und Fingertechnik leicht nachzuvollziehen ist. Mit diesem Tonraum lassen sich schon viele Lieder und Melodien spielen.

Wer auf Blasinstrumenten musizieren möchte, muss zuerst die korrekte Atem- und Stütztechnik erlernen. Diese ist Bedingung für die Tonerzeugung, die Intonation und die Erweiterung des Tonraums. Der Anfangsunterricht wird die Grundlagen der Stoßtechnik mit der Zunge vermitteln. So wie die Zunge beim Sprechen für die Gestaltung der Konsonanten und die Sprachverständlichkeit genutzt wird, so ist der Anstoß mit der Zunge beim Blasen Voraussetzung für die präzise Tonansprache und die Flexibilität bei der musikalischen Ausgestaltung.

Ein weiterer Schwerpunkt liegt in der Kontrolle der Anblastechnik, des so genannten Ansatzes. Die Lippen- und Wangenmuskulatur muss für die ungewohnten Belastungen ebenso trainiert werden wie z.B. die Beinmuskulatur eines Läufers. Mitunter gibt es dabei auch Muskelkater.

Erst das Zusammenwirken von Ansatz, Stoß, Atmung und Stütze ermöglicht es, den instrumentenspezifischen Klang zu formen, Melodien musikalisch auszugestalten und den Tonraum in Höhe und Tiefe intonationssicher zu erweitern.

Die Notenschrift wird parallel zur Erweiterung des Tonraums erlernt und ist keinesfalls eine Voraussetzung, die ein Anfänger mitbringen muss.

Spielschäden vorbeugen

Musik – eine besondere Sportart

Neben den unbestreitbaren Vorzügen des Musizierens für die Entwicklung der Persönlichkeit sollte allen Beteiligten bewusst sein, dass Musizieren im weitesten Sinne eine sportliche Betätigung ist. Während bei Sportlern vor allem die Grobmotorik gefordert ist, wird beim Musizieren die Feinmotorik beansprucht. Bei Holzbläsern sind dies insbesondere Gesichts- und Atemmuskulatur, natürlich auch die Hände und die Muskelgruppen für die Körperhaltung.

Unsere Instrumente nehmen nur bedingt auf die Anatomie und Physiologie des menschlichen Körpers Rücksicht. So wird zum Beispiel vom kleinen Finger die gleiche Kraft und Beweglichkeit gefordert wie vom Zeigefinger. Auf Rechts- oder Linkshändigkeit wird beim Instrumentenbau nicht geachtet.

Wie so oft entscheidet die Dosis, ob das Musizieren wohltuend und fördernd oder eher schädlich sein wird. So wie ein Ballettlehrer ein sechsjähriges Kind nicht auf der Fußspitze tanzen lassen wird, so wird der Musikpädagoge gerade im Anfangsunterricht auf ein geeignetes Instrument, die richtige Spieltechnik und eine angemessene Spieldauer achten. Ein Kind kann ohne Schaden täglich zwanzig Minuten musizieren, insbesondere wenn einige einfache Grundregeln beachtet werden; doch Übezeiten von zwei oder mehr Stunden am Tag kann der Körper anfangs nicht leisten.

Hände und Arme

Bei der Blockflöte, der Oboe und der Klarinette liegt das Gewicht des Instrumentes auf dem rechten Daumen, besonders beansprucht wird dabei das Daumengrundgelenk. Während die Sopranblockflöte so klein und leicht ist, dass auch bei Kindern keine hohen Belastungen zu erwarten sind, können beim Spiel von Oboe und Klarinette Ermüdungserscheinungen der rechten Hand und des rechten Unterarmes auftreten, die sich bis zu Schultern und Nacken ausdehnen können. Bei der Querflöte und dem Fagott gilt dies für die linke Hand. Zunächst muss sichergestellt sein, dass ein geeignetes Instrument bzw. Kinderinstrument verwendet wird.

Weiter kann Abhilfe geschaffen werden durch Austausch des Daumenhalters oder die Verwendung von Tragegurten. Tragegurte gibt es in unterschiedlichen Ausführungen. Den größeren Instrumenten liegt meist ein einfacher Gurt bei, der um den Hals gelegt wird. Er reduziert zwar das Gewicht für die Hände, belastet aber die Nackenmuskulatur. Erheblich mehr Entlastung schaffen Gurte, die über beide Schultern geführt und am Rücken gekreuzt werden – für Saxophonisten und Fagottisten unbedingt zu empfehlen! Für Oboe und Klarinette werden neuerdings elastische Gurte angeboten, so dass die Hände immer wieder entspannt werden können.

Bei den kleineren Holzblasinstrumenten ist oft keine Vorrichtung an der Daumenstütze vorgesehen, um den Gurt einzuhaken. Diese lässt sich durch Austausch des Daumenhalters nachrüsten. Daumenhalter gibt es in verschiedenen Ausführungen. Standardmäßig werden Daumenhalter verwendet, die weder gepolstert noch höhenverstellbar, noch anatomisch geformt sind. Daumenpolster können für wenig Geld im Fachgeschäft bezogen und einfach auf die vorhandene Stütze aufgesteckt werden. Höhenverstellbare oder anatomisch geformte Daumenstützen sollte der Instrumentenbauer anbringen. Fagotte können zusätzlich mit einem Balancehalter am Stiefel ausgestattet werden. Dort wird der Tragegurt eingehängt. Er entlastet die linke Hand vom Gewicht des Instrumentes.

Körperhaltung und Wirbelsäule

Die aufrechte Körperhaltung ist Voraussetzung für die einwandfreie Atemfunktion. Oft zieht jedoch das Gewicht des Instrumentes den Rücken des Anfängers nach vorn. Beim Blasen im Stehen werden der Kopf nach unten abgewinkelt und die Arme an den Körper geführt. Beim Spielen im Sitzen, beispielsweise bei Orchesterproben, wird der Rücken gekrümmt. Mitunter neigt sich der Bläser, besonders der Querflötenspieler, mit dem Kopf oder dem ganzen Körper zur rechten Seite, er „fällt" in das Gewicht des Instrumentes. Die Tendenz zu ungünstigen Beuge-Haltungen wird verringert, wenn die Noten in Augenhöhe gelesen werden können. Deshalb ist ein höhenverstellbarer Notenständer unabdingbar. Für groß gewachsene Jugendliche sind über den Fachhandel spezielle Notenständer erhältlich.

Stühle, die beim Üben verwendet werden, sollten so hoch sein, dass die Oberschenkel zum Rumpf etwas mehr als einen rechten Winkel bilden und die Füße mit der ganzen Fußsohle den Boden berühren. Die Sitzfläche sollte möglichst eben und allenfalls leicht gepolstert sein.

Fagott (Daumenhalter)

Herz-Kreislauf-System

Jeder Jogger und jeder Radfahrer weiß, dass sich sein Puls beim Sport beschleunigt. Zu Beginn wird er für ausreichende Flüssigkeitszufuhr sorgen und sich gründlich aufwärmen. Sollte er trotzdem an seine Leistungsgrenzen stoßen, so wird er aus Vernunft und aus Achtung vor dem eigenen Körper eine Pause einlegen.

Entsprechendes gilt auch für das Musizieren auf Blasinstrumenten! Beim Einblasen zu Beginn des Übens wird der Körper

Oboe

wieder vorsichtig an das Blasen gewöhnt, die Muskulatur (Hände, Arme, Lippen und Wangen) wird gewärmt und geschmeidig gemacht. Die Pulsfrequenz steigt. Auf die korrekte Haltung und Spieltechnik muss gerade jetzt geachtet und, wenn nötig, Flüssigkeitsmangel ausgeglichen werden.

Die Übedauer ist wie beim Sportler individuell abhängig vom Trainingszustand des Musikers und seiner sonstigen körperlichen Konstitution. Besonders Mädchen neigen während der Pubertät manchmal zu Schwindel und Kreislaufproblemen, die durch das Blasen verstärkt werden können. Oft hilft schon das Üben im Sitzen und eine ausreichende Flüssigkeitszufuhr.

Lunge und Atemwege

Die richtige Atmung ist der wichtigste Teil des Blasens. Der eigentliche Atem- und Stützvorgang kann von außen nicht direkt gesehen werden, Lehrer und Schüler sind auf die äußerlich zu beobachtenden Muskelbewegungen und Vorstellungshilfen angewiesen. Kein Wunder also, dass gerade über die Atmung mitunter verwunderliche Meinungen zu hören sind.

Zunächst einige Erklärungen: Die Atmung besteht aus drei Phasen: Einatmung, Ausatmung und Ruhephase. Beim Einatmen wird das Zwerchfell, eine quer im Bauch liegende, kuppelförmige Muskel- und Sehnenplatte, angespannt. Dabei senkt es sich, die Lunge wird nach unten gezogen und saugt Luft ein. Wenn die Zwerchfellmuskulatur entspannt wird, zieht sich die Lunge zusammen, es wird ausgeatmet. Dieser Vorgang geschieht normalerweise völlig unbewusst.

Der Bläser hält eine Muskelspannung von Zwerchfell, Bauchdecke und anderen Muskelgruppen nach der Einatmung länger aufrecht und dosiert bei der Ausatmung Druck und Luftmenge. Dieser Vorgang geschieht bewusst und wird Atemstütze genannt. Die Stütze ist Grundvoraussetzung für Klang und Intonation. Auch die Blockflöte kann ohne Stütze nicht zufrieden stellend geblasen werden.

Das musikalische Ausgestalten einer Phrase wird durch den Zeitpunkt begrenzt, an dem keine weitere Luft mehr ausgeatmet werden kann. Eine Ausnahme bildet die Oboe, deren Doppelrohr so eng ist, dass nur kleine Luftmengen durch das Rohr abgeatmet werden können. Der Oboist muss zunächst verbrauchte Luft ausatmen, bevor er wieder einatmen kann.

Die Forschungen der Musikermedizin haben ergeben, dass Asthma keine grundsätzliche Kontraindikation zum Erlernen eines Blasinstrumentes darstellt. Im Gegenteil, das regelmäßige

Atemtraining scheint die Heilung günstig zu beeinflussen. Trotzdem sollte der behandelnde Arzt in die Überlegungen, ein Blasinstrument zu erlernen, einbezogen werden.

Die oberen Atemwege und Nasennebenhöhlen dienen nicht nur der Luftzufuhr, sondern werden beim Blasen auch als Resonanzräume genutzt, die die Klangfarbe beeinflussen. So, wie man einer Sprechstimme Heiserkeit und Schnupfen anhört, hört man dies auch dem Bläser an. Leichter Schnupfen und Husten sind kein Grund, das Üben zu unterlassen. Bei stärkeren Infektionen, insbesondere wenn Fieber auftritt oder die Nasennebenhöhlen betroffen sind, sollte das Blasen jedoch unterbleiben. Die Gefahr, dass sich Infektions-Keime in Ohren oder Nasennebenhöhlen ausbreiten, ist sonst zu groß.

Kiefer- und Gesichtsbereich

Mund, Zähne und Lippen haben beim Musizieren mit Blasinstrumenten direkten körperlichen Kontakt zum Instrument. Bei der Klarinette und dem Saxophon liegen die oberen Schneidezähne direkt am Mundstück, die Unterlippe am Blatt. Doppelrohrbläser ziehen Ober- und Unterlippe über die Zähne und nehmen das Rohr zwischen die Lippen. In beiden Fällen polstern die Lippen das Rohr, dämpfen die Schwingung und dichten nach außen hin ab. Querflötisten bilden den Ansatz mit Hilfe der Lippen, der Wangenmuskulatur und des Mund-Ringmuskels.

Nur mit gesunden Zähnen und einer korrekten Zahnstellung lässt sich richtig musizieren. Deshalb ist Mundhygiene wichtig und zahnärztliche, evtl. auch kieferorthopädische Betreuung erforderlich. Zahnarzt und Kieferorthopäde sollten wissen, dass das Kind musiziert. Lose Zahnspangen beeinträchtigen das Blasen nicht. Auch mit festen Zahnspangen kann musiziert werden, mitunter wird jedoch der Ansatz beeinträchtigt.

Vorsicht ist geboten in Bezug auf allergieauslösende Materialien, die teilweise beim Instrumentenbau verwendet werden. Insbesondere ältere und billige Instrumente können eine vernickelte Mechanik haben oder sind mit Nickel überzogen. Besser sind Instrumente, für die Silber oder Neusilber verwendet wurde.

Bei Rohrbläsern ist es üblich, dass der Lehrer das Blatt oder Rohr probiert, bevor der Schüler darauf bläst. Auch wenn Probleme beim Blasen auftauchen, wird der Lehrer das Blatt oder Rohr anblasen und kontrollieren, um notwendige Korrekturen vornehmen zu können. Solange Lehrer und Schüler gesund sind, ist gegen diese jahrhundertealte Praxis nichts einzuwenden. Bei Erkältungen sollte man allerdings darauf verzichten, um keine Erreger zu übertragen.

Klarinette

Die Instrumente

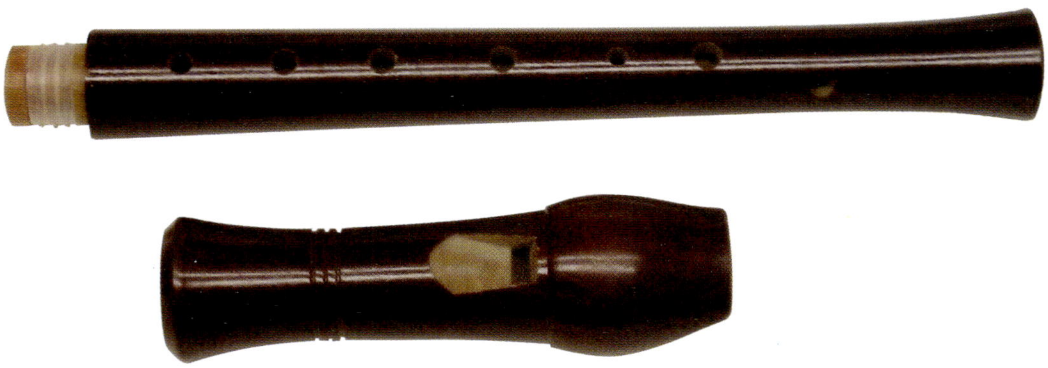

Blockflöte in Teilen

Flöteninstrumente

Die Blockflöte

Zu Unrecht gilt die Blockflöte als typisches Kinderinstrument, vermeintlich leicht zu erlernen und mit nur geringer musikalischer Aussagekraft. Tatsächlich ist die Blockflöte kein Spielzeug, sondern ein Musikinstrument, das genauso viel Ernsthaftigkeit beim Erlernen voraussetzt wie alle anderen Instrumente auch. Die Blockflöte erfordert eine große Geschicklichkeit der Finger und korrekte Stütz- und Atemtechnik. Die hohe Kunst des Blockflötenspiels liegt jedoch in der Geschicklichkeit der Zunge. Je detaillierter und flexibler diese benutzt wird, umso facettenreicher wird das Spiel.

Ihre Blütezeit hatte die Blockflöte im Barock. Alle bekannten Komponisten des Barock haben der Blockflöte Werke gewidmet, die von großer Virtuosität, aber auch von Kantilenen und warmen, langsamen Sätzen geprägt sind. Spielmannsmusiken des Mittelalters und Werke unserer Zeit vervollständigen das Repertoire.

Neben der bekannten Sopranblockflöte gehören zur Blockflötenfamilie Alt-, Tenor-, Bass-, Großbass- und Subbassblockflöte. Das ganz kleine Instrument heißt Sopranino. Der Ton ist

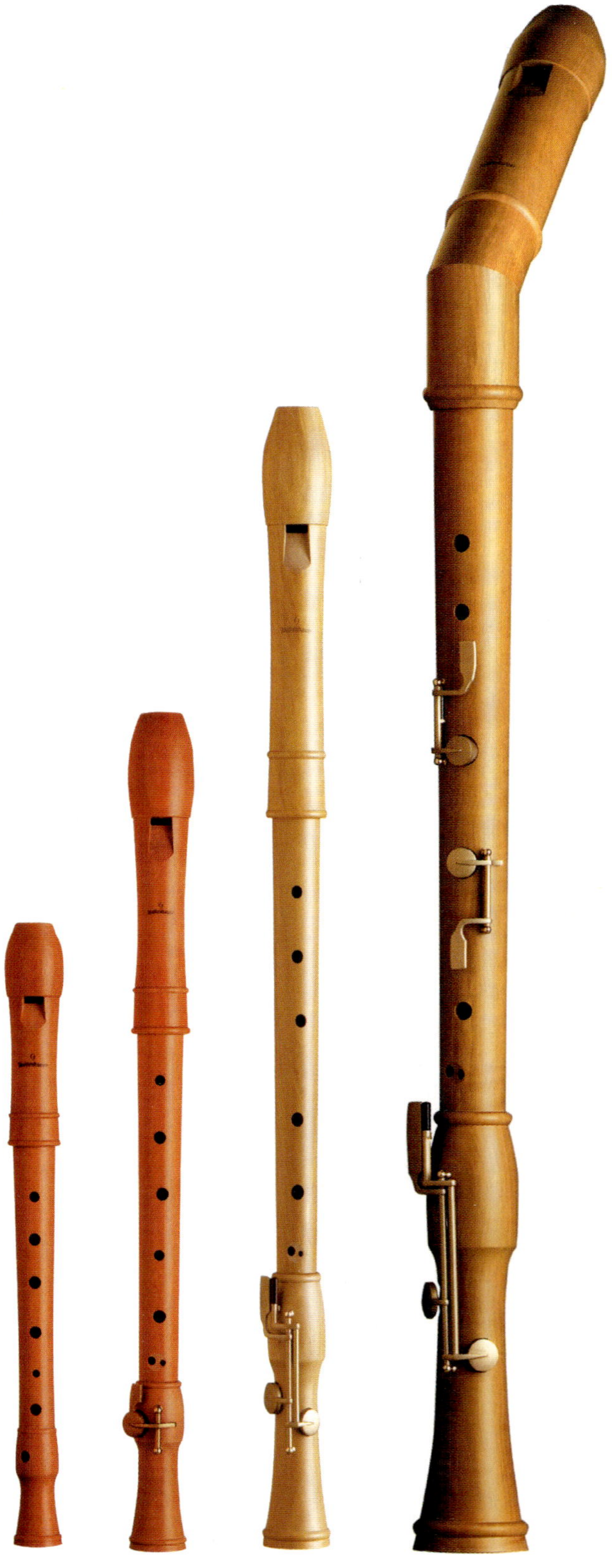

moderne Blockflötenfamilie vom Sopran bis zum Bass

von sich aus leise und sanft, in der Höhe etwas spitz. Je größer die Instrumente sind, desto tiefer, leiser und weicher ist ihr Klang.

Die Blockflöte wird zwei- oder dreiteilig gebaut aus Kopfstück, Mittelstück und Fußstück. Die Bohrung ist umgekehrt konisch. Ihren Namen erhält sie durch den Block, das Herzstück des Kopfstückes. Flöten mit barocker Griffweise sind an den Doppellöchern leicht zu erkennen. Größere Blockflöten haben Klappen für die unteren Tonlöcher. Sie können direkt oder mit einem Anblasrohr gespielt werden. Der Tonumfang der Blockflöte beträgt etwa zwei Oktaven.

Die bekannteste Blockflöte ist die Sopranblockflöte. Die Mensur, also der Abstand zwischen den Tonlöchern der Sopranflöten, ist so eng, dass Kinderhände sie bequem greifen können. Neben der üblichen barocken Griffweise wird teils die deutsche Griffweise verwendet. Auch wenn die deutsche Griffweise den motorischen Ablauf geringfügig erleichtern mag, so wird dieser kleine Vorteil durch ganz erhebliche Einbußen bei Klangschönheit und Intonation wieder aufgehoben. Halbtöne im tiefen Register sind leichter zu gestalten. Professionelle Blockflötenlehrer empfehlen daher dringend das Erlernen der barocken Griffweise. Noch kein Kind hat auf Grund der Griffweise das Flötenspiel aufgegeben – etliche jedoch auf Grund von klanglichen Enttäuschungen!

Barock-Blockflöten

Viele Instrumente werden aus Ahorn oder Birnbaum gefertigt, hochwertige Flöten u.a. aus Rosenholz, Palisander, Olive, Buchsbaum oder Grenadill. Instrumente aus Kunststoff sind zwar preiswert, kommen aber nicht an die Klangschönheit eines Holzinstrumentes heran.

So wie der Unterricht durch eine Fachkraft erfolgen sollte, so sollte das Instrument Mindestanforderungen an Klangqualität und Intonation erfüllen. Dies ist bei Sopranflöten ab ca. 50 € der Fall. Der Spieler wird für die Investition in das Instrument mit Erfolgserlebnissen belohnt, die letztlich Voraussetzung für Ausdauer und Zufriedenheit sind. Wenn die Basis des Flötenspiels gelegt ist und die Finger groß genug sind zum Decken der Tonlöcher, kann mit dem Spiel auf der Altflöte, dem Hauptinstrument der Familie, begonnen werden. Nach und nach wird das Instrumentarium erweitert. Neben den barocken Flöten werden dann auch zylindrisch gebohrte Renaissance-Flöten geblasen. Sie klingen voller und kerniger.

Noch immer gilt die Blockflöte als das Einsteiger-Instrument für Holzblasinstrumente schlechthin. Tatsächlich lassen sich die Grundlagen der Atem- und Fingertechnik auf der Blockflöte erlernen und sind dann auf andere Blasinstrumente übertragbar. Jedoch muss dies nicht der einzig richtige Weg sein. Ein Kind, das den rauchigen Klang des Saxophons oder die Tiefe des Fagottes liebt, könnte vom hellen Klang der Blockflöte enttäuscht werden. Daher sollte sorgfältig abgewogen werden, ob nicht eine andere musikalische Tätigkeit (Kinderchor, Perkussion-Gruppe usw.) eher dem Naturell des Kindes entspricht. Vielleicht muss einige Zeit bis zum Beginn des Instrumentalunterrichtes gewartet werden. Blockflötenunterricht in großen Gruppen mit schlecht motivierten Schülern ist für Kinder, Eltern und Lehrer unbefriedigend und bringt kaum gute musikalische Ergebnisse.

Notenbeispiele

aus: Giles Farnaby (1565–1640): A Toye

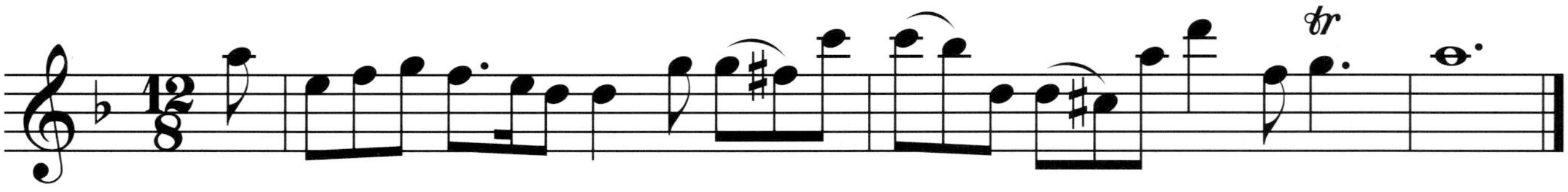

aus: Georg Friedrich Händel (1685–1759): Sonate F-Dur, op. 1, Nr. 11 für Altblockflöte und Basso continuo

aus: Markus Zahnhausen (geb. 1965): Flauto Dolce Solo

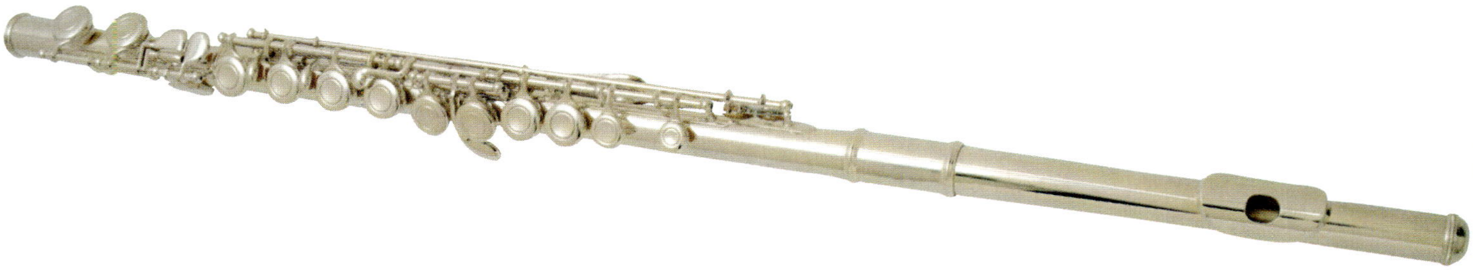

Die Querflöte

Die Querflöte gehört zu den beliebtesten Instrumenten. Ihr Klang reicht von weichen und dunklen Farben in der Tiefe bis zu brillanten und klaren Höhen. Die Brillanz ermöglicht der Querflöte, sich auch im Sinfonieorchester durchzusetzen. Sie ist wohl das beweglichste Blasinstrument des Orchesters. Virtuose Läufe führt sie ebenso mühelos aus wie große Tonsprünge. Finger und Zunge des Bläsers entwickeln eine atemberaubende Schnelligkeit. Trotzdem bleibt sie ein sangliches und lyrisches Instrument. Der Tonumfang beträgt gut drei Oktaven.

Die Querflöte ist fester Bestandteil des Sinfonieorchesters, des Blasorchesters und vieler Kammermusikbesetzungen. Auch in der Folklore und der Pop-Musik findet sie ihren Platz. Der größte Teil der Querflötenliteratur ist im siebzehnten und achtzehnten Jahrhundert entstanden. Dazu kommen vereinzelte Werke des neunzehnten Jahrhunderts und Literatur des zwanzigsten Jahrhunderts bzw. unserer Zeit.

Die Tongestaltung erfolgt durch die Formung der Lippen, die den Luftstrom auf die Kante des Anblasloches führen. Die Lippenformung und die Drehung des Instrumentes zum Luftstrom sind entscheidend für die Klanggebung. Die Blastechnik kann man leicht ausprobieren, sie ist ähnlich dem Blasen auf einem Flaschenhals.

Die moderne Böhm-Querflöte besteht aus drei Teilen: Kopfstück, Mittelstück und Fußstück. Mittelstück und Fußstück sind zylindrisch und mit einer Klappenmechanik versehen, die das Greifen erleichtert. Die Mundlochplatte ist am Kopfstück angebracht, das konisch-parabolisch geformt ist.

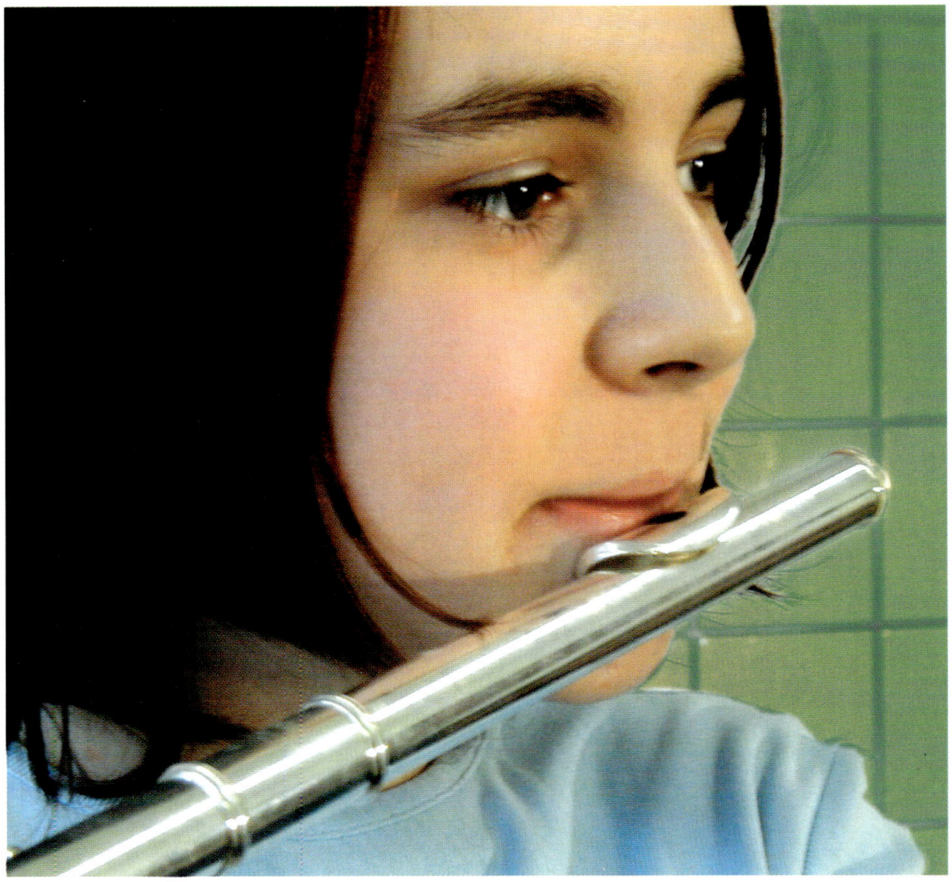

Moderne Instrumente werden aus Neusilber oder versilbert, gute Instrumente aus Vollsilber gebaut. Trotzdem zählt die Querflöte aufgrund ihrer Anblastechnik und ihrer traditionellen Bauweise aus Holz zu den Holzblasinstrumenten.

Um die Klappen der Flöte zu erreichen, muss der linke Arm über die Brust gestreckt werden. Vielen jüngeren Kindern ist das noch nicht möglich. Um ihnen das Querflötenspiel zu ermöglichen, werden Instrumente mit zusätzlichem gebogenem Kopfstück hergestellt. Später kann dann die Flöte problemlos weiter verwendet werden, es wird lediglich der gerade Kopf aufgesetzt. Der Grundpreis für eine

Querflöte, Piccoloflöte

solide Querflöte liegt bei ca. 800 €, der gebogene Kopf kostet ca. 150 €. Instrumente mit gebogenem Kopf können in der Regel mit sechs oder sieben Jahren geblasen werden. Das Umsteigen auf den geraden Kopf erfolgt dann dem Wachstum entsprechend mit ca. neun oder zehn Jahren.

Die Piccolo-Flöte ist das bekannteste Nebeninstrument der Querflöte und kein Einsteiger- oder Kinderinstrument. Sie klingt eine Oktave höher als die große Flöte, ist auch heute noch meist aus Holz gefertigt und wird vor allem im Sinfonie- und Blasorchester verwendet. Ihr heller, spitzer Klang ist nicht zu überhören. Tiefer gestimmte Flöten (die Altflöte und die Bassflöte), teils mit gebogenem Kopfstück, haben einen weichen und dunklen Klang.

Notenbeispiele

aus: Tanzlied (16. Jahrhundert)

aus: Francois Devienne (1759–1803): Sonate für zwei Querflöten, G-Dur, Allegro

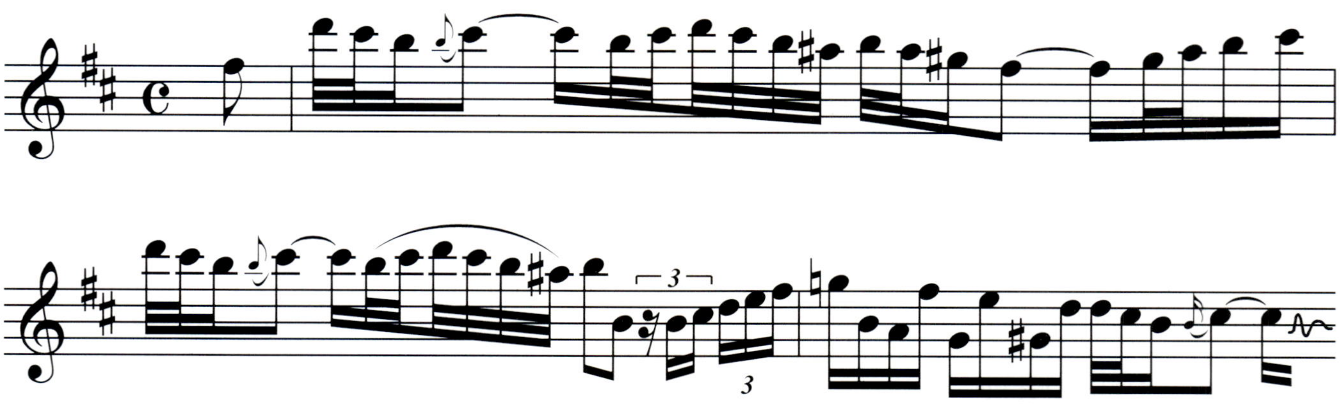

aus: Johann Sebastian Bach (1685–1750): Sonate I, h-Moll, BWV 1030, Andante

Instrumente mit einfachem Rohrblatt

Die Klarinette

Die Klarinette ist das flexibelste unter den Holzblasinstrumenten. Wegen ihrer zylindrischen Bohrung klingt sie eine Oktave tiefer als Instrumente vergleichbarer Größe. Trotzdem erreicht sie Höhen etwa wie die Querflöte und hat damit einen Tonumfang von ungefähr vier Oktaven. Der Bläser kann den Ton vom zartesten Pianissimo bis zum kräftigen Fortissimo steigern. Das tiefe Register klingt voll und edel und gewinnt zur Höhe hin zunehmend an Glanz. Die große Klangvielfalt ermöglicht ihr einerseits solistisches Hervortreten, andererseits auch reizvolle Mischungen mit anderen Instrumenten.

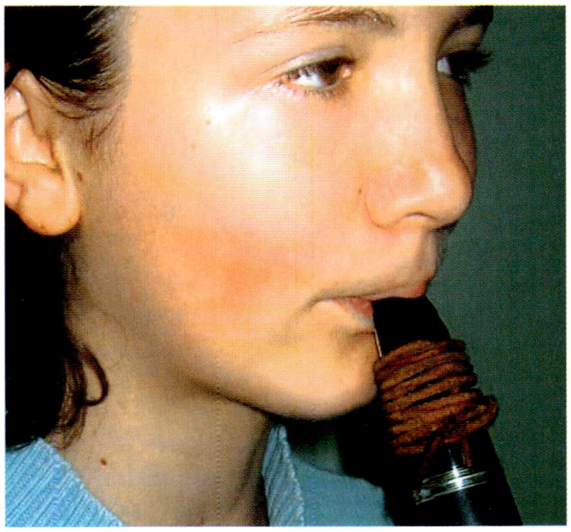

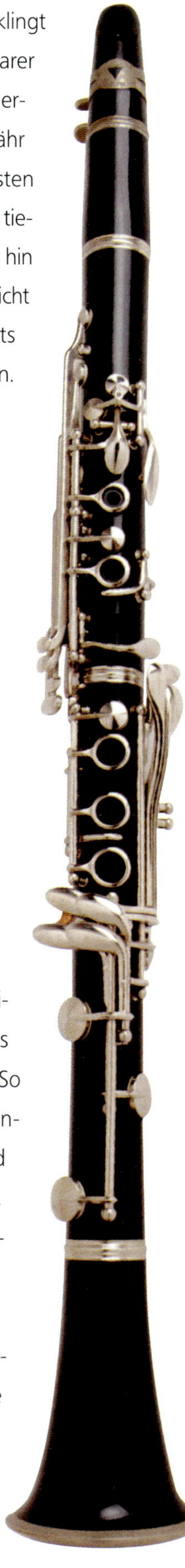

So vielseitig wie das Instrument ist auch die Literatur. Die großen klassischen Meister haben für die Klarinette ebenso komponiert wie die Romantiker und neuzeitliche Komponisten. Dazu kommt das breite Spektrum von Volksmusik, Klezmer und Jazz. So bieten sich für die Klarinette fast unbegrenzte Einsatzmöglichkeiten. Neben klassische Orchester- und Kammermusikbesetzungen treten Blasorchester, Volksmusik- und Klezmer-Ensembles sowie Jazz-Besetzungen.

Es gibt zwei verschiedene Bauweisen, die Oehler-Klarinette, auch deutsches System genannt, und die Böhm-Klarinette (französisches System). Grob vereinfacht wird weltweit das Böhm-System geblasen. Nur in Deutschland und Österreich überwiegt traditionell das System nach Oehler. Die Oehler-Klarinette klingt dunkler und voller, dafür ist die Böhm-Klarinette komfortabler zu greifen und bei vergleichbarer Qualität etwas preisgünstiger.

Die Tongebung erfolgt mit einem Blatt aus Riesengras, das mit der Blattschraube oder einer Blattschnur auf dem Schnabel-Mundstück befestigt wird. Das Mundstück wird aus verschiedenen Materialien (Ebonit, Glas, Kunststoff) gefertigt, die den Klang beeinflussen. Der Bläser legt das Blatt auf die Unterlippe und hält mit den oberen Schneidezähnen das Mundstück.

Der Korpus wird meist aus Grenadill, einem afrikanischen Edelholz gebaut, mitunter auch aus Kunststoff. Er ist vierteilig und besteht aus der Birne, auch Fässchen genannt, Oberstück, Unterstück und Becher oder Stürze. Viele Instrumente haben zwei Birnen unterschiedlicher Länge zum Wechseln, damit sie sich der jeweiligen Stimmung besser anpassen können.

Die gebräuchlichste Klarinette ist die B-Klarinette. Fortgeschrittene Spieler verwenden daneben auch die um einen Halbton tiefere A-Klarinette, welche vor allem in der Kammermusik zum Einsatz kommt. Sie klingt ein wenig sanfter und erleichtert das Spiel bei Kreuz-Tonarten. Daneben werden noch kleine Instrumente in C, D und Es verwendet. Das Altinstrument der Klarinettenfamilie ist das Bassetthorn. Es wird überwiegend im Orchester und in der Kammermusik verwendet. Die Bassklarinette und die sehr seltene Kontrabassklarinette klingen tief und dunkel. Ihnen gemeinsam ist, dass das Mundstück nicht auf der Birne, sondern auf einem gebogenen metallenen Rohr (S-Bogen) sitzt.

Kinder können schon mit etwa sieben oder acht Jahren mit dem Klarinettenunterricht beginnen. Allerdings sollte der Zahnwechsel bei den Schneidezähnen weitgehend abgeschlossen sein. Von der

Handspanne des Kindes hängt es ab, ob mit einer B- Klarinette oder der etwas kleineren C-Klarinette begonnen werden kann. Böhm-Klarinetten sind etwas enger in der Mensur und daher leichter für Kinder zu greifen. B- oder C-Klarinetten nach Oehler sind ab ca. 1400 € zu bekommen, Böhm-Klarinetten ab ca. 1300 €. Einige Firmen bieten Kinder-B-Klarinetten mit reduzierter Mechanik und verengter Mensur an. Sie sind leichter als herkömmliche Klarinetten und für Kinderhände bequem zu greifen. Der Listenpreis dieser Instrumente liegt bei ca. 1100 €. Klarinettenblätter können über Musikgeschäfte bezogen werden und müssen dem jeweiligen System entsprechen. Die Preise beginnen bei ca. 25 € für 10 Blätter.

Notenbeispiele

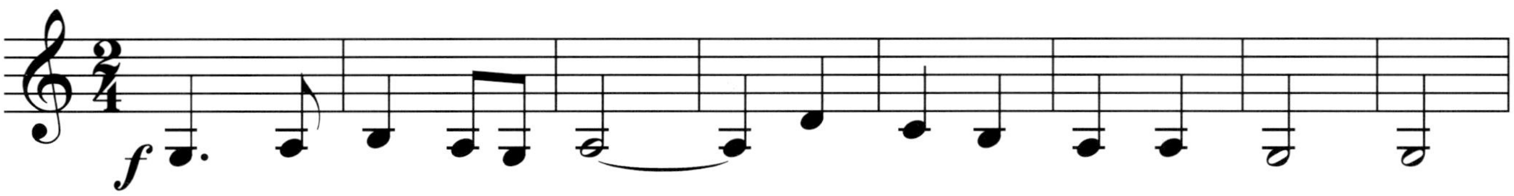

aus: Claude Gervaise (16. Jahrhundert): Allemande, Moderato

aus: Johann Wanhal (1739–1813): Sonate B-Dur für Klarinette und Klavier, Rondo Allegretto

aus: Johannes Brahms (1833–1897): Sonate für Klarinette und Klavier Es-Dur, op. 120, Nr. 2, Allegro amabile

Das Saxophon

Das Saxophon ist das jüngste der Holzblasinstrumente. Ursprünglich von Adolphe Sax als Bindeglied zu den Blechblasinstrumenten konstruiert, hat es eine große Klangfülle, kann aber auch zart und leise gespielt werden. Die Tiefe ist warm und ausdrucksvoll, mitunter etwas rauchig. Zur Höhe hin werden die Töne klarer und spitzer.

Das Saxophon wird, vergleichbar der Klarinette, mit einem einfachen Rohrblatt angeblasen, das auf einem Schnabelmundstück angeschraubt ist. Die Tonansprache gelingt vergleichsweise leicht. Wegen des Rohrblattes aus Riesengras zählt das Instrument zu den Holzblasinstrumenten. Das Mundstück aus Kautschuk oder Ganzmetall wird auf den S-Bogen gesteckt. Der Korpus mit einer stark konischen Innenbohrung ist in einem Stück aus lackiertem Messing gefertigt.

Altsaxophon

Tenorsaxophon

Die Klappenmechanik ermöglicht eine einfache Griffweise bei bequemer Fingerstellung. So verfügt das Saxophon über eine große Geläufigkeit, eine flexible Tonansprache und ein breites Gestaltungsspektrum. Der Tonumfang beträgt zweieinhalb Oktaven, mit besonderen Techniken fast vier Oktaven. Man baut das Instrument in sieben verschiedenen Größen, vom Sopranino bis zum Kontrabass. Am gebräuchlichsten sind das Alt- und das Tenor-Saxophon.

Originalliteratur für Saxophon gibt es von der Spätromantik ab etwa 1850 bis in unsere Zeit. Neben vereinzelten Einsätzen im Sinfonieorchester und als Soloinstrument in klassischen Besetzungen sind vor allem die Blasmusik, der Jazz und die Tanzmusik das Gebiet des Saxophons. Als unverzichtbares Mitglied von Bigband und Blasorchester wird es ebenso gebraucht wie als Soloinstrument in kleineren Ensembles. Ein besonders reizvoller und sehr homogener Klang von der Tiefe bis zur Höhe entsteht, wenn mehrere Saxophone unterschiedlicher Größe zu hören sind, etwa im Saxophonquartett.

Der Jazz erfordert einen anderen Umgang mit dem Instrument und der Spielweise als sonst bei Holzblasinstrumenten üblich. Traditionell sind Holzbläser einschließlich der Saxophon-

Spieler reproduzierende Musiker, d.h., sie spielen komponierte Werke und bemühen sich um deren stilgerechte Interpretation. Das Saxophon wird zusätzlich improvisierend eingesetzt. Der Jazz-Musiker spielt Musik, die im Moment entsteht. Er hat die Freiheit, seine eigenen Empfindungen und Vorstellungen in der Improvisation auszudrücken.

Kinder können auf dem Alt-Saxophon beginnen, sobald der Zahnwechsel der Schneidezähne abgeschlossen ist und die Finger die Klappen mühelos greifen können. Das ist mit etwa 10 Jahren der Fall. Kinder-Saxophone werden nicht gebaut. Jüngere Kinder können, soweit sie dies wollen, zunächst auf der Klarinette die Anblastechnik erlernen. Der Wechsel zum Saxophon gelingt dann leicht.

Ein solides Alt-Saxophon ist ab ca. 1400 € zu haben, 10 Saxophon-Blätter ab ca. 25 €. Alle Saxophone werden mit Tragegurt geblasen. Neben Standardgurten, die um den Hals gelegt werden, gibt es Gurte, die über Schulter und Rücken geführt werden und den Nacken entlasten (ca. 30 €).

Notenbeispiele

aus: Rainer Müller-Irion: Little Groove

aus: André Chailleux: Andante und Allegro für Alt-Saxophon und Klavier

aus: Charlie Parker (1920–1955): Scrapple From the Apple

Doppelrohrblattinstrumente

Die Oboe

Die Oboe ist das Instrument, das einerseits aufgrund seines Klanges die größte Bewunderung hervorruft, andererseits jedoch mit den meisten Vorurteilen belastet ist. Um es vorweg zu sagen: Oboe spielen ist nicht gesundheitsgefährdend! Weder Gehirn noch Lunge nehmen Schaden durch den Blaswiderstand.

Der Name Oboe stammt vom französischen „hautbois" („hohes Holz"). Ihr Klang ist der obertonreichste aller Blasinstrumente und deshalb klar und charakteristisch durchdringend. Die tiefen Lagen klingen voll, dabei etwas herb, die höheren Lagen strahlend und sehr sanglich. Die lyrische Klangfarbe und die Fähigkeit, sehr lange Phrasen ohne Atemunterbrechung musizieren zu können, prädestinieren die Oboe zur Gestaltung von ausdrucksvollen Kantilenen und weitgeschwungenen Melodien.

In der Barockzeit war die Oboe das führende Blasinstrument des Orchesters. Insbesondere Johann Sebastian Bach hat sie in allen klanglichen Facetten eingesetzt. In den folgenden Jahrhunderten wurde sie von vielen großen Komponisten mit Soloaufgaben bedacht. In unserer Zeit wird sie vor allem in der klassischen Moderne eingesetzt. Sie hat sowohl im Sinfonie- als auch im Blasorchester ihren angestammten Platz und ist fester Bestandteil vieler Kammermusikbesetzungen. Gerade weil sie eher selten gespielt wird, st sie in den meisten Ensembles hochwillkommen.

Die Tonerzeugung erfolgt mit einem Doppelrohrblatt, kurz Rohr genannt, das der Bläser zwischen den eingezogenen Lippen hält. Die Kunst der Tongebung liegt in der Formung der Lippen, die einerseits die Eigenschwingungen des Rohres formen und gestalten sollen, andererseits die sehr kleine Öffnung des Rohres nicht zudrücken dürfen. Als einziger Bläser hat der Oboenspieler stets zu viel Luft. Die Atemtechnik unterscheidet sich deshalb von der Atemtechnik anderer Bläser.

Das Instrument wird aus Grenadill in drei Teilen gebaut: Oberstück, Mittelstück und Becher. Der Tonumfang beträgt gut zweieinhalb Oktaven. Die übliche französische Mechanik, auch Konservatoriumssystem genannt, ist unkompliziert zu greifen. Der Unterrichtsbeginn auf einem Erwachsenen-Instrument kann mit etwa zehn Jahren erfolgen, wenn die Handspanne so groß ist, dass alle Klappen erreicht werden können.

Kinderinstrumente aus Ahorn oder Grenadill werden von verschiedenen Herstellern gebaut. Sie zeichnen sich durch eine verengte Mensur, reduziertes Gewicht und verminderten Anblaswiderstand aus. Auf diesen Instrumenten ist der Beginn schon ab etwa sechs oder sieben Jahren möglich. Eine solide Anfänger-Oboe kostet ca. 2500 €, Kinderoboen ca. 2000 €. Zusätzliche Investitionen lohnen sich bei der Daumenstütze, die möglichst höhenverstellbar und mit einem Daumenpolster (ca. 5 €) versehen sein sollte.

Oboen

Eine Besonderheit ist der Bau von Oboenrohren. Professionelle Bläser bauen diese meist selbst. Fortgeschrittene Schüler sollten in der Lage sein, kleine Korrekturen am Rohr auszuführen. Deshalb ist der Rohrbau fester Bestandteil des Unterrichtes. Wenn der Lehrer für seine Schüler Rohre baut, sind diese ab ca. 8 € zu bekommen. Im Fachhandel bezogene Rohre sind teurer (ab 15 €) und müssen in der Regel noch nachgearbeitet werden.

Das wichtigste Nebeninstrument der Oboe ist das Englischhorn, eine Altoboe in F mit sonorig warmem Klang. Es wird in der klassischen Kammermusik und im Orchester verwendet. Die Oboe d´amore in A wird vor allem bei Johann Sebastian Bach gefordert. Das Heckelphon und die Baritonoboe sind sehr selten.

Notenbeispiele

aus: Dorothea Baier: Spielstück für Oboe

aus: Alessandro Marcello (1684–1750): Konzert d-Moll für Oboe, Streicher und Basso continuo, Andante e spiccato

aus: Ernst Krenek (1900–1991): Sonatina für Oboe solo II, Adagietto

Das Fagott

Das Fagott, das Bass-Instrument der Holzbläser, hat einen liebenswürdigen Klang mit vollen Tiefen und schlanken Höhen. Die charakteristische Farbenvielfalt der verschiedenen Register ist sein Markenzeichen. Trotz seiner Größe spricht es präzise an und eignet sich zum Melodiespiel, mitunter auch zu humoristischen Darbietungen. Das Fagott mischt sich gut im Bläsersatz und mit tiefen Streichinstrumenten. Im Barockzeitalter wurden ihm sowohl Soloaufgaben als auch die sehr wichtige Fundamentbildung des Continuo-Basses zugedacht. Die großen Komponisten der Klassik und Romantik haben das Fagott ebenso solistisch bedacht wie die Meister unserer Zeit. Unentbehrlich ist es als Holzbläser-Bass im Sinfonie- und Blasorchester und in den klassischen Kammermusikbesetzungen. Ein besonderes Hörvergnügen ist ein reines Fagottensemble mit acht und mehr Spielern.

Der Name „Fagott" leitet sich vom italienischen „fagotto" (Bündel) ab. Tatsächlich wird das etwa 2,50 m lange Instrument „gebündelt", nämlich geknickt, damit es spiel- und greifbar wird.

Dies geschieht im so genannten Stiefel. Im Stiefel steckt der Flügel mit S-Bogen und Rohr und auf der anderen Seite die Bassröhre mit dem Schallbecher. Fagotte werden aus Ahorn gebaut. Das Instrument hat einen Tonumfang von etwa dreieinhalb Oktaven. Das Fagott wird, wie die Oboe, mit einem Doppelrohr aus Riesengras, kurz Rohr genannt, angeblasen.

Der Bläser nimmt das Rohr zwischen die Lippen.

Der Unterricht auf einem Erwachsenen-Instrument kann mit etwa zehn Jahren beginnen, wenn die Handspanne ausreichend groß ist und das Gewicht des Instrumentes getragen werden kann. Einige Hersteller bieten Anfängermodelle mit reduzierter Mechanik und geringerem Gewicht an. Schon mit etwa sieben Jahren ist Unterricht auf dem kleineren Kinderinstrument, dem Fagottino, möglich. Es wird in unterschiedlichen Größen gebaut und zeichnet sich durch eine bequeme Mensur und stark reduziertes Gewicht aus.

Neue Fagotte in solider Qualität kosten etwa 4000 €, gebrauchte die Hälfte. Für ein Fagottino müssen ca. 2000 € angelegt werden. Auch wenn viele Fagottisten ihre Rohre heute nicht mehr selbst bauen, sind sie doch in der Lage, Korrekturen daran vorzunehmen. Dies wird im Unterricht vermittelt. Rohre können meist über den Lehrer (ab ca. 10 €), sonst über Fachgeschäfte (ab ca. 16 €) bezogen werden.

Eine wesentliche Ergänzung zum Instrument ist der Tragegurt. Standardgurte sind dem Instrument beigefügt und werden um den Hals gelegt. Günstiger sind Rucksack-

Tragegurte, die über Schultern und Rücken geführt werden und größeren Tragekomfort bieten (ca. 30 €).

Das wichtigste Nebeninstrument des Fagottes ist das Kontrafagott. Es hat einen tiefen, sonoren Klang und wird im Orchester und in der Kammermusik verwendet. Die komplette Holzbläsergruppe gibt dem klassischen Sinfonieorchester eine besondere Färbung und setzt sich mit seinem charakteristischen Registerklang von den anderen Instrumentengruppen ab.

Notenbeispiele

aus: Julius Weissenborn (1837–1888): op. 8, Vol. 1, Langsames Zeitmaß

aus: Ludwig Milde (1849–1913): Tarantella für Fagott und Klavier, op. 20, Vivo

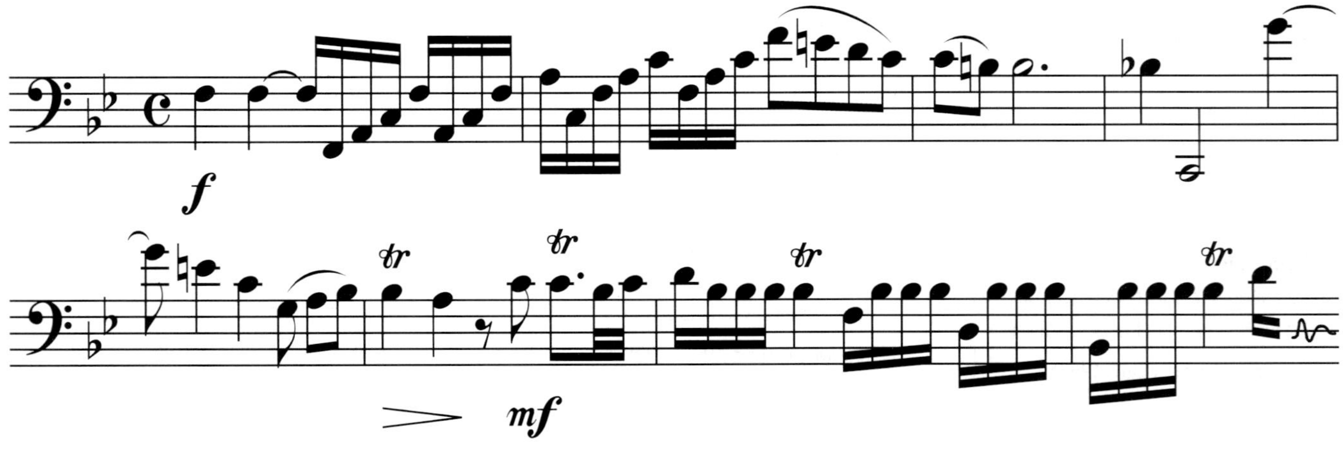

aus: Wolfgang Amadeus Mozart (1756–1791): Concerto für Fagott und Orchester, K.V. 191, B-Dur, Allegro

mente, deren Geschichte sich bis zu ihrem Erfinder zurückverfolgen lässt. Wer weiß schon, wer die erste Violine gebaut oder die Trompete entwickelt hat? „Und Sax hat nicht nur ein Instrument, sondern eine komplette Instrumentenfamilie erfunden", so Koppetsch.

Antoine Joseph Sax, wie er eigentlich hieß, entwickelte acht Instrumente in verschiedenen Größen mit entsprechend unterschiedlichen Tonumfängen, vom sehr hohen Sopranino- bis zum Subkontrabass-Saxofon. Üblich sind heute Alt- und Tenorsaxofon, und auch noch Sopran- und Baritonsax. Das Instrument ist aus Messing, Jazzlegende Charlie Parker spielte zeitweise sogar ein Sax aus Kunststoff. Weil, wie bei einer Klarinette, der Ton mit einem Einfachrohrblatt erzeugt wird, gilt das Saxofon aber als Holzblasinstrument.

Sax begann, sein Instrument geschickt zu vermarkten. Er zeigte es 1855 bei der Pariser Weltausstellung, kontaktierte Komponisten, spielte vor – er war ein guter Musiker, hatte Flöte und Klarinette studiert. In Hector Berlioz fand er einen Unterstützer. Mit einem Wettbewerb zog Sax auch Militärkapellen auf seine Seite. Zwei Formationen traten gegeneinander an: Eine war mit Sax-Instrumenten ausgestattet (er hatte auch Hörner weiterentwickelt, darunter das Euphonium), die andere blies in herkömmliches Material. „Es muss ein ziemliches Spektakel gewesen sein", vermutet Lutz Koppetsch. Die Instrumente von Sax siegten, und das Militär kaufte bei dem Belgier ein. Er hatte nun einen Namen als begabter Instrumentenbauer. Für Giuseppe Verdi konstruierte er sogar

Lutz Koppetsch

petsch sitzt immer wieder in diversen Orchestergräben, am 10. Juni ist er klassisch beim Mozartfest („Mozart am Grün") zu hören. Wirklich etabliert hat sich innerhalb der E-Musik nur das Saxofonquartett.

Seinen Siegeszug trat das Saxofon mit einer Art von Musik an, die sich sein Erfinder auch nicht ansatzweise vorstellen konnte, weil es sie zu seinen Lebzeiten schlicht noch nicht gab: dem Jazz. Auf ihren Tourneen kamen französische Militärkapellen auch in die Vereinigten Staaten. Jazz und Blues steckten dort gerade in den Kinderschuhen, in New Orleans gab es die sogenannten Marching Bands. Die spielten ihre neuen Töne im Freien, mit all den akustischen Problemen, die das mit sich bringt. Das Saxofon, wendig und volltönend, kam da gerade recht. Heute ist es aus Jazz- und auch aus Rock- und Popmusik nicht mehr wegzudenken. „Das Saxofon ist ideal für den Jazz", sagt Koppetsch. Es habe so viele Klangfarben drauf: „Es kann klar klingen und schmutzig."

In Deutschland allerdings blockierten – jedenfalls vorläufig – die Nazis den Siegeszug des Saxofons: Jazz und Blues passten nicht in die Ideologie der braunen Machthaber. Derartige Musik wurde, wie so viele gute Kunst, als „entartet" gebrandmarkt. Doch in den 1950er Jahren wurde kräftig nachgeholt

Auch Einsteiger haben mit dem Instrument ihre Freude, wirbt der Würzburger Professor: „Die ersten Schritte sind leicht zu erlernen." Auch dazu gibt es den passenden Witz: „Fragt eine Mutter den Musiklehrer: ‚Wie lange dauert es, bis mein Sohn Trompete spielen kann?' – ‚Fünf Jahre müssen Sie schon rechnen.' Das dauert ihr zu lange. Sie fragt: ‚Wie lange dauert es, bis mein Sohn Saxofon spielen kann?' – ‚Haben Sie noch etwas in der Stadt zu tun?'"

Wie gesagt: Witze übertreiben. Der Weg zum Könner ist bei den famosen Instrumenten des Herrn Sax ohnehin genauso weit und steinig wie bei anderen Instrumenten auch.

Wolfgang Thomann vom Amt für Landwirtschaft in Kitzingen ist Unterfrankens Schafzuchtberater und sieht die Dinge realistisch: „Die Zeit läuft gegen uns!“ In der Rhön beispielsweise könnte noch in diesem Jahr der letzte Wanderschäfer von der Bildfläche verschwinden. Die Schäferei, so viel steht für den Fachmann fest, befindet sich „am Rande des Aussterbens“.

Die Gründe sind vielfältig: Weideflächen verschwinden. Sommerwiesen sind abhandengekommen. Alles wird bis zum letzten Grashalm genutzt. Dazu niedrige Preise für Wolle und Lammfleisch – die Zeiten waren schon mal einfacher.

Entsprechend die Warnung des Schafzuchtberaters: Wenn sich für den Schäferberuf nicht bald die Rahmenbedingungen ändern, „wird mit dem letzten Schäfer ein jahrhundertealtes Wissen zu Grabe getragen“.

Sein ehemaliger Kollege Hans Chifflard sieht das ähnlich. Der 70-Jährige aus Hagelstadt war sein ganzes Berufsleben Schafzuchtberater in der Oberpfalz. Jetzt im Ruhestand hat er sich zur Aufgabe gemacht, die Geschichte der Schäferei im Allgemeinen und die 100 Schafbockversteigerungen im Besonderen aufzuarbeiten. Der Auftrieb fand zunächst von 1918 bis 1999 in Würzburg statt, im Jahr 2000 gab es dann die Verlagerung nach Dettelbach.

Im Laufe der Zeit kamen einige stolze Zahlen zusammen. So wurden bisher 10 600 Böcke versteigert. Spitzenpreis bisher: 7300 Euro, erzielt vor zwei Jahren. Bei der ersten Versteigerung 1918 lag der Höchstpreis bei 2500 Mark. Rekordjahr war 1989 mit 277 Böcken.

Der 70-Jährige könnte sicher alle 34 in Bayern vorkommenden Schafrassen aufzählen, wobei in Dettelbach die Artenvielfalt eher überschaubar ist: Neben dem Merinolandschaf haben sich vor allem das schwarzköpfige Fleischschaf, Rhönschaf und Coburger Fuchsschaf zum fröhlichen Schaulaufen eingefunden. In den Gattern tragen die tags zuvor bewerteten und katalogisierten Jungböcke kleine Machtkämpfe aus, ehe es auf den Laufsteg und zu einem Auktionator geht, der vor keinem Lockmittel haltmacht.

2600 Euro sind aufgerufen. Diesmal kein Freibier, dafür als Zugabe eine Tasse Kaffee. Zusammen mit der schönen Schäferin, die noch gar nichts von ihrem Glück weiß und gerade dabei ist, den zickigen 176-Kilo-Bock durch die Manege zu führen. Es funktioniert: 2600, zum Dritten!

Ganz genau hingucken: Vor der Versteigerung werden die 220 Schafböcke in der Frankenhalle genau unter die Lupe genommen. FOTO: FRANK WEICHHAN

Würzburger Landrat Georg Schreier ist am 7. Februar im Alter von 80 Jahren gestorben. Wie das Landratsamt Würzburg am Donnerstag mitteilte, fand die Beisetzung bereits in aller Stille statt. Der gebürtige Würzburger Jurist lenkte die Geschicke des Landkreises von 1978 bis 1996. Marksteine seines Wirkens waren die Gründung des Zweckverbands Abfallwirtschaft Raum Würzburg mit der Errichtung des Müllheizkraftwerks, der Bau der Naherholungsanlage Erlabrunner Badeseen und die Eröffnung eines Jugendgästehauses in Leinach. Auch der Aufbau der Hubschrauber-Rettungsstation an der Main-Klinik Ochsenfurt sowie die Entscheidung für ein zweites Landkreis-Gymnasium in Veitshöchheim fielen in seine Amtszeit.

TAFEL

…GEN IN WÜRZBURG

…0. Februar 2015

…korn (63), Trauergottesdienst und

…nenbeisetzung

…), Aussegnung
…ambertz (90), Aussegnung
…Aussegnung
…na Hemmerich (92), anschließend 14.45

…EN IN SCHWEINFURT

Dittelbrunn: 14.00 Herbert Hillabrand (84), Trauergottesdienst, anschließend Urnenbeisetzung

Ebelsbach-Gleisenau: 14.00 Anna Bischoff (92), Trauergottesdienst, anschließend Beerdigung

Eibelstadt: 14.00 Klaus Schuh (94), Trauergottesdienst, anschließend Beerdigung

Euerbach-Sömmersdorf: 14.00 Lioba Dlugosch (91), Rosenkranz, anschließend Requiem und Urnenbeisetzung

Frammersbach, St.-Bartholomäus-Kirche: 14.30 Ernestine Geiger (91), anschließend Beerdigung, Schwartler Friedhof

Gelchsheim, Pfarrkirche: 14.00 Amanda Stoy (90), anschließend Beerdigung

Gemünden: 10.00 Eckard Horn (85), Urnenbeisetzung

Gemünden-Langenprozelten: 14.00 Amanda Betz (84), Trauergottesdienst

Gerolzhofen, Friedhofskapelle: 14.00 Maria Krämer (54), anschließend Urnenbeisetzung

Gochsheim: 11.00 Marianne Roth (77), Trauerfeier, anschließend Urnenbeisetzung

Hammelburg, Stadtpfarrkirche: 14.30 Betty Michel (87), anschließend Beerdigung

Schwebheim: 12.30 Horst Schütz (60), Trauerfeier, anschl. Urnenbeisetzung
12.30 Aloisia Schütz (86), Trauerfeier, anschließend Urnenbeisetzung

Thüngen, St. Georg: 14.00 Helmut Renner (84), anschließend Urnenbeisetzung, evang. Friedhof

Üchtelhausen-Ebertshausen: 14.00 Klara Nöth (88), Trauergottesdienst, anschließend Beerdigung

Werneck-Ettleben: 14.00 Hermann Kneuer (86), Rosenkranz, anschließend Trauergottesdienst und Beerdigung

Zellingen: 14.00 Matthias Härth (50), Urnenbeisetzung

Zellingen-Duttenbrunn, St. Margaretha: 14.30 Johann Riedmann (75), anschließend Beerdigung

Samstag, 21. Februar 2015

Abtswind: 14.00 Lieselotte Geiger (64), Trauergottesdienst, evang. Kirche, anschließend Beerdigung

Altertheim-Oberaltertheim: 10.00 Ludwig Hemrich (79), anschließend Trauergottesdienst

Arnstein-Altbessingen: 12.30 Kunigunda Reuter (94), Requiem, anschließend Beerdigung

Bad Neustadt/Saale, Christuskirche: 10.30 Monika Dietz (56), anschließend Aussegnung

Schaulaufen der Schafböcke

100. Versteigerung lockte in der Dettelbacher Frankenhalle 1000 Besucher an

Von unserem Redaktionsmitglied
FRANK WEICHHAN

DETTELBACH Der Auktionator gibt alles. 2400 Euro für einen Prachtkerl von Schafbock. Wer bietet mehr? 2500 Euro – und eine Flasche Bier gratis dazu! Wunderbar, der Herr da hinten. Geht noch was? Sieht fast so aus, als wäre das letzte Wort noch nicht gesprochen.

Es läuft gut in der Frankenhalle Dettelbach (Lkr. Kitzingen) bei der 100. Frühjahrs-Schafbockversteigerung am Donnerstagmorgen. Am Ende haben 220 Tiere – überwiegend Merinolandböcke – und einige Flaschen Freibier vor den Augen der rund 1000 Zuschauer den Besitzer gewechselt. Der Umsatz wird bei um die 160 000 Euro liegen. In Deutschland sucht das seinesgleichen.

Dass der größte deutsche Schafbock-Markt in südlichen Gefilden stattfindet, ist kein Zufall: Bayern ist Schafland. 20 Prozent des Bestandes grast im Freistaat, aktuell um die 220 000 Muttertiere. In Unterfranken haben noch 59 Wanderschäfer ihr Auskommen – und genau da zeigt sich ein Problem: 35 Jahre zurück, 1980, gab es noch 135 Berufsschäfer.

„Die Schäferei befindet sich am Rande des Aussterbens."

Jetzt an der Uni einschreiben

Frist bis 13. April

WÜRZBURG (geha) An der Uni Würzburg ist auch im Sommersemester der Start in viele zulassungsfreie Studiengänge möglich: Alte Welt, Informatik und Mathematik, Französisch und Italienisch, Geografie und Chemie, Germanistik und Anglistik, Geschichte und Philosophie sind darunter sowie viele Lehramtsstudiengänge. In mehreren Studienfächern gebe es die Möglichkeit, in Teilzeit zu studieren, teilte die Pressestelle der Universität Würzburg mit. Zurzeit geht das unter anderem in Anglistik/Amerikanistik, Germanistik oder Geschichte. Für die zulassungsfreien Studiengänge kann man sich ab sofort bis zum Semesterbeginn (Montag, 13. April) einschreiben. Eine Bewerbung ist dafür nicht nötig. Die Einschreibung oder Immatrikulation, wie es an der Uni auch heißt, läuft über das Internet-Portal „Online-Immatrikulation", erreichbar über die Homepage der Uni, www.uni-wuerzburg.de.

Außerdem weist die Pressestelle darauf hin, dass es in vielen Fächern Vorkurse gibt. Die Teilnahme ist freiwillig, wird von der Universität aber empfohlen. Mehr Informationen darüber gibt es ebenfalls auf der Homepage der Uni.

Früherer Landrat

Als das Sax sexy wurde

Neue Serie: Ungetönlich

In loser Folge stellen Experten Instrumente vor, die eine ungewöhnliche Geschichte haben oder als Exoten gelten. Heute: Das Saxofon oder Die eierlegende Wollmilchsau eines belgischen Erfinders.

Von unserem Redaktionsmitglied
RALPH HERINGLEHNER

Wie viele Lautstärkeabstufungen hat eine Trompete? Zwei: an und aus." Witze übertreiben. Drum sind sie komisch. Aber auch nur, wenn der Übertreibung ein Körnchen Wahrheit zugrunde liegt. Tatsächlich ist eine Trompete nicht unbedingt erste Wahl für feinste Lautstärkeabstufungen. Die sind eher eine Stärke der Holzblasinstrumente. Dafür sind Blechbläser beim Fortissimo besser.

Eine Verbindung zwischen beiden, das wär's, dachte ein Mann namens Adolphe Sax einst und entwickelte ein Instrument, das nach ihm benannt wurde: das Saxofon. Patentiert wurde es 1846. Sax (1814 bis 1894) „wollte sozusagen die eierlegende Wollmilchsau erfinden", erklärt Lutz Koppetsch. Ansatzweise ist dem Sohn eines Instrumentenbauers aus dem belgischen Dinant das sogar gelungen: „Die dynamische Bandbreite des Instruments ist extrem groß", erklärt Koppetsch. Ganz so laut wie ein Blechblasinstrument sei es indes nicht, so der Professor für Saxofon an der

spezielle „Aida"-Trompeten. Bis zu 100 Mitarbeiter sollen für Sax an die 20 000 Instrumente gefertigt haben. Das „Sax" wurde sexy – prompt rief der Erfolg Neider auf den Plan. Sax musste mehrfach vor Gericht, gewann die Prozesse jedoch. Dann brannte seine Fabrik ab. „Es ist bis heute ungeklärt, ob nicht vielleicht Brandstiftung die Ursache war", spekuliert Lutz Koppetsch. Dauerhafter wirtschaftlicher Erfolg war Sax nicht gegönnt. Er starb verarmt.

Koppetsch (38) lehrt klassisches Saxofon. Innerhalb der E-Musik ist das Saxofon noch immer ein Exot. Mögen auch die Großen wie Georges Bizet („L'Arlesienne"-Suite), Maurice Ravel (Bolero) oder Richard Strauss (Sinfonia Domestica) Saxofonstimmen in einige Partituren geschrieben haben: Der Saxofonist gehört nicht zur Stammbesetzung von Sinfonieorchestern. Wenn ein Sax gebraucht wird, etwa bei Massenets Oper „Werther",

Zwischen Holz und Blech: Ein Saxofon verbindet das Beste aus zwei Welten. In der E-Musik ist das vielseitige Instrument noch heute ein Exot. FOTOS: THINKSTOCK, LUKO

Hörempfehlungen

Blockflöte

Castello, Dario (16./17. Jahrhundert)
Canzonen

Eyck, Jan (Jakob) van (1589–1657)
„Fluyten Lusthof", daraus:
- Doen Daphne d'over schoone Marght
- Engels Nachtegaeltje

Schein, Johann Hermann (1586–1630)
5-stimmige Suiten

Vivaldi, Antonio (1678–1741)
Konzerte für Blockflöte, Streicher und Basso continuo

Händel, Georg Friedrich (1685–1759)
Sonaten für Blockflöte und Basso continuo

Bach, Johann Sebastian (1685–1750)
Brandenburgisches Konzert Nr. 4

Schickhardt, Johann Heinrich (1680–1762)
Vier Konzerte für 4 Altblockflöten und Basso continuo

Linde, Hans Martin (*1930)
- „Music for a Bird" für Blockflöte solo
- „Märchen" (Solist mit verschiedenen Flöten)
- „Capricen" für Blockflöte solo

Hirose, Ryohei (*1930)
- „Meditation" für Altblockflöte solo
- „Idyll Nr. 1" für Blockflötenensemble

Andriesen, Louis (*1939)
- „Ende" für Blockflöte solo
- „Sweet" für Blockflöte solo

Querflöte

Bach, Johann Sebastian (1685–1750)
- Sonaten für Flöte und obligates Cembalo / Basso continuo BWV 1030 bis 1035
- Badinerie aus Ouverture h-Moll, BWV 1067 für Flöte, Streicher und Basso continuo

Vivaldi, Antonio (1678–1741)
Konzert C-Dur für Piccolo-Flöte, Streicher und Basso continuo

Bach, Carl Philipp Emanuel (1714–1788)
Sonate a-Moll für Flöte solo

Mozart, Wolfgang Amadeus (1756–1791)
- Konzerte für Flöte und Orchester, KV 313 und KV 314
- Andante C-Dur, KV 315

Schubert, Franz (1797–1828)
Introduktion und Variationen über das Lied „Trockne Blumen" für Flöte und Klavier

Prokofiew, Sergej (1891–1953)
- Sonate op. 94 für Flöte und Klavier
- „Der Vogel" aus: Peter und der Wolf

Honegger, Arthur (1892–1955)
„Danse de la chèvre" für Flöte solo

Ibert, Jacques (1890–1962)
„Entr'act" für Flöte und Gitarre / Harfe

Poulenc, Francis (1899–1963)
Sonata für Flöte und Klavier

Bozza, Eugène (1905–1991)
„Jour d'été à la montagne" für vier Querflöten

Klarinette

Mozart, Wolfgang Amadeus (1756–1791)
Konzert für Klarinette und Orchester KV 622

Weber, Carl Maria von (1786–1826)
Konzerte f-Moll und Es-Dur für Klarinette und Orchester

Prokofiew, Sergej (1891–1953)
„Die Katze" aus: Peter und der Wolf

Brahms, Johannes (1833– 1897)
Sonaten f-Moll und Es-Dur für Klarinette und Klavier

Poulenc, Francis (1899–1963)
Sonate für Klarinette und Klavier

Copland, Aaron (1900–1990)
Konzert für Klarinette, Harfe und Streichorchester

Mendelssohn Bartholdy, Felix (1809–1847)
Konzertstücke für Klarinette, Bassetthorn und Klavier, op. 113 und 114

Jazz-Interpretationen mit **Benny Goodman**

Klezmer-Musik mit **Giora Feidman**

Volksmusik: **Der Klarinettenmuckl**

Saxophon

Bozza, Eugène (1905–1991)
Aria für Saxophon und Klavier

Maurice, Paule (1910–1967)
Tableau du Provence (1954/59) für Saxophon und Orchester

Glasunow, Alexander (1865–1936),
- Concerto Es-Dur op.109 für Saxophon und Streichorchester
- Quartuor op.109 für Saxophonquartett

Ibert, Jacques (1890–1962)
Concertino da camera für Saxophon und Orchester

Mussorgsky, Modest (1839–1881)
„Bilder einer Ausstellung" in der Orchesterfassung von Maurice Ravel, daraus: „Das alte Schloss"

Farkas, Ferenc (1905–2001)
Ungarische Tänze aus dem 17. Jahrhundert für Saxophonquartett

Jazz auf dem Altsaxophon mit **Charlie Parker**

Jazz auf dem Tenorsaxophon mit **John Coltrane**

Rhythm and Blues / Pop auf dem Altsaxophon mit **David Sandborn**

Oboe

Marcello, Alessandro (1684–1750)
Konzert d-Moll für Oboe, Streicher und Basso continuo

Händel, Georg Friedrich (1685–1759)
Sonaten für Oboe und Basso continuo

Bach, Johann Sebastian (1685–1750)
„Hirtenmusik" (Sinfonia) aus dem Weihnachtsoratorium, Kantate II (Oboe d'amore, Englischhorn)

Mozart, Wolfgang Amadeus (1756–1791)
- Konzert C-Dur KV 314 für Oboe und Orchester
- Adagio für Englischhorn und Streicher, KV 580a

Beethoven, Ludwig van (1770–1827)
Variationen über „Reich mir die Hand mein Leben" für 2 Oboen und Englischhorn

Saint-Saëns, Camille (1835–1921)
Sonate op. 166 für Oboe und Klavier

Schumann, Robert (1810–1856)
3 Romanzen op. 94 für Oboe und Klavier

Bozza, Eugène (1905–1991)
Fantaisie pastorale für Oboe und Klavier

Britten, Benjamin (1913–1976)
Six Metamorphoses after Ovid op. 49 für Oboe solo

Fagott

Vivaldi, Antonio (1678–1741)
Konzert e-Moll für Fagott, Streicher und Basso continuo

Telemann, Georg Philipp (1681–1767)
Sonate e-Moll für Fagott und Basso continuo

Mozart, Wolfgang Amadeus (1756–1791)
Konzert für Fagott und Orchester, KV 191

Prokofiew, Sergej (1891–1953)
„Der Großvater" aus: Peter und der Wolf

Saint-Saëns, Camille (1835–1921)
Sonate für Fagott und Klavier

Weber, Carl Maria von (1786–1826)
- Konzert für Fagott und Orchester
- Andante und Rondo ungharese

Hindemith, Paul (1895–1963)
Sonate für Fagott und Klavier

Jacob, Gordon (1895–1984)
Konzert für Fagott und Orchester

Yun, Isang (1917–1995)
Monolog für Fagott Solo

Klaus Heider

In der Werkstatt

Mit leicht gerötetem Gesicht nimmt der Meister das Oberstück einer Klarinette von den Lippen, prüft einige Klappen und verschwindet in seiner Werkstatt. Nach einigen Minuten erscheint er wieder, drückt dem jungen Mann das Teil in die Hand und sagt: „Das nächste Mal ist eine Generalüberholung fällig." Das bedeutet: Abbau der gesamten Mechanik, Neupolstern der Klappen, Überprüfung der Stahlfedern, der Wellen usw. Eine aufwändige Reparatur, die sich nur bei einem guten Instrument lohnt.

Davon bleibt der Spieler einer Blockflöte meist verschont, da nur die tieferen Instrumente ein bis drei Klappen besitzen. Ansonsten ist bis auf wenige Varianten die Herstellung eines Holzblasinstrumentes aus einheimischen oder tropischen Hölzern ziemlich gleich. Mittels eines Spiralbohrers und Drechselautomaten entstehen aus Vierkanthölzern die Rohlinge; im Vakuumbad erhalten sie eine Imprägnierung mit Paraffin (bei tropischen Hölzern nimmt man Leinöl). Hierbei füllen sich die Poren bis in den Kern, sodass das Instrument vor Feuchtigkeit geschützt ist. Nach dem Trocknen erweitert ein Räumer die Innenbohrung der einzelnen Teile (z.B. Birne, Ober- und Unterstück, Schallbecher) bis auf ihre endgültige Form. Standardmodelle entstehen auf rechnergesteuerten Drehautomaten, professionelle oder individuelle Anfertigungen (Kopien alter

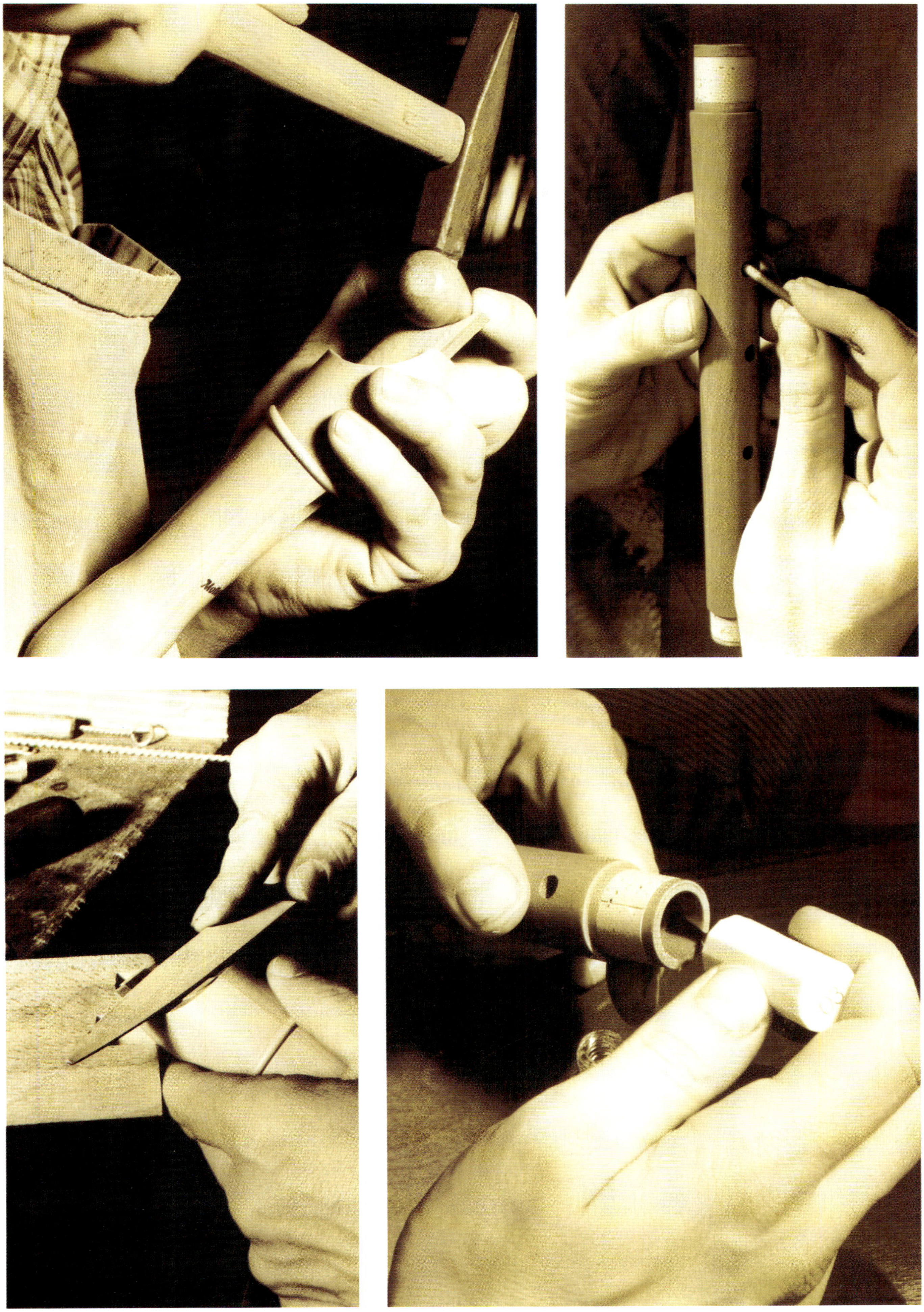

Verschiedene Arbeitsgänge bei der Herstellung der Blockflöte

Instrumente) werden von Meisterhand gedrechselt. Nach dem Feinschliff erfolgt je nach Instrument die Oberflächenbehandlung durch Beize, Lack oder Öle, welche die Maserung des Holzes hervorheben.

Vorgefertigte Schablonen ermöglichen in einem automatischen Vorgang die Bohrung der Grifflöcher, die sich vor allem bei den Blockflöten nach den anatomischen Gegebenheiten der Hände richten. So werden einzelne Tonlöcher nicht nur im rechten Winkel, sondern auch schräg in den Rohrkörper gebohrt.

Der schwierigste Arbeitsgang ist das Fräsen und Schnitzen des Labiums und der Kernspalte. Bevor der Block aus Zedernholz eingepasst werden kann, muss der Meister den Flötenkopf in vielen Arbeitsschritten formen und immer wieder prüfen. Auf ähnliche Weise entsteht für Klarinette und Saxophon das Schnabelmundstück aus Grenadill, Kautschuk oder Metall, während billige Mundstücke aus Plastik gegossen werden.

Intonationsprüfung

Endlich beginnt das Zusammenfügen der einzelnen Teile, die vorher auf der Drehbank einen Zapfen erhalten haben. Um die Steckverbindung im Zapfenherz luftdicht zu bekommen, klebt der Instrumentenbauer einen Korkstreifen in die eingefräste Aussparung des Zapfens. Wie bei allen anderen Instrumenten auch beschließt die Feinarbeit des Stimmers die Montage. Wiederholt prüft er die Ansprache beim Anblasen und den Klang, wobei jedes Tonloch ausprobiert und eventuell mit einem Schaber erweitert oder unterfräst wird.

Die Querflöte von Böhm, dem sein Können als Silberschmied zugute kam, zeigt die wesentlichen Herstellungsverfahren, wie sie heute noch angewandt werden: kaltgezogenes zylindrisches Rohr mit zwölf Tonlöchern gleichen Durchschnitts, Ringklappen auf Längsachsen und ein parabolisches Kopfstück mit Anblasplatte. Im Laufe des 20. Jahrhunderts verbesserten verschiedene Automaten die maschinelle Fertigung der Querflöte. So ziehen zum Beispiel halbkugelförmige Drückerwerkzeuge die vorgestanzten Tonlöcher nach oben, sodass ein kleiner Kamin entsteht, den die Klappen mit ihren Polstern abdecken. Eine Spannvorrichtung sorgt für die genaue Position der Säulchen – das sind die seitlichen Auflager für Hebel und Wellen – und ermöglicht das genaue Festlöten. Von Oboe und Klarinette gab es während ihrer Entwicklungsgeschichte eine Vielzahl von Modellen mit den unterschiedlichsten Klappensystemen, wobei die Formung auf der Drechselbank in ähnlichen Arbeitsschritten verläuft wie bei der Blockflöte. Die größere Anzahl der Tonlöcher und das Einfräsen der Ränder für die Ringklappen nehmen mehr Arbeitsaufwand und Zeit in Anspruch. Ferner ist die Geschicklichkeit des Feinmechanikers gefordert, der die einzelnen im Schleudergussverfahren hergestellten Klappen weiterbehandelt. Während Massenartikel in Press- und Stanzautomaten gefertigt werden, kommt bei Meisterinstrumenten die alte Schmiedekunst noch zum Einsatz.

Nach dem Einschrauben der Säulchen beginnt das aufwändige Einpassen der Mechanik: Gewinde für Spitzschrauben müssen geschnitten, Achsen in die Röhrchen eingezogen, Nadelfedern in Säulchen gesteckt und Federhaken an die Klappenachsen geschraubt werden.

Nachdem der Instrumentenbauer die gesamte Mechanik auf Sitz und Gängigkeit überprüft hat, schraubt er sie wieder ab und unterzieht sie einer Veredelung durch Vernickeln oder Versilbern im galvanischen Bad. Schließlich können alle Teile poliert, die Polster in den Klappen befestigt, Korken angebracht und die gesamte Mechanik wieder zusammengesetzt werden.

Sind auch viele Fertigungsschritte des Klappensystems auf das Fagott übertragen worden, so unterscheidet es sich nicht nur in der Größe, sondern auch in seinen charakteristischen Bauteilen von Oboe und Klarinette: dem Flügelstück mit S-Bogen zum Aufstecken des Doppelrohrblatts und der Bassröhre mit „Stiefel" (dem U-förmigen Verbindungsstück zwischen den beiden Röhren). Nach dem Drechseln der ovalen Körperteile aus Ahornholz werden die Zapfen gefräst und Metallhülsen in die Verbindungen eingesenkt. Besondere Merkmale wie der Abschlussring aus Elfenbein oder Horn und die Haube samt S-Bogen werden in gesonderten Schritten gefertigt. Bohren der Tonlöcher, Anpassen des Klappenmechanismus, Galvanisieren aller Metallteile, Bepolstern und Polieren der Oberflächen sind die gleichen Arbeitsgänge wie bei den anderen Rohrblattinstrumenten.

Kontrolle der Mechanik

Wenn auch das Saxophon wesentliche Gemeinsamkeiten mit Oboe, Klarinette und Querflöte besitzt, so erinnert die Herstellung an die der Blechblasinstrumente. Der Zuschnitt der Hauptröhre erfolgt mittels Schablone, das Messingblech wird an einer Seite gezahnt, in der Mitte zusammengebogen und die glatte Seite zwischen die Zähne geführt. Nach dem Hämmern verlötet ein Arbeiter die Naht und bereitet das ganze Teil für den Treibvorgang auf dem konischen Metalldorn vor. Eine hydraulische Presse formt die Hauptröhre, welche dann in einer Stanze die Tonlöcher erhält. S-Bogen, unterer Bügel und Schalltrichter werden ebenfalls mittels Schablone zugeschnitten, die beiden Teile in der Formpresse gezogen und anschließend zusammengelötet. Da mit der Weitung der konischen Metallröhre auch der Durchmesser der Tonlöcher zunimmt, kommen hier eigens angefertigte Maschinen zum Einsatz. Die weiteren Arbeitsschritte entsprechen eigentlich denen der anderen Instrumente, auch die abschließende Intonation und Qualitätskontrolle, bis das Instrument in den Verkauf kommt.

Polieren der Klappen

Friedemann Immer

Blechblasinstrumente

Die Bezeichnung „Blechblasinstrument“ und das Instrumentarium

Die „Blechblasinstrumente“ heißen so, weil sie aus Blech hergestellt werden und der Ton dadurch erzeugt wird, dass man durch das Instrument bläst. Natürlich werden die Instrumente nicht aus dem gleichen Blech wie z.B. ein Auto oder eine Cola-Dose gemacht. Meist wird zur Herstellung Messingblech benutzt, aber es gibt auch Instrumente aus Neusilber, Goldmessing oder anderen „Blechen“, manchmal sogar aus Silber oder Gold.

Welche Instrumente gehören zur Familie der „Blechblasinstrumente“? Es sind die Trompete, das Kornett, das Flügelhorn, das Horn, auch Waldhorn genannt, die Posaune, das Tenorhorn, die Tuba, das Susaphon, um die wichtigsten zu nennen. Alle diese Musikinstrumente haben eines gemeinsam: die Tonerzeugung, d.h. die Art, wie der Ton erzeugt wird. Der Blechbläser bläst durch die gespannten Lippen in das Mundstück. Das jeweilige Instrument verstärkt den Ton und bringt ihn zum Klingen. Das Besondere bei diesen Instrumenten ist, dass ein Teil des Körpers – die Lippen – schwingt und den Ton erzeugt. Das klingt auf den ersten Blick sehr schwierig und kompliziert, ist es aber nicht, wenn man es einmal „raus“ hat. Da die Tonerzeugung bei allen Blechblasinstrumenten gleich oder zumindest sehr ähnlich ist, werde ich das später noch genau beschreiben.

Trompete, Kornett, Flügelhorn (von links)

Bei allen anderen Instrumenten entsteht der Ton in dem Instrument: Bei der Geige wird mit dem Bogen die Saite zum Schwingen gebracht, beim Klavier schlägt ein Hämmerchen auf die Saite, bei der Trommel oder der Pauke schlägt man mit dem Stock auf das Fell, bei der Oboe wird ein „Schilfrohr" durch die ausgeatmete Luft in Schwingungen versetzt; und auch bei der Flöte wird der Ton dadurch erzeugt, dass die Luft auf eine scharfe Kante geblasen wird. Nur beim Singen schwingt auch ein Teil des Körpers, die Stimmbänder im Hals. Das Spielen eines Blechblasinstrumentes ist also dem Singen sehr verwandt.

Während aber viele Kinder Probleme damit haben zu singen – sie haben oft das Gefühl, etwas von sich abzugeben –, hat man z.B. bei der Trompete immer noch das Instrument, aus dem der Ton kommt. Es ist nicht ganz so „persönlich", und es fällt dem Kind leichter, auf diese Art Musik zu machen.

Eine schöne Definition des Trompetespielens – die für jedes Blechblasinstrument gültig ist – lautet: „Trompetespielen ist nichts anderes als bewusst und richtig zu atmen." Man sollte versuchen, gut einzuatmen und durch das Instrument auszuatmen (auf eine bestimmte Art) – und so entsteht der Ton.

Horn, Posaune, Tuba, (von oben nach unten), Susaphon (links)

Das „Kribbeln" in den Lippen macht manchen Kindern zu Anfang etwas Probleme, man gewöhnt sich aber schnell daran.

Es gibt aber auch Musikinstrumente, die wie Blechblasinstrumente aussehen, aber nicht mit zur „Familie" gehören, z.B. das Saxophon. Das liegt daran, dass die Tonerzeugung bei diesem Instrument anders ist. Das Saxophon wird mit einem Rohrblatt wie eine Klarinette gespielt. Obwohl es aus „Blech" ist, gehört es zur Familie der Holzblasinstrumente (vgl. S. 47 f.).

Warum will ein Kind unbedingt ein Blechblasinstrument erlernen?

Dies kann viele verschiedene Gründe haben: z.B.

- Das schön glänzende Instrument „macht was her", sieht gut aus.
- Es ist ein lautes Instrument, man kann sich damit gut Gehör verschaffen. Die Blechblasinstrumente werden eher von kräftigen Kindern gewählt, die dabei zum Teil ihre Kraft oder ihre Aggressionen abbauen können – aber auch von stillen Kindern, die durch den „Resonator"/Verstärker der Trompete mehr Aufmerksamkeit erregen wollen.
- Musik für Blechblasinstrumente gibt es in und aus allen Musikepochen, von der „Alten Musik" bis zum Jazz und der Volksmusik. Die Kinder kennen die Musik und die Instrumente und wollen „das auch machen".
- Blechblasinstrumente gibt es in jeder Stimmlage, von der hohen Trompete bis zur tiefen Tuba – für jeden Geschmack ist etwas dabei.
- Für Kinder ist oft der gesellige Aspekt wichtig. Ein Blechblasinstrument spielt man selten allein, wie z.B. das Klavier, sondern mit anderen zusammen – in der Blaskapelle, im Orchester oder im Posaunenchor.
- Oft ist ein Instrument vorhanden und wird sogar von jemandem aus der Familie oder dem Freundeskreis gespielt. Auch wenn es nur die verbeulte Trompete ist, mit der man schon immer gespielt hat, oder das Post- oder Jagdhorn, das beim Opa oder Nachbarn an der Wand hängt. Das Kind kennt das Instrument und hat schon einmal versucht, einen Ton herauszubekommen. Für erste Versuche reichen diese Instrumente allemal aus.

Hier stellt sich auch die Frage nach dem Einstiegsalter. Wann soll ein Kind oder ein Jugendlicher mit einem Blechblasinstrument anfangen? Ich werde auf diese Frage später noch genauer eingehen, aber hier schon mal einige Überlegungen:

- Ich möchte keine genaueren Altersangaben machen, weil es zu viele Beispiele von Musikern gibt, die jedes Argument widerlegen. Natürlich gibt es „körperliche" Gründe, die ein Instrument in einem bestimmten Alter unmöglich machen – ein kleines Kind kann noch keine Tuba halten, es kann sich eher dahinter verstecken. Dagegen hängt die Frage der Zahnentwicklung (Milchzähne usw.) eher mit der Art des Ansatzes zusammen. Auch eine Zahnklammer macht das Spielen bei richtigem, druckschwachem Ansatz nicht unmöglich. Außerdem ist eine Zahnspange meist nur eine zeitlich begrenzte Sache.
- Ich kenne eine Kollegin, die mit zwei oder drei Jahren angefangen hat, Trompete zu spielen, und heute eine große Solistin auf dem Instrument ist. Auf der anderen Seite hatte ich manche Studenten, die erst mit 15 oder 16 Jahren angefangen haben und trotzdem – oder deshalb – gute Trompeter geworden sind.

Wie bereits gesagt, ist die Tonerzeugung bei allen Blechblasinstrumenten etwas Spezielles, Persönliches. Kleine Kinder gehen oft locker an das Instrument heran, sie wissen

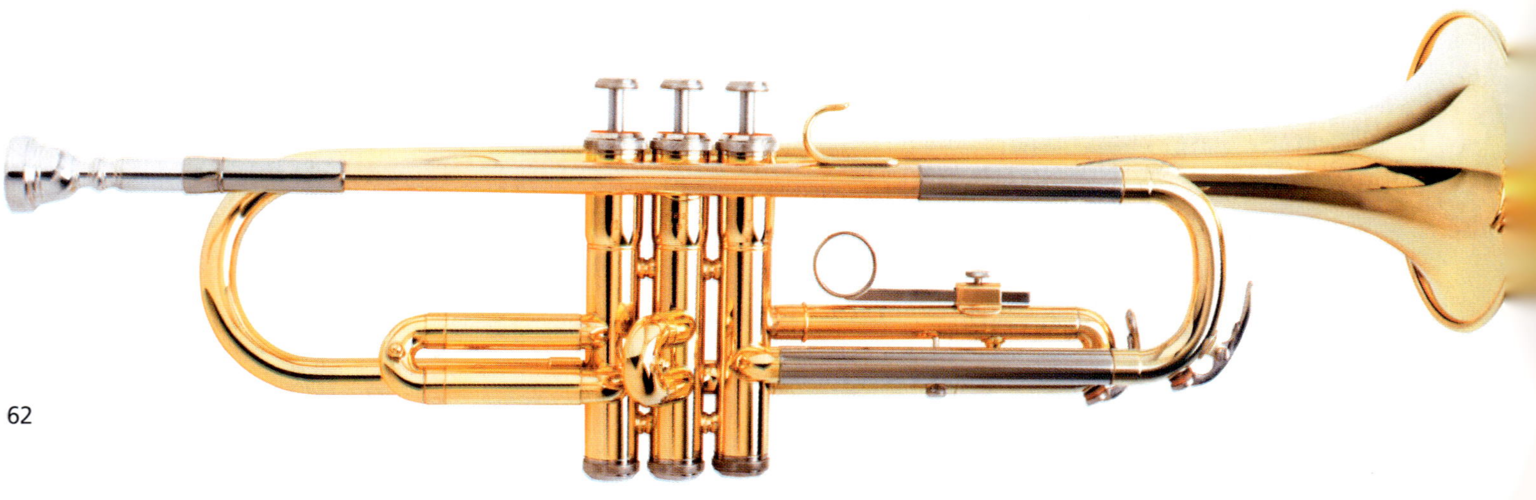

noch nicht, „dass das schwer ist". Ältere Kinder, Jugendliche und besonders Erwachsene gehen verkrampft an die Sache heran, sie versuchen, mit – falsch eingesetzter – Kraft dem Instrument einen Ton zu entlocken.

Zwei Dinge halte ich für sehr wichtig bei der Wahl eines Musikinstrumentes allgemein und beim Blechblasinstrument im Besonderen:

- Gerade kleinere Kinder sollten „spielerisch" das Instrument lernen, sie sollten damit aufwachsen. Und es darf in der ersten Zeit noch kein Stress aufkommen.
- Das Kind will dieses Instrumenter erlernen! Wenn ein Kind Horn oder Posaune lernen will – nach Meinung vieler keine „Kinderinstrumente" –, hat es keinen Sinn, ihm eine Blockflöte oder evtl. sogar eine Trompete zu geben. Es wird dann mit weniger Freude an die Sache herangehen.

Der Wunsch der Eltern sollte nicht an erster Stelle stehen. Auf der anderen Seite ist es ohne die Unterstützung der Eltern unmöglich, ein Instrument zu erlernen. Das fängt an bei der Anschaffung, geht über tägliches „Anstoßen" oder „Erinnern" zum Üben und endet beim „Miterleben" von ersten Auftritten und Unterstützung bei Erfolgen und Misserfolgen.

Manchmal ist es sogar für den Lehrer schwierig herauszufinden, was das Kind eigentlich will. Ich hatte einmal einen jungen Schüler, der keine richtigen Fortschritte im Unterricht machte. Nach drei Jahren fasste er den Mut, mir zu sagen, dass er gar nicht Trompete lernen wollte, es sei der Wunsch seiner Eltern gewesen.

Bei der Entscheidung für das Blechblasinstrument sollte man noch einige Aspekte berücksichtigen, die man leicht in „Vor- und Nachteile" einstufen kann:

Vorteile:

- Ein Anfangsinstrument ist oft vorhanden, zumindest ein Mundstück, und man kann sich leicht spielerisch eine Trompete basteln (siehe S.73).
- Der Zeitaufwand zum Üben ist – schon aus Kraftgründen – in der ersten Zeit nicht sehr groß.
- Für manche Kinder kann dieses „extrovertierte" Instrument zur Therapie werden, und sie können Kraft abbauen.
- Es ist ein motorisch leicht zu erlernendes Instrument, da meist nur drei Finger der einen Hand benutzt werden (es hat nur drei Ventile).
- Die Unterrichtseinheiten können und sollten zu Anfang – schon aus Kraftgründen – kurz gehalten werden (eventuell findet Gruppenunterricht statt). Die Kinder müssen also nicht lange still sitzen. Das kostet auch weniger Geld und schont die Nerven.
- Das Kind kann schon früh in einem Ensemble mitspielen, auch wenn es dort nur „mitläuft". Das fördert die Motivation.
- Das „klassische" Anfängerinstrument, die Trompete, ist relativ preiswert, leicht zu pflegen und hat einen guten Wiederverkaufswert.

Nachteile:

- Die Blechblasinstrumente gehören zu den lauten, wenn nicht sogar sehr lauten Instrumenten. Oft bereitet das Üben in der Wohnung Probleme und kann zu ernsthaften Konflikten mit Nachbarn oder in der Familie führen.

Dämpfer für die Trompete

Dämpfer für die Posaune

- Das „tägliche" Üben ist sehr wichtig, da das Spielen kraftaufwendig ist und diese Kraft durch „Training" aufgebaut werden muss.
- Das Spielen kann körperlich anstrengend sein, die Tonerzeugung ist etwas schwierig, das Vibrieren der Lippen kann stören.

Es gibt aber für alle Blechblasinstrumente Dämpfer. Diese werden in das Schallstück gesteckt und verändern (dämpfen) den Klang des Instrumentes. Es gibt auch so genannte Übedämpfer oder Dämpfer in Verbindung mit kleinen elektronischen Verstärkern. Man spielt auf seinem Instrument, im Raum hört man nur leise Töne, und über den Kopfhörer klingt es, als wenn man im Kölner Dom mit elf Sekunden Nachhall spielt. Ich persönlich halte die Übedämpfer und die elektronischen Übe-Geräte bei Anfängern für Notlösungen. Das normale tägliche Üben sollte „offen", also ohne Dämpfer, geschehen. Mit Dämpfern kann man zwar evtl. kontrollieren, ob man eine Melodie richtig spielt, über den Klang des Instrumentes hat man aber keinerlei Kontrolle. Bei fortgeschrittenen Spielern kann es durchaus Einsatzmöglichkeiten für den Dämpfer geben, bei Anfängern eigentlich nicht.

Geschichte der Blechblasinstrumente

Die Trompete und die Posaune gehören zu den ältesten Musikinstrumenten, die wir kennen. Schon in der Bibel, im vierten Buch Mose, steht: „Und der Herr redete mit Mose und sprach: ‚Mache dir zwei Drommeten von getriebenem Silber, dass du sie brauchest, die Gemeinde zu berufen und wenn das Heer aufbrechen soll ...'"

Wir alle haben Filme gesehen, in denen der römische Feldherr in einem Triumphzug nach Rom einzieht, wozu Trompeten ertönen. Wer kennt nicht die Geschichte der Posaunen von Jericho, die mit ihrem Klang Stadtmauern zum Einsturz bringen? Aber was waren das für Instrumente, waren es wirklich Posaunen, wie wir sie heute kennen? Wie sahen die „Blechblasinstrumente" früher aus?

Mit Sicherheit nicht so, wie wir sie heute kennen. Die Posaunen von Jericho waren wahrscheinlich Tierhörner – Widderhörner, ähnlich dem „Schofar", der heute noch im Nahen Osten gespielt wird. Es waren „Resonatoren", Tonverstärker, deren einzige Aufgabe es war, möglichst laut zu sein und die Feinde zu erschrecken. An „schöne Töne" und „Melodien" war dabei gar nicht zu denken.

In der Bronzezeit wurden in Nordeuropa (später auch bei den Römern) „Luren" verwendet, schwere aus Metall gegossene, nicht aus Blech hergestellte Instrumente.

Die älteste Trompete, die wir kennen, stammt aus dem Grab des Pharao Tutanchamun (um 1350 v. Chr.) im Tal der Könige. Man fand dort zwei „Trompeten", die unserer Vorstellung von Blechblasinstrumenten schon etwas näher kommen. Es sind gerade, also noch nicht gebogene Metallröhren von ca. 1,50 Meter Länge, die am einen Ende eng zusammenlaufen und eine Art Mundstück bilden und am anderen Ende etwas weiter werden. Das Rohr ist dort also zu einer Art Schallstück ausgebildet.

Vor einigen Jahren hatte ich die Möglichkeit, eine der beiden Trompeten zu spielen – sie liegt in einem Museum in Boston in den USA. Mit viel Geschick kann man zwei verschiedene tiefe Töne erzeugen, die sich aber immer noch eher als Lärm denn als Musik bezeichnen lassen. Waren das denn überhaupt „Musikinstrumente"? Hauptaufgabe der „Spieler" solcher Instrumente war es über viele Jahrhunderte, damit Lärm zu

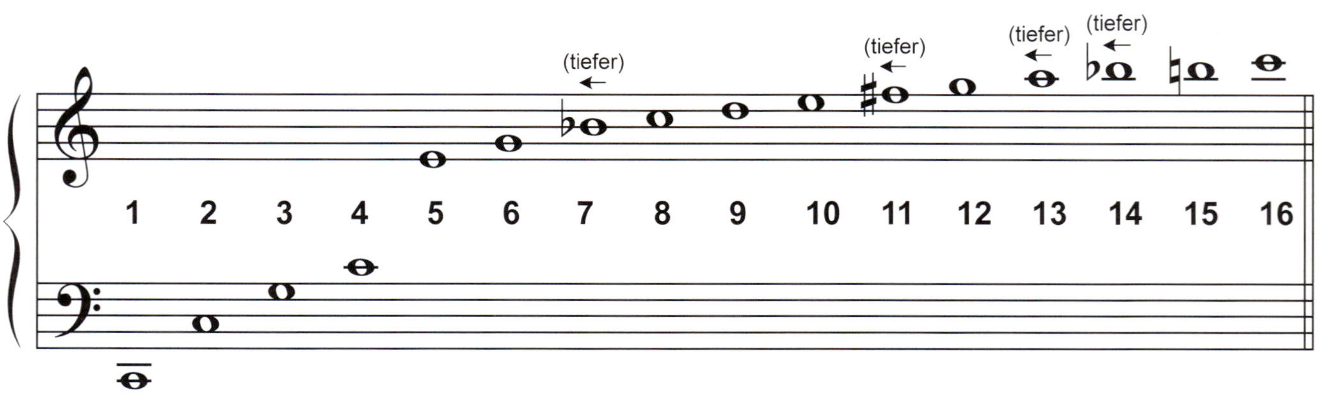

Naturtonreihe einer C-Naturtrompete

machen, und später, darauf Signale zu geben. Noch in den Armeen des 19. und 20. Jahrhunderts waren Trompeter angestellt, die Signale blasen mussten. Durch diese Signale wurden den Soldaten im Kampf die Befehle übermittelt. Auch auf Schiffen waren Trompeter beschäftigt, die z.B. im Nebel Warnsignale gaben; auf gesunkenen Schiffen wurden interessante Instrumente gefunden. Auf der Jagd ist es heute noch üblich, Signale (auf Jagdhörnern) zu spielen.

Aber zurück zu den frühen „Trompeten" – denn bis vor etwa 700 Jahren gab es noch keine Unterschiede zwischen den verschiedenen „Blechblasinstrumenten". Es gab nur lange, nicht gebogene „Trompeten", und diese durften nicht zu lang sein, da man sie sonst nicht spielen konnte. Stellen wir uns einmal eine Trompete von ca. 2,50 Meter Länge oder ein Horn von über 4 Meter Länge – nicht gebogen, sondern lang und gerade – vor. Man braucht mindestens zwei Leute zum Spielen und Tragen dieses Instrumentes. Einer trägt das eine Ende und bläst hinein, der andere trägt das andere Ende, aus dem der Ton kommt – eine komische Vorstellung. Die alten Trompeten konnten aus praktischen Gründen nicht länger als 1,50 Meter sein. Wir kennen heute noch ein solches Instrument, das Alphorn, das – wenn auch aus Holz – zur Familie der Blechblasinstrumente gehört und auf dem man schon Melodien spielen kann.

Auf jedem „Blechblasinstrument" kann man, wenn man nicht die Ventile oder den Zug benutzt (beide werden später erklärt), nur eine ganz bestimmte Anzahl Töne spielen, die von der Natur vorgegeben sind – die so genannten Naturtöne. Diese Töne lassen sich ohne Verkürzung oder Verlängerung der Schallröhre, nur durch Veränderung der Art des Anblasens, hervorbringen (vgl. Notenbeispiel S. 66). Man sieht, dass der Abstand zwischen den Tönen in der tiefen Lage sehr groß ist und nach oben kleiner wird. In der tiefen Lage sind noch keine Tonleitern, also auch keine Melodien spielbar.

Es war zunächst das Problem, dass man nur Naturtöne spielen konnte, bis ein findiger Mensch auf die Idee kam, die Trompete mittels eines Zuges zu verlängern, um so mehr Töne spielen zu können. Man kann sich das so vorstellen: Man stecke ein Rohr in ein zweites Rohr, in das Mundrohr, den Anfang des Instrumentes. Zieht man jetzt das Rohr heraus, wird das gesamte Instrument länger, der gespielte Ton wird tiefer – denn ein längeres Rohr bedeutet einen tieferen Ton. So kann man die Zwischenräume der Naturtonreihe auffüllen. So entstand die Zugtrompete: Sie wurde wirklich so gespielt, dass das Mundstück festgehalten und das ganze Instrument hin- und hergeschoben wurde. Diese Technik war natürlich sehr schwerfällig, und man konnte nur langsame Melodien spielen.

Aus diesem Instrument entstand dann die Posaune, die im Prinzip seit etwa 700 Jahren unverändert gebaut wird. Nur die Form des Schallstückes und die Mensur (Weite des Rohres) haben sich geändert. Bei der Posaune wird jedoch nicht nur ein Zug bewegt, sondern zwei Züge, die parallel angeordnet sind. Man braucht also nur die vergleichbar halbe Strecke auszuziehen, und die Haltung des Instrumentes wird einfacher: Eine Hand hält das Instrument mitsamt Mundstück, die andere bewegt den Zug hin und her.

Die Trompete blieb aber das Instrument des Krieges und damit das Instrument der Herrscher. In Frankreich z.B. durfte sie nur am Hof des Königs gespielt werden, für das einfache Volk war sie verboten. Nur wenige Musiker durften überhaupt die Trompete spielen – auch in fast allen anderen Teilen Europas (und Afrikas). Die Ausbildung zum Trompeter war ganz klar und streng geregelt, und die Trompeter waren hoch angesehene Musiker und Persönlichkeiten. Es gab sogar bis ins 18. Jahrhundert hinein Gesetze, die es einfachen Musikern, „fahrendem Volk und Gauklern" verboten, die Trompete zu spielen. Die Trompeter einen hohen militärischen Rang inne, waren den Offizieren gleichgestellt und dienten oft als Kuriere. Außer am Hof war die Trompete nur in der Kirche erlaubt – diente sie hier doch der Verherrlichung der Macht Gottes. Deshalb ist die Trompete auch in vielen barocken Werken der Kirchenmusik vertreten.

Périnet-Ventile (Trompete)

Aber immer noch war es nur möglich, Naturtöne zu spielen. Wir kennen viele Trompetenpartien aus der Barockzeit Sie verlangen von Ihren Spielern hauptsächlich hohe Töne und Passagen, die heute noch vielen Trompetern Probleme bereiten. Teilweise gelten die Partien als „unspielbar". Dies liegt daran, dass erst in der hohen Lage der Naturtonreihe Melodien spielbar sind. Das wussten die Komponisten ganz genau und verlangten deshalb von ihren Spielern fast Unmögliches. Mit einer solchen Trompete kann man auch nur in einer Tonart spielen. Wenn man eine andere Tonart spielen will, muss man entweder ein anderes, längeres oder kürzeres Instrument nehmen oder zwischen Instrument und Mundstück ein so genanntes Setzstück einfügen, um das Instrument länger zu machen und so eine andere Stimmung zu erreichen.

Die Trompete wurde am Hof der Kaiser und Könige zu allen festlichen Anlässen gespielt, zu Hochzeiten, Turnieren und Festmählern. Die Trompeter traten aber nicht alleine auf, sondern im Ensemble, das meist aus vier bis sechs Trompetern und einem Pauker bestand. Die Pauke war das Bass-Instrument zu den Trompeten. Oft wurden sowohl Trompeten als auch Pauken zu Pferde gespielt.

Um das Jahr 1700 wurde das Horn erfunden. Im Gegensatz zur Trompete, die meist die Form einer Fanfare hatte, war das Horn immer ein rundes Instrument. Beim Spiel zeigt das Schallstück zur Seite, der Ton erklingt also seitlich vom Spieler. Das Rohr ist mehrfach rund gebogen und das Schallstück deutlich größer als das der Trompete. Die Röhre des Horns ist länger als die der Trompete, und das Instrument klingt deshalb tiefer. Durch das größere Schallstück und die Haltung klingt es außerdem weicher und nicht so aggressiv, wie die Trompete oft klingt.

Neben den „reinen" Blechblasinstrumenten Trompete, Horn und Posaune gab es Instrumente, die wegen der gleichen Tonerzeugung auch zu den „Blech-Instrumenten" gezählt werden, obwohl sie meist aus Holz gefertigt wurden: die Zinken und der Serpent. Ein Zink (ital. Cornetto) sieht einer Blockflöte ähnlich, hat auch Grifflöcher, ist aber meist mit schwarzem

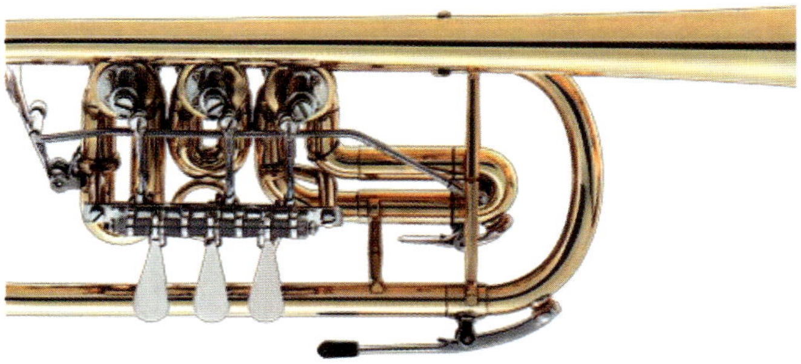

Drehventile (Trompete)

Leder umwickelt und wird mit einem dem Trompetenmundstück ähnlichen, nur kleineren Mundstück geblasen. Meist erklang er im Ensemble mit Posaunen und hatte nicht die „elitäre" Bedeutung der Trompeten.

Der Serpent war ein Bass-Zink, der von der Renaissance bis in die Romantik gespielt wurde. Richard Wagner hat in manchen seiner Werke noch einen Serpent verlangt, den man als den Vorläufer der Tuba bezeichnen kann. Der Serpent sieht aus wie eine Schlange.

Wie wir gesehen haben, bedeutet ein längeres Rohr einen tieferen Ton. Um 1815/1820 kamen zwei Erfinder gleichzeitig auf die Idee, das Rohr von Blechblasinstrumenten mittels Ventilen länger zu machen. Die (meist) drei „Knöpfe" vieler heutiger Blechblasinstrumente sind Ventile. Drücke ich eines dieser Ventile, wird das Rohr länger – und damit erklingt der Ton, den ich spiele, tiefer. Ich erwähne deshalb die zwei Erfinder, weil sich diese beiden Systeme, die Drehventile (auch Deutsche Ventile genannt) und die Périnet-Ventile (oft fälschlicherweise nur im Zusammenhang mit der Jazz-Trompete genannt) bis heute erhalten haben. Im Prinzip sind beide Systeme gleichwertig, beide haben Vor- und Nachteile.

Wieso kann man aber mit nur drei Ventilen so viele Töne spielen? Das liegt daran, dass wir nach wie vor Naturtöne auf den Blechblasinstrumenten spielen, mit den Ventilen aber die Abstände zwischen den Naturtönen „ausfüllen". Der größte Abstand, den wir zwischen den brauch- und spielbaren Naturtönen haben, sind drei Ganztöne. Um diese zu spielen, genügen drei Ventile: Eines ergibt einen Halbton, eines einen Ganzton und eines eineinhalb Ganztöne. Die Reihenfolge der Ventile ist bei allen Blechblasinstrumenten gleich:

1. Ventil → 1 Ganzton oder 2 Halbtöne tiefer

2. Ventil → 1 Halbton tiefer

3. Ventil → 1 1/2 Ganztöne oder 3 Halbtöne tiefer

Wenn man die Ventile miteinander kombiniert, ergeben sich folgende „Griffe", die auf allen Instrumenten gleich sind:

1 Halbton tiefer → 2. Ventil

1 Ganzton tiefer → 1. Ventil

1 1/2 Ganztöne tiefer → 1. + 2. Ventil oder 3. Ventil

2 Ganztöne tiefer → 2. + 3. Ventil

2 1/2 Ganztöne tiefer → 1. + 3. Ventil

3 Ganztöne tiefer → 1.+ 2. + 3. Ventil

Durch die Erfindung der Ventile konnten Blechblasinstrumente „chromatisch" gespielt werden, je nach Fähigkeiten des Spielers über zwei bis drei Oktaven oder mehr. Das heißt, man konnte Melodien spielen und war nicht mehr an den Tonvorrat der Naturtonreihe gebunden.

Dieses System wurde auf alle Blechblasinstrumente übertragen, ja es wurden auch einige neue Instrumente erfunden, wie das Kornett, das Tenorhorn, die Tuba und das Susaphon. Für alle diese Instrumente wurde das Ventilsystem mit drei Ventilen übernommen, zeitweise sogar auch für die Posaune, obwohl diese doch schon vorher alle Töne spielen konnte. Sie hieß dann Ventilposaune und nicht mehr Zugposaune. Heute hat sich aber wieder die Zugposaune durchgesetzt. Dazu später mehr.

Manche Blechblasinstrumente haben mehr als drei Ventile. Die Tuba kann bis zu sechs Ventile haben, das Horn hat oft vier oder fünf. Das liegt daran, dass man oft zwei verschieden gestimmte Instrumente in einem hat, tiefere Töne erreichen oder mehr Griffkombinationen haben möchte. Im Prinzip kommt man aber bei jedem Blechblasinstrument mit drei Ventilen aus. Dies kann gerade für Kinder von Vorteil sein, da es Instrumente sind, die motorisch leicht zu erlernen sind.

Der Ansatz

Wir haben gesehen, dass es die verschiedensten Blechblasinstrumente gibt, hohe und tiefe, große und kleine, runde und gerade. Die Mundstücke dieser Instrumente sind auch recht verschieden, das der Tuba ist sehr groß, das Trompetenmundstück am kleinsten. Aber trotzdem haben alle diese Instrumente eines gemeinsam, nämlich die Art, wie der Ton erzeugt wird – in der „Bläsersprache" auch kurz „Ansatz" genannt.

Der Ton entsteht, wenn die Lippen schwingen und auf dem Mundstück aufliegen, die Luft also in das Mundstück (und in das Instrument) geblasen wird. Das klingt sehr kompliziert und schwierig; wenn man es aber mal „raus hat", ist es nicht mehr so schwierig, einen Ton auf seinem Instrument zu erzeugen. Dieser Ansatz ist für alle Blechblasinstrumente elementar wichtig.

Wie schon gesagt, sind die „Blechblasinstrumente" die einzigen Musikinstrumente neben der menschlichen Stimme, bei denen der Ton vom und im Körper erzeugt wird. Man kann also durchaus sagen, dass es etwas sehr Persönliches ist, ein Blechblasinstrument zu spielen. Da der Ton vom eigenen Körper – oder einem Teil davon – erzeugt wird, muss man diesen

selbst gebaut: eine Schlauchtrompete

„in den Bauch" zu atmen, d.h., beim Einatmen kommt der Bauch hervor. Wichtig ist weiterhin, dass die Luft beim Ausatmen nicht möglichst schnell herauskommt, sondern gleichmäßig und schnell. Es gibt da eine schöne Übung: Nimm ein Blatt Papier, halte es gegen die Wand und versuche, das Blatt an der Wand „fest zu blasen", also nicht mit der Hand festhalten, sondern mit der Luft, die du ausatmest. Wenn du es schaffst, dass das Blatt einige Sekunden an der Wand „klebt", hast du gewonnen!

Die ersten Versuche könnten so ablaufen – zuerst noch ohne Mundstück und Instrument: Bilde mit den Lippen einen Kussmund und ziehe dann die Mundwinkel leicht zur Seite, ohne aber den Mund zu breit zu machen. Öffne nun die Lippen ganz leicht und blase die Luft durch die Lippen. Wenn du alles richtig machst, schwingen die Lippen jetzt und klingen wie das Summen einer Biene oder Wespe. Du kannst dir dabei auch vorstellen, dass du ein kleines Haar zwischen den Lippen hast und wegpusten willst. Dass die Lippen dabei kribbeln, ist normal.

„Tonerzeuger" natürlich schonen und darf ihn nicht durch unvorsichtiges Vorgehen verletzen oder gar irreparabel schädigen. Jeder Sänger achtet darauf, seine Stimmbänder nicht zu sehr zu strapazieren. So sollte auch der Blechbläser auf seine Lippen Acht geben. Besonders schädlich für die Lippen ist es, wenn man das Mundstück zu fest gegen die Lippen presst, also mit zu viel Druck spielt.

Jeder Lehrer hat seine eigene Methode, den Ansatz zu erklären. Er kann das viel besser vormachen und beim Schüler gleich mit Korrekturen oder Lob eingreifen. Vor dem Ansetzen muss man zuerst richtig einatmen. Die Körperhaltung und das Körperbewusstsein sind für jeden Musiker sehr wichtig. Bei Blasinstrumenten steht die Atmung naturgemäß besonders im Vordergrund. Zur besseren Kontrolle der Atmung sollte man versuchen, die Schultern beim Einatmen unten zu halten und

Signalhorn (Jagdhorn)

Mundstücke der Blechblasinstrumente

Wenn du das etwas übst, kannst du bald einige Sekunden lang das Summen der Bienen nachmachen. Das ist jetzt der Zeitpunkt, an dem wir das Mundstück dazunehmen. Setze nun das Mundstück auf die Lippen, am besten zuerst einmal genau in die Mitte, also auch mit gleich viel Ober- und Unterlippe, und summe mit den Lippen – im Englischen heißt das „Buzzen" – durch das Mundstück. Achte darauf, dass du das Mundstück nicht gegen die Lippen presst, es darf aber auch keine Luft seitlich entweichen. Ob du das Mundstück später auch immer genau in der Mitte der Lippen ansetzt, hängt natürlich vor allem von der Beschaffenheit und dem Stand deiner Zähne ab. Kaum jemand spielt wirklich genau in der Mitte. Aber man sollte aufpassen, nicht gleich zu Anfang zu „schief" anzusetzen.

Wenn du das einige Zeit übst und dann das Instrument dazu nimmst, wirst du merken, dass du der Trompete oder dem Horn einen schönen Ton entlocken kannst. Versuche nicht, mit allzu viel Gewalt und Luft zu blasen, der Ton wird dann zu laut und klingt nicht mehr schön. Nach und nach wird es dir gelingen, zuerst nur auf dem Mundstück und dann auch auf dem Instrument verschiedene Töne zu erzeugen. Doch übe dich in Geduld und forciere nichts. Vieles ergibt sich mit der Zeit, und wichtig ist tägliches, aber zu Anfang nicht zu langes Üben. Es ist besser, mehrmals am Tag 10–15 Minuten zu üben als einmal 1–2 Stunden.

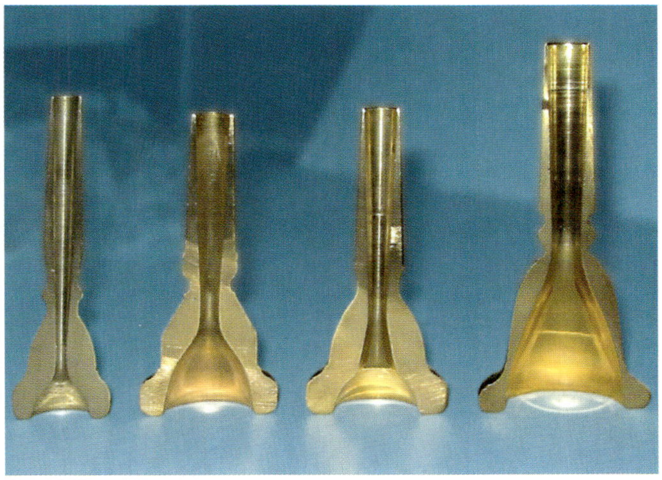

Mundstücke (Längsschnitt)

Es gibt eine Möglichkeit, die ersten Töne auf der Trompete „spielerisch" zu erzeugen – unter dem Motto: „Wir bauen uns eine Trompete"! Wir brauchen dazu einen ca. 2,50 Meter langen normalen Gartenschlauch, einen Trichter und ein Mundstück. Auf das eine Ende des Schlauches stecken wir den Trichter (es kann ein ganz normaler Plastiktrichter sein, Metall „klingt" vielleicht etwas besser) und auf das andere Ende ein Trompetenmundstück. Den Schlauch kann ich jetzt so biegen, wie ich möchte (als Fanfare, als Horn) oder einfach auf dem Boden liegen lassen. Mit etwas Übung kommen aus diesem „Blechblasinstrument" – auch wenn es aus Gummi ist – ganz schöne Töne heraus (s. Abbildung S. 72 oben).

Einstiegsalter

In welchem Alter sollte man anfangen, ein Blechblasinstrument zu erlernen? In der Frage des Einstiegsalters gehen die Meinungen der Fachleute sehr auseinander – zu sehr, um hier eine klare Empfehlung geben zu können. Meiner Meinung nach ist es vor allem wichtig, dass das Kind Spaß an dem Instrument hat und auch gerade dieses Instrument erlernen möchte.

Auf jeden Fall sollte das Kind so „vernünftig" sein, dass es halbwegs vorsichtig mit der Trompete, dem Horn oder der Posaune umgehen kann. Auch wenn die Anfängerinstrumente (besonders die Trompete) – verglichen z.B. mit einem Klavier – nicht sehr teuer sind, so kann eine Beule am Instrument den Spaß an diesem schönen Instrument dämpfen; ein verbogener Zug an der Posaune macht es unmöglich, darauf zu spielen, und die Reparatur ist in jedem Fall teuer und zeitaufwendig. Eine kleine Beule ist noch kein Weltuntergang, aber dem Kind sollte klar sein, dass das Instrument kein Spielzeug ist.

Gerade die Trompete wird oft von Kindern gewählt – oder für Kinder empfohlen –, die ihre Kraft an diesem lauten Instrument rauslassen können. Auch wenn es genug Gegenbeispiele von zarten Kindern, in letzter Zeit auch immer mehr Mädchen, gibt, ist dieses oft der Fall. Hier muss man den gesunden Mittelweg finden zwischen dem Abbau von Kraft durch das Instrument und dem Rauslassen von Kraft am Instrument.

Natürlich ist es gut, wenn ein Kind beim Start Noten lesen kann, aber es ist keine Grundvoraussetzung. Man kann das Notenlesen auch durchaus mit dem Instrument lernen, dies kann sogar bei den „transponierenden Instrumenten" Trompete oder

Horn von Vorteil sein. Eine Trompete z.B. ist ein transponierendes Instrument, der Grundton ist normalerweise B, wird aber als C notiert usw. Ein Horn steht in F oder B und wird ebenfalls in C notiert. Daran gewöhnt man sich sehr schnell.

Wichtiger ist die körperliche Entwicklung des Kindes in Bezug auf das Einstiegsalter. So ist es zum Beispiel schwer vorstellbar, dass ein 6-Jähriger Tuba spielen kann. Denn das Mundstück ist einfach viel zu groß, und das Kind kann sich problemlos hinter der Tuba verstecken, vom Gewicht des Instrumentes ganz abgesehen. Auch sind die Arme von ganz kleinen Kindern (unter 5 Jahren) für die Zugposaune wohl zu kurz. Selbst Trompete und Horn können für sehr kleine Kinder noch zu groß sein.

Aber hier ist gerade in den letzten Jahren einiges in Bewegung geraten, und es gibt für fast alle Instrumente Lösungen – auch für die ganz kleinen Kinder. Statt einer normalen Trompete kann man das Kornett oder sogar die Taschentrompete wählen. Es gibt inzwischen extra „Kinder-Hörner", und eine Posaune mit Quartventil kommt mit weniger Positionen des Zuges aus, der Zug muss also nicht ganz weit herausgezogen werden.

Auch die Zähne müssen kein Problem sein. Lernt das Kind von vornherein mit „druckschwachem Ansatz" zu spielen, wie ich ihn beschrieben habe, kann es mit seinen ersten oder zweiten Zähnen spielen, ja sogar mit einer Zahnspange. Da die Zahnspange immer nur eine befristete Angelegenheit ist, muss man zur Not einige Zeit aussetzen – oder sie eben zum Üben kurz herausnehmen.

Es gibt nicht das ideale oder optimale Einstiegsalter – sieht man einmal davon ab, dass für jedes Instrument ein Alter von 5–6 Jahren günstig ist (plus/minus 1–2 Jahre). Der Wunsch und der Wille des Kindes sind entscheidend. Natürlich sollte es von den Eltern unterstützt, gefördert und bestenfalls etwas gelenkt werden.

Ein Problem stellt nach meinen Erfahrungen vor allem die Pubertät dar. In dieser Zeit haben die Jugendlichen oft ganz andere Interessen, seien es das andere Geschlecht oder andere Dinge, deren es genug gibt und die im Kopf für die Musik und das Instrument wenig Raum lassen. In dieser Phase wollen viele Jugendliche lieber mit dem Unterricht aufhören – und damit leider meist auch mit dem Instrument und der Musik. Später bereuen die meisten Menschen es dann, nicht dabei geblieben zu sein.

Ich habe auch in dieser Phase gute Erfahrungen mit „spielerischem Unterricht" oder „Diskussionsunterricht" gemacht. Der Unterricht findet vorübergehend nicht mehr jede Woche, sondern alle zwei oder vier Wochen statt, wir diskutieren viel über alle möglichen Themen – evtl. auch Themen, die irgendwie mit der Musik, der Geschichte der Musik oder der Musik in der Gesellschaft zu tun haben. Dann spielen wir noch einige Duette zusammen, um das Spielen nicht ganz zu verlernen. Der Jugendliche behält so den Kontakt zur Musik und zu seinem Lehrer, der – evtl. auch gerade durch die vielen Gespräche – zu einer Vertrauensperson geworden ist, die für den Jugendlichen oft sehr wichtig und eine große Hilfe sein kann.

Signalhorn (Jagdhorn)

Mitspielmöglichkeiten

Musik macht am meisten Spaß, wenn man sie mit anderen zusammen machen kann. So sind Musiker, vor allem Blechbläser, nur selten „Einzeltäter". Es macht einfach mehr Spaß, mit anderen zusammen Musik zu machen – und das gilt für alle Blechbläser, vom Anfänger bis zum Profi. Glücklicherweise gibt es genug Möglichkeiten, Musik als Hobby (oder auch Beruf) in einem Ensemble auszuüben. Alle diese Gruppierungen haben eines gemeinsam: Es können Spieler mit jedem Können, jedem Leistungsstand mitspielen, dazu werden alle möglichen Blechblasinstrumente von der Trompete bis hin zur Tuba gebraucht.

Blechblasensembles gibt es in jeder Qualität, für fast jede Musikrichtung und auch an fast jedem Ort. Oft sind es gerade diese Ensembles, die im Kind den Wunsch nach einem bestimmten Instrument geweckt haben. Oft werden auch von diesen Ensembles für den Anfang Instru-

mente zur Verfügung gestellt und der erste Unterricht (oft Gruppenunterricht) angeboten.

Örtliche Vereine haben oft einen „Fanfarenzug", in dem nicht nur Fanfaren, sondern neben Flöten, Klarinetten und diversen Trommeln auch alle Blechblasinstrumente gespielt werden. Gerade in ländlichen Gebieten und gewachsenen Stadtteilen ist diese Art Ensemble weit verbreitet. Der Fanfarenzug marschiert zum Beispiel im Karnevals- und Martinszug mit und übt für diese und andere Auftritte meist wöchentlich. Die Vereinszugehörigkeit und Geselligkeit spielt eine große Rolle – eine weitere Motivation, Musik zu machen.

Die „Brass Band" kommt aus dem anglo-amerikanischen Raum und ist oft größer besetzt, hat also mehr Mitspieler. Es wird von einfachen Songs bis hin zur Bearbeitung von großen symphonischen Werken in Blasorchester-Besetzung alle Literatur gespielt. Anfänger spielen zuerst die leichteren zweiten oder dritten Stimmen mit erfahrenen Mitspielern zusammen. Fortgeschrittene Spieler können sich gelegentlich an einem Solo versuchen. „Brass Bands" gibt es oft an Schulen oder größeren Musikschulen.

Es gibt einen wunderbaren Kino-Film, den ich hier empfehlen möchte: „Brassed Off" (1996). Der Film handelt von einer Brass Band in einer von Arbeitslosigkeit und sozialen Problemen gebeutelten englischen Kleinstadt. Er zeigt sehr schön, wie die Musik dem Menschen einen Rückhalt in schweren Zeiten geben kann – natürlich mit Happy End und phantastischer Musik.

Auch in der „Bigband" werden Blechblasinstrumente gespielt, hauptsächlich Trompeten und Posaunen, seltener Tuba und Horn. Bigbands spielen Jazz, von „New Orleans" bis hin zum Free- und Modern Jazz. Die klassische Besetzung besteht aus vier bis fünf Trompeten (auch Flügelhorn), vier Posaunen, fünf Saxophonen, Gitarre, Bass, Schlagzeug und Klavier (Keyboard).

In jedem Orchester (auch Symphonieorchester genannt), in der Schule, der Musikschule oder im Verein braucht man Blechbläser. Die Blechbläser sind hier zwar nicht so präsent, werden weniger solistisch eingesetzt und sind auch mit normalerweise

zwei Trompeten, zwei bis vier Hörnern und drei Posaunen nur klein besetzt, werden aber doch neben den Streichinstrumenten, Holzbläsern und Schlagzeug gebraucht. Aber gerade diese „Mischung" kann es interessant machen, dort mitzuspielen. Man ist nicht nur unter sich und lernt auch andere Musik und andere Instrumente und Musiker kennen.

„Last but not least" ist vor allem im deutschsprachigen Raum der „Posaunenchor" weit verbreitet. Aus ihm und seiner Tradition sind sehr viele gute Spieler hervorgegangen. Im Posaunenchor werden beileibe nicht nur Posaunen gespielt, sondern auch andere Blechblasinstrumente: Trompete, Flügelhorn, Horn, Tenorhorn und Tuba. Ein Posaunenchor ist fast immer an eine Kirchengemeinde gebunden, was den Vorteil hat, dass es einen festen Probenraum gibt. Da diese Posaunenchöre oft schon sehr lange existieren und eine lange Tradition aufweisen können, gibt es dort oft einen großen Fundus an Instrumenten. Anfängern kann fast immer ein Instrument zur Verfügung gestellt werden. Neue Spieler, ob Anfänger oder Fortgeschrittene, sind immer willkommen, man muss auch nicht der Kirche oder Religion angehören. Durch die Anbindung an eine Kirchengemeinde gibt es genug Auftrittsmöglichkeiten in Gottesdiensten oder bei Gemeindefesten, und es gibt – oft sogar in einer Gemeinde – verschiedene Formationen von kleiner bis großer Besetzung in vielen Qualitäten. Ein noch nicht so guter Posaunenchor wird immer mal wieder im Gottesdienst Gemeindelieder begleiten, Anfänger können „mitspielen", und bessere Spieler formieren sich oft zu einem überregionalen „Auswahlchor", der dann eigene Konzerte veranstaltet und oft sehr anspruchsvolle Programme spielt.

Daneben gibt es natürlich jede Menge weiterer Ensembles, kleine und große, z.B. Blechbläser-Quartette oder -Quintette. In allen diesen Formationen wird der gesellige Aspekt groß geschrieben. Ein weiterer Vorteil fast aller dieser Ensembles ist es, dass die verschiedenen Stimmen oft sehr unterschiedlich anspruchsvoll sind. Vom leichten „Mitspielen" bis hin zu Solostimmen ist alles vorhanden, und es wirkt auf alle Mitspieler motivierend, wenn sie richtig eingesetzt werden.

Susaphon

Die Instrumente

Die Trompete

Die Trompete ist, von der Tonlage her gesehen, dass höchste Instrument unter den Blechblasinstrumenten. Unter „Trompete" verstehen wir nicht nur die eigentliche Trompete, sondern auch das Flügelhorn und das Kornett. Die Trompete gibt es in zwei Bauarten, mit Drehventilen (auch Deutsche Trompete genannt) und mit Périnet-Ventilen (fälschlicherweise oft als Jazz-Trompete bezeichnet). Beide Bauarten sind absolut gleichwertig, und es ist fast ausschließlich eine Frage des Geschmacks, welches System man bevorzugt. Im Symphonieorchester wird meist eine Trompete mit Drehventilen, in der Jazz-Band, aber auch im europäischen Ausland meist eine Trompete mit Périnet-Ventilen gespielt. Ein sehr wichtiges Teil der Trompete ist das Mundstück, das immer separat aufgehoben und zum Spielen auf die Trompete gesteckt wird. Das Trompetenmundstück hat im Inneren die Form eines Kessels. Für den Anfang sollte man ein normales, mittleres Mundstück wählen, der Kessel sollte nicht zu flach und nicht zu tief, die Bohrung normal groß und auch der Rand durchschnittlich groß sein. Der Spieler wird sich später sowieso „sein Mundstück" suchen.

Das Flügelhorn (auch in B) ist sehr viel weiter gebaut als die Trompete und hat deshalb einen viel wärmeren, runderen Klang. Das Innere des Flügelhornmundstücks gleicht eher einem Trichter, deshalb spricht das Instrument auch besser in der tiefen

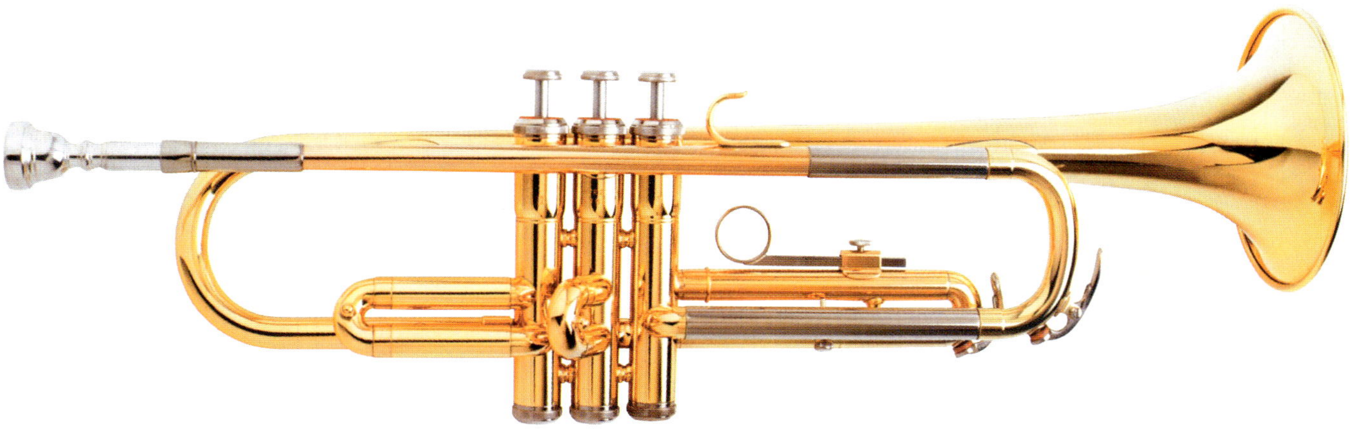

Mundstücke

Lage und nicht so gut in der Höhe an. Das Flügelhorn wird oft im Posaunenchor oder in der Brass Band für die zweite oder dritte Stimme verwendet.

Das Kornett ist etwas kleiner als die Trompete gebaut, steht aber normalerweise auch in B. Es ist in der Mensur (der Weite des Rohres) etwas enger und wird mit einem ähnlichen Mundstück wie das Flügelhorn geblasen. Deshalb ist der Klang auch etwas weicher als der der Trompete. Da es etwas kleiner und evtl. auch leichter ist als die Trompete, ist es eigentlich ein sehr gutes Anfängerinstrument. Es wird aber in Deutschland nicht so oft verwendet wie z.B. in England, Frankreich oder den USA und bei uns hauptsächlich in der Brass Band benötigt.

Taschentrompete

Das ideale Anfängerinstrument speziell für kleinere Kinder wäre eigentlich die „Taschentrompete". Sie ist erheblich kleiner als die Trompete, hat aber die gleiche Rohrlänge, „steht" also auch in B. Das Rohr ist nur sehr viel enger und verschlungener verlegt als bei einer Trompete. Leider sind gute Taschentrompeten, die absolut die gleiche Qualität wie gute Trompeten haben können, sehr teuer; preiswerte Instrumente, die man auch immer wieder finden kann, sind qualitativ nicht besonders gut. Diese machen deshalb den Kindern (und Erwachsenen) keine große Freude.

Alle diese Instrumente sind normalerweise aus Messing, Goldmessing oder Neusilber gefertigt und oft mit Lack überzogen, was die Pflege leichter macht. Das Instrument glänzt immer schön und braucht nicht geputzt oder poliert zu werden. Bei preiswerteren Trompeten kann es aber passieren, dass der Lack abblättert oder, was schlimmer ist, sich dunkle Flecken unter dem Lack bilden. Die Feuchtigkeit im Instrument frisst sich langsam durch das Metall. Im schlimmsten Fall kann so ein Teil abbrechen. Besser, aber leider auch etwas teurer sind da Trompeten, bei denen das Messing mit einer dünnen Silberschicht überzogen ist. Sie sind versilbert und mit einem Silberputztuch auch leicht zu pflegen und zu polieren – was regelmäßig erfolgen sollte.

Eignung für Kinder, Besonderheiten

Die Trompete ist von Hause aus ein lautes Instrument, was beim Spielen recht viel Kraft verlangt. Deshalb ist sie eher für Kinder geeignet, die etwas kräftig sind und durch das und mit dem Instrument Kraft abbauen wollen und können. Dazu spielt die Trompete im Ensemble fast immer die oberste und damit führende Stimme. Das Kind sollte also nach Möglichkeit in der Lage und bereit sein, eine Gruppe anzuführen. Aber beide Aussagen sind auch mit Vorsicht zu genießen. Ein Kind kann sich erstens auch durch ein Instrument entwickeln und Qualitäten bringen, die man nicht von ihm erwarten konnte. Zum anderen gibt es auch immer eine zweite Trompete zu spielen, bei der man sich schon etwas unterordnen kann.

Wie alle Blechblasinstrumente ist die Trompete motorisch relativ leicht zu spielen, da nur drei Ventile zu betätigen sind. Ob das Kind für diese Art der Tonerzeugung „geeignet" ist oder Probleme damit hat, dass die Lippen beim Spielen vibrieren, lässt sich schnell herausfinden. Das Kind sollte schon in der Lage sein zu hören, ob der Ton, den es auf der Trompete erzeugt, mit den anderen Instrumenten zusammen stimmt. Da die Trompete recht laut ist, hört der Spieler das vielleicht beim Musizieren nicht sehr gut, und eine unsauber klingende Trompete kann auf Dauer schon recht störend sein. Aber der Wunsch des Kindes ist entscheidend, und viele kleinere Probleme lösen sich von alleine, wenn mit Spaß Trompete gespielt wird.

Einstiegsalter

Die Trompete ist unter den Blechblasinstrumenten das Instrument für die Jüngsten, sie kann also mit dem niedrigsten Alter angefangen werden. Sie ist von allen Instrumenten das kleinste und leichteste und damit für kleinere Kinder besonders geeignet. Da aber die Lippenspannung und der „Luftdruck" bei der Trompete von allen Blechblasinstrumenten am höchsten ist – da sie ja die „höchsten Töne" von allen erzeugen kann –, sollte speziell das kleine Kind recht kräftig sein, wenn es mit der Trompete anfangen will.

Notation, Transposition, Tonumfang, Haltung

Die Trompete ist ein transponierendes Instrument. Das bedeutet, dass der Grundton der Trompete ein B ist, aber als C notiert wird. Sie wird immer im Violinschlüssel notiert. Die Sache mit dem Transponieren scheint sehr kompliziert zu sein. Da aber alle Übungen, Etüden und Lieder für den Anfang auf der Trompete so notiert sind und die Begleitstimmen in Klangnotation, ergeben sich de facto keine Probleme. Auch für die verschiedenen Ensembles sind die Stimmen so notiert. Es kann nur dann Probleme geben, wenn man mit anderen Kindern Musik machen will und aus deren Stimmen spielen soll – da wird aber der Lehrer gerne helfen und die Stimme auch umschreiben. Das Kind lernt aber sehr schnell, mit diesem System klar zu kommen.

Die einzigen Ensembles, die aus alter Tradition nach wie vor in Klangnotation spielen, sind die Posaunenchöre. Aus verschiedenen Gründen hat sich bei den Posaunenchören die Konvention, dass die Trompete immer in C notiert wird, nicht durchgesetzt. Diese Konvention stammt übrigens aus der Zeit, als die Trompete noch als Naturinstrument – als Naturtrompete – gespielt wurde. Der Grundton wurde immer als C notiert, ganz gleich, ob er als D, C, B, Es, F oder A erklang. Diese Schreibweise hat sich nicht geändert, als die Ventile erfunden wurden und man eigentlich zur Klangnotation hätte übergehen können. Aber das Transponieren gehört heute bei allen Blechbläsern zum Handwerk.

Auf der Trompete sind theoretisch sehr viele Töne spielbar. Theoretisch deshalb, weil vom Tonvorrat auf der Trompete nach oben in der hohen Lage keine Grenzen gesetzt sind. Gerade im Jazz oder in der Barockmusik gibt es immer wieder Spieler, die sehr hohe Töne auf der Trompete erzeugen können. Dieses erfordert aber eine besondere Blastechnik und neben Begabung auch sehr viel Übung. Da es immer anstrengender wird, je höher man auf der Trompete spielt, sollten Anfänger nicht zu früh versuchen, hoch zu spielen.

Den Tonumfang der Trompete kann man für Anfänger, Fortgeschrittene und professionelle Trompeter in etwa folgendermaßen angeben: Notenbeispiel S. 83.

Die Trompete spielt man am besten im Stehen. Dabei ist darauf zu achten, dass nach Möglichkeit in den Bauch geatmet wird und die Schultern – vor allem beim Einatmen – unten gehalten werden. Die Trompete wird mit der linken

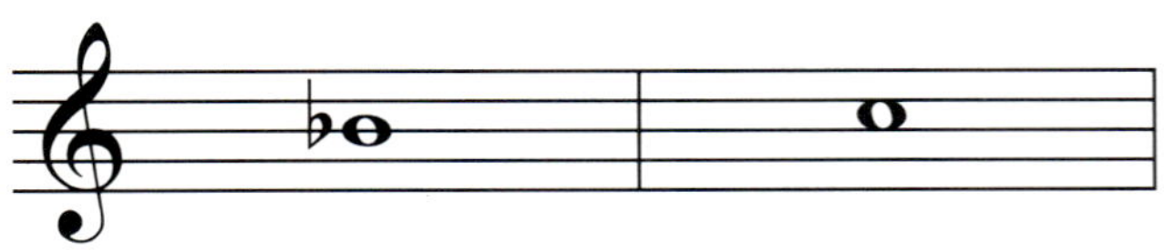

Klang bzw. Notation der Trompete

Hand gehalten, und die Ventile werden mit den Fingern der rechten Hand gedrückt, wobei der Zeigefinger das erste Ventil, der Mittelfinger das zweite und der Ringfinger das dritte Ventil betätigt. Man sagt deshalb, die Trompete ist rechtsgriffig.

In den Ensembles wird meist im Sitzen gespielt. Hier muss man darauf achten, gerade und am besten auf der Stuhlkante zu sitzen, damit man frei atmen kann.

Instrumentenfamilie mit Problemen

Die Trompete gibt es, wie viele andere Instrumente auch, als „Familie", d.h. in verschiedenen Größen und Stimmungen. Die „normale" Trompete, die am häufigsten gespielt wird, ist die Trompete in B-Stimmung. Es gibt aber auch Trompeten in C, in D, in Es und vor allem die kleine Piccolo-Trompete in Hoch B oder Hoch A. Man könnte jetzt meinen, dass gerade diese Piccolo-Trompete – weil so schön klein – für Anfänger besonders geeignet sei. Weit gefehlt! Weil diese Trompete höher gestimmt ist und damit höhere Töne gespielt werden, ist die Lippenspannung auch viel höher, das Instrument also viel schwerer und anstrengender zu spielen. Es haben sich schon viele auch fortgeschritte Spieler beim Versuch, die Piccolo-Trompete zu spielen, „festgeblasen" und sich – im wahrsten Sinne des Wortes – die Zähne ausgeblasen. Anfänger sollten in jedem Fall die Hände davon lassen.

Material, Zubehör, Koffer usw.

Neben Instrument und Mundstück gehören zu jeder Trompete Ventilöl, um die Ventile regelmäßig zu ölen, Zugfett, eine Mundstückbürste und ein weiches Tuch zur Pflege des Instrumentes. Neben dem obligatorischen Notenständer, den jeder Musiker braucht, ist manchmal ein Trompetenständer nützlich, auf dem die Trompete sicher abgestellt werden kann.

Während es früher üblich war, das Instrument in einem speziell für die Trompete gefertigten Koffer aufzubewahren und zu transportieren, sind heute so genannte Gig Bags üblich. Ein Gig Bag ist ein mit dickem Schaumstoff gepolstertes Futteral, in dem die Trompete gut und sicher aufgehoben ist. Zudem sind Gig Bags sehr viel leichter und kleiner als Koffer und so besonders für den Weg zum Unterricht, zur Probe oder zur Schule gut geeignet. Besonders gut sind Gig Bags als Rucksack. Sicher sind die Instrumente in diesen Transportmitteln allemal aufgehoben.

Noten, Schulen

Es gibt eine Vielzahl von Schulen und Anfängernoten mit einfachen Liedern und Duetten für Kinder. In letzter Zeit kam es etwas in Mode, den Schulen eine CD beizulegen, zu der der Schüler mitspielen kann. Dies ist auf der einen Seite sehr schön, weil das Kind nicht alleine spielen muss, sondern immer eine Begleitung in Form der CD dabei ist; auf der anderen Seite wird die CD oft zu laut gehört und das Kind verliert so die Kontrolle über den eigenen Ton. Hier muss man sorgfältig abwägen.

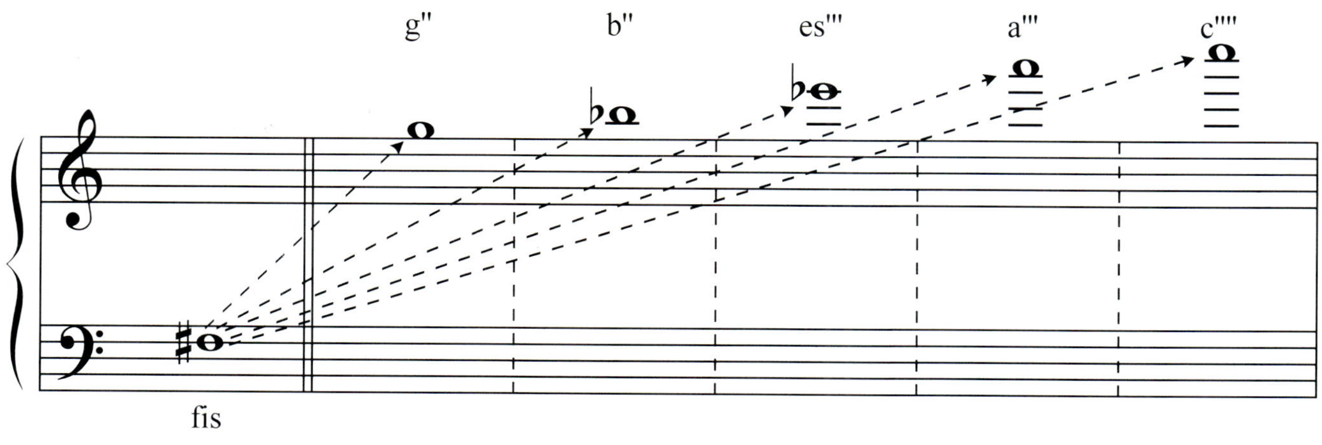

Tonumfang der Trompete

Auswahl von Trompetenschulen

Franz Bader:
Ich spiele Trompete (Bader)

Tijmen Botman/Jaap Kastelein:
Hören, lesen & spielen. 3 Bände (de Haske)

Stefan Dünser:
Trompetenfuchs. 2 Bände (Dünser)

Ingeborg Lutz:
Meine erste Trompetenschule. 2 Bände (Hieber)

Robert Schweizer:
Trompete lernen leicht gemacht. 2 Bände (Schweizer)

Gerhard Sowa:
Die Trompetenfibel. 2 Bände (Heros)

Horst Rapp:
Trompetenschule für Anfänger. 2 Bände (Apollo)

Horst Rapp:
Trompete lernen mit Spaß. 2 Bände (Rapp)

Preis des Instrumentes

Trompeten gibt es in jeder Preislage von wenigen hundert bis zu vielen tausend Euro. Bei besonders preiswerten (billigen) Instrumenten sollte man vorsichtig sein und einen Fachmann fragen. Da Trompeten fast immer in Handarbeit hergestellt werden, sollte man in jedem Fall – auch bei teureren Instrumenten – einen Fachmann zu Rate ziehen. Wie „Montagsautos" gib es natürlich auch „Montagsinstrumente", und auf schlechten Trompeten macht das Blasen keinen besonderen Spaß.

Brauchbare Trompeten bekommt man ab ca. 400 €, gute professionelle Trompeten für ca. 2.000 €.

Pflege des Instrumentes

Eine Trompete ist relativ pflegeleicht. Wenn die Ventile regelmäßig geölt und die Züge gefettet werden, ist das Instrument immer spielbereit. Eine Besonderheit haben alle Blechblasinstrumente gemeinsam: Beim Spielen sammelt sich das Kondenswasser, das die ausgeatmete Luft enthält, im Instrument und muss je nach Spieler und Außentemperatur oft oder weniger oft „abgelassen" werden. Alle Blechblasinstrumente haben deshalb an einer oder mehreren Stellen Wasserklappen, durch die das Wasser herausgeblasen wird. Zusätzlich

Ventilöl

Mundstückbürste

sollte man aber auch das Wasser aus den Zügen herauslassen, indem man die Züge aus dem Instrument nimmt und ausschüttet. Bei den Ventilzügen ist darauf zu achten, dass das Ventil gedrückt wird, wenn der Zug entfernt wird. Es entsteht sonst ein Unterdruck, der das Ventil auf Dauer undicht machen kann. Wann das notwendig ist, merkt man spätestens, wenn der Ton „blubbert", weil sich zu viel Wasser angesammelt hat. Fälschlicherweise meinen viele, dass es sich dabei um Spucke handelt.

Hörempfehlungen

Klassik: CDs mit Maurice André, Hakan Hardenberger, Reinhold Friedrich, Wolfgang Bauer, Ludwig Güttler, Wynton Marsallis

Jazz: CDs mit Louis Amstrong, Miles Davis, Dizzy Gillespie, Wynton Marsallis, Arturo Sandoval, Ack van Rooyen, Dave Douglas, Till Brönner

Ensembles: Canadian Brass, German Brass, Philipp Jones Brass Ensemble

Notenbeispiele

aus: Ludwig van Beethoven (1770–1827): Sinfonie Nr. 9 d-Moll, 4. Satz, Presto

aus: Joseph Haydn (1732–1809): Trompetenkonzert Es-Dur, 2. Satz, Andante

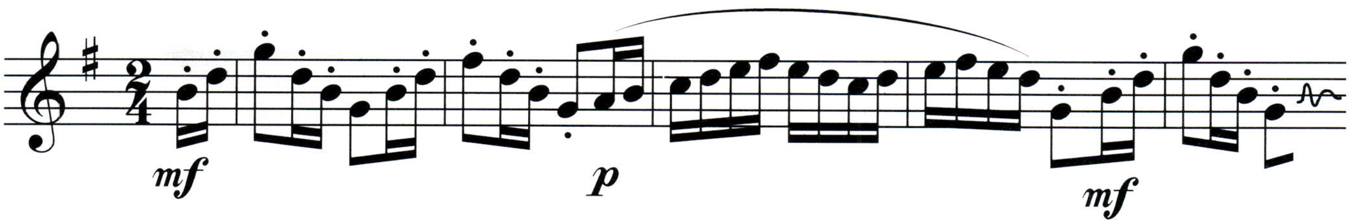

aus: Igor Strawinsky (1882-1971): Petruschka (Balletmusik)

Das Horn

Das Horn, auch Waldhorn genannt, ist in der Tonlage etwas tiefer angesiedelt als die Trompete. Das Rohr ist deutlich länger als bei der Trompete, dabei enger gebaut (mensuriert), das Schallstück ist aber viel größer.

Durch diese Bauart „kiekst" es schneller als die anderen Blechblasinstrumente, d.h., es ist schwerer, die richtigen Töne zu treffen. Hörner gibt es in verschiedenen Stimmungen. Üblich sind Hörner in B und in F, auch Hörner in Es. Normalerweise hat ein Horn drei Ventile, die mit den Fingern der linken Hand gegriffen werden, das Instrument ist also linksgriffig. Das Horn hat fast immer Drehventile, Hörner mit Périnet-Ventilen sind bei uns selten. Die rechte Hand wird im Schallstück gehalten und dämpft den Klang des Instrumentes etwas ab. Dieses hat einen historischen Grund: Vor der Erfindung der Ventile konnte die Tonhöhe mit der Technik des Handstopfens geändert werden.

Für fortgeschrittene Spieler gibt es auch Doppelhörner in B/F und sogar Tripelhörner in F/B/hoch F. Diese Instrumente haben dann ein oder zwei Ventile mehr, mit denen auf das andere Horn „umgeschaltet" werden kann. Für sehr hohe Partien gibt es auch Hoch F-, Hoch G- oder sogar Hoch B-Hörner. Auch wenn diese Instrumente deutlich kleiner und leichter als die „normalen" F- und B-Hörner sind, sind sie für Kinder nicht geeignet, da sie im höheren Register spielen. Höhere Töne bedeuten aber eine höhere Lippenspannung, höheren Luftdruck und damit deutlich mehr Kraft. Das Horn wird mit einem Trichtermundstück geblasen. Zusammen mit der engen Mensur und dem großen Schallstück ergibt das einen weichen, angenehmen, aber doch vollen Ton.

Das Horn wird im Ensemble für die Mittelstimmen benutzt, es wird aber auch gerne als Soloinstrument eingesetzt oder im Ensemble mit anderen Hörnern (Hornduette, Trios und vor allem Hornquartette) gespielt. Wegen seines weichen Klangs gibt es viel Literatur, in der das Horn mit Holzblasinstrumenten kombiniert wird. Die klassische Besetzung des Bläserquintetts ist so: Querflöte, Oboe, Klarinette, Horn und Fagott.

Hörner sind meist aus Messing, aber auch aus Goldmessing oder Neusilber gefertigt. Man sollte ein lackiertes Instrument kaufen, da wegen der großen Länge des Rohres das Putzen und Polieren sehr aufwendig ist. Bei versilberten Instrumenten ist das leichter, da hier ein Silberputztuch zur Pflege genügt.

Eignung für Kinder, Besonderheiten

Viele Kinder im Alter von etwa 6 oder 7 Jahren haben Interesse am Erlernen dieses Instrumentes. Bisher ging man davon aus, dass das Horn für kleinere Kinder nicht geeignet sei. Doch seit einiger Zeit gibt es „Kinder-Hörner", die in der Stimmung und damit Rohrlänge mit normalen Hörnern übereinstimmen, aber deutlich kleiner gebaut sind; das Instrument ist also insgesamt kleiner und hat ein kleineres Schallstück. Damit ist es für Kinder besonders geeignet, und diese haben viel Spaß daran. Ein „normales" Horn ist von seinen Ausmaßen her nicht unbedingt für jüngere Kinder geeignet. Das Horn ist von Hause aus etwas leiser als die Trompete, der Klang füllt aber einen Raum doch sehr gut. Es verlangt nicht so viel Kraft, sondern eher ein sensibles Spiel, da die Töne recht leicht „wegrutschen" („kieksen") können. Im Ensemble spielt der Hornist fast immer eine Mittelstimme, was ähnlich wie die Tonerzeugung ein gutes Maß an Einfühlungsvermögen verlangt. Andererseits wird das Horn auch wegen seiner Klangfarbe gerne für Soli eingesetzt. Es ergibt bei den vielen anderen Blechblasinstrumenten eine andere, interessante Klangfarbe.

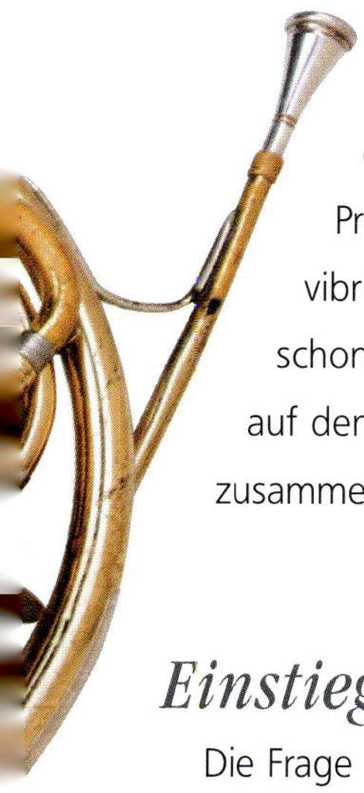

Wie alle Blechblasinstrumente ist es motorisch relativ leicht zu spielen, da meist nur drei Ventile zu betätigen sind. Ob das Kind für diese Art der Tonerzeugung „geeignet" ist oder Probleme damit hat, dass die Lippen beim Spielen vibrieren, lässt sich schnell herausfinden. Es sollte schon in der Lage sein zu hören, ob der Ton, den es auf dem Horn erzeugt, mit den anderen Instrumenten zusammen stimmt.

Einstiegsalter

Die Frage nach dem Einstiegsalter wird immer wieder gestellt. Mit den kleineren „Kinder-Hörnern" können auch kleinere Kinder im Alter von 6–7 Jahren Horn lernen. Ein „normales" Horn verlangt schon etwas Kraft, nicht nur beim Spielen, sondern auch beim Halten.

Notation, Transposition, Tonumfang, Haltung

Das Horn ist wie die Trompete ein transponierendes Instrument: Der Grundton des Horns ist ein B oder F, wird aber als C notiert. Die Hornstimmen werden normalerweise im Violinschlüssel notiert. Da das Horn aber einen sehr großen Umfang hat, d.h, recht hoch, aber auch sehr tief spielen kann, werden tiefe Stellen und Stimmen oft auch im Bassschlüssel geschrieben. Die Sache mit dem Transponieren scheint sehr kompliziert zu sein. Da aber alle Übungen, Etüden und Lieder für den Anfang auf dem Horn so notiert sind und die Begleitstimmen in Klangnotation, ergeben sich de facto keine Probleme (vgl. die Ausführungen zur Trompete).

Das Horn spielt man meistens im Sitzen. Dabei soll man darauf achten, dass man gerade sitzt, damit man frei atmen kann. Außerdem ist darauf zu achten, dass nach Möglichkeit in den Bauch geatmet wird und die Schultern – vor allem beim Einatmen – unten gehalten werden. Das Horn hält man mit beiden Händen, wobei die Finger der linken Hand die Ventile betätigen, der kleine Finger und der Daumen der linken Hand legen sich in die Halterung und um das Mundrohr, während die rechte Hand in das Schallstück gelegt wird.

Material, Zubehör, Koffer usw.

Es ist darauf zu achten, dass das Gig Bag am Schallstück besonders stabil, am besten mit einer Einlage aus Holz gefertigt ist, da das Schallstück beim Horn wegen seiner Größe besonders gefährdet im Hinblick auf Beschädigung ist. (Vgl. im Übrigen die Ausführungen zur Trompete.)

Noten, Schulen

(Vgl. die Ausführungen zur Trompete.)

Auswahl von Hornschulen:

Tijmen Botma/Jaap Kastelein:

Hören, lesen & spielen. 3 Bände (de Haske)

Max Pottag/Nilo Hovey:

Pottag-Hovey Method for French Horn.
2 Bände (Warner Brothers)

Horst Rapp:

Horn lernen macht Spaß. 2 Bände (Rapp)

Jens-Uwe Weiß:

Ich blas´ Waldhorn (Pro musica)

Preis des Instrumentes

Kinder-Hörner kosten 700 bis 2.000 €.

Es gibt auch schon Kinder-Hörner ab 300 €, die man aber mit einem Fachmann ansehen sollte!

Hörner gibt es von 1.000 bis 2.000 €.

Pflege des Instrumentes

(Vgl die Ausführungen zur Trompete.)

Hörempfehlungen

CDs mit Dennis Brain, Hermann Baumann, Barry Tuckwell, Peter Damm, Marie-Lusie Neunecker, Radovan Vlatkovic usw.

Die Posaune

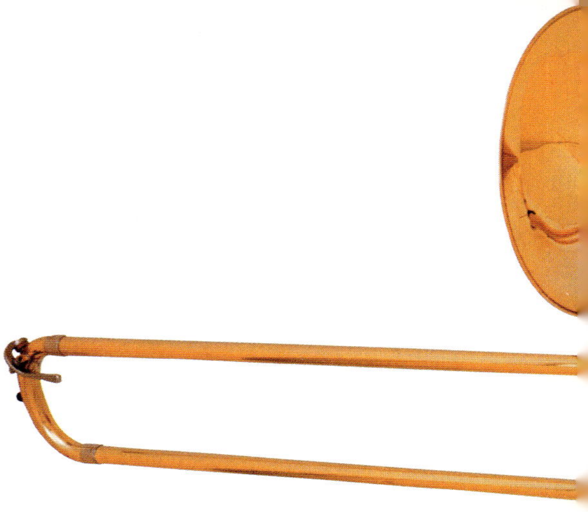

Die Posaune, auch Zugposaune genannt, ist das Bassinstrument oder neben dem Horn auch das Tenorinstrument im Blechbläserensemble. Es ist das einzige Blechblasinstrument, das hauptsächlich ohne Ventile gespielt wird. Es hat einen Zug (deshalb der Name „Zugposaune"), der ausgezogen wird. Damit wird das Instrument verlängert, und es können neben den Naturtönen auch alle anderen Töne gespielt werden. Früher gab es nur die Zugposaune. Mit der Erfindung der Ventile wurde vorübergehend auch die Posaune mit Ventilen versehen, was sich aber in unseren Landen nicht durchgesetzt hat. Die Ventilposaune kommt im deutschsprachigen Raum nur selten vor. Allerdings gibt es viele Posaunen mit einem oder zwei Ventilen. Dadurch kann man die sechste und siebte Position des Zuges umgehen und leichter tiefe Töne spielen.

Die Posaune wird wie die Trompete mit einem Kesselmundstück gespielt, nur das dieses deutlich größer ist als das der Trompete. Für den Anfang sollte man ein „normales" Mundstück wählen, das also in allen Teilen (Kessel, Bohrung und Rand) nicht zu groß und nicht zu klein ist.

Die Posaune ist wie alle Blechblasinstrumente aus Messing oder Goldmessing gefertigt. Bessere Instrumente haben einen verchromten Innenzug, der besseres Gleiten des Zuges gewährleistet.

Manchmal wird im Ensemble auch zusätzlich die Tuba eingesetzt. Sie ist in der Tonlage noch unter der Bassposaune angesiedelt, mit Abstand das größte Blechblasinstrument und für Kinder eigentlich zu groß und zu schwer. Nur ältere, große und starke Kinder sind in der Lage, Tuba zu spielen und das Instrument zu halten. Deshalb wird die Tuba hier nicht berücksichtigt. Wenn aber ein Kind unbedingt Tuba lernen will, sollte man ihm keine Trompete, kein Horn und keine Posaune geben, das demotiviert nur. In diesem Fall kann man zu – ich nenne es einmal so – einer „kleinen Tuba", nämlich dem Tenorhorn oder Bariton, greifen. Es sieht ähnlich aus, und der Umstieg zur Tuba ist jederzeit möglich, wenn das Kind größer geworden ist (vgl. S. 91).

Eignung für Kinder, Besonderheiten

Viele Kinder im Alter von etwa sieben oder acht Jahren haben Interesse am Erlernen der Posaune. Früher ging man davon aus, dass – ebenso wie das Horn – die Posaune für kleinere Kinder nicht geeignet sei. Denn für das Ausziehen des Zuges – besonders in die letzte, Position – müssen die Arme des Spielers lang genug sein. In den letzten Jahren hat es auch hier eine interessante Entwicklung gegeben. Durch die Verwendung einer Posaune mit Quartventil kommt man mit den ersten fünf (Zug-)Positionen aus. Dafür sind die Arme auch jüngerer Kinder lang genug.

Für die Posaune sollte das Kind aber ein gutes Gehör haben. Da die Intonation der Töne nicht durch die Ventile festgelegt ist, muss das Kind hören, an welcher Stelle der Zug der Posaune stehen soll, um einen Ton sauber zu spielen. Dieses bereitet manchen Menschen, nicht nur Kindern, Probleme, kann aber erlernt werden und wird mit der Zeit zur Gewohnheit.

Die Posaune spielt im Blechbläserensemble immer eine der unteren Stimmen, meist den Bass. Damit muss ein Posaunist oft nicht eine Gruppe anführen, sondern sich auch unterordnen können. Andererseits braucht jede Musik eine starke, führende Bassstimme. Motorisch ist die Posaune nicht allzu schwer zu spielen, es sollte nur eine lockere Beweglichkeit im rechten Arm und – wie gesagt – ein gutes Gehör vorhanden sein.

Einstiegsalter

Oft wird man gefragt: Wann kann mein Kind denn mit der Posaune anfangen? Diese Frage kann man nur individuell beantworten. Prinzipiell ist, wie schon mehrfach gesagt, der

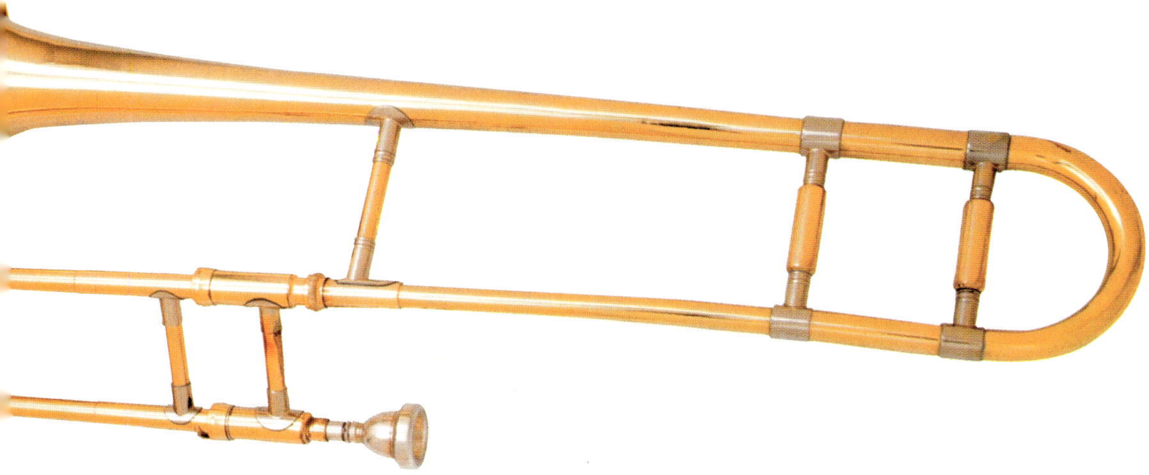

Wunsch des Kindes entscheidend, es sind aber auch Körpergröße und Kraft mit zu berücksichtigen. Da man mit einer Posaune mit Quartventil nur fünf Positionen des Zuges braucht (der Zug der Posaune muss nur um vier Halbtöne ausgezogen werden, die erste Position ist die „Ruheposition"), können auch Kinder mit kürzeren Armen Posaune lernen. Als Anhaltspunkt kann man für die Posaune ein Einstiegsalter von etwa 8 oder 9 Jahren ansehen.

Notation, Transposition, Tonumfang, Haltung

Die Posaune ist, anders als Trompete und Horn, kein transponierendes Instrument, d.h., ein geschriebenes C erklingt auch als C, der Grundton einer Tenorposaune ist aber B. Die Noten werden normalerweise im Bass-Schlüssel notiert, höhere Partien auch im Tenor-Schlüssel und Altposaunenstimmen oft im Alt-Schlüssel.

Die Posaune wird normalerweise im Stehen gespielt. Dabei ist darauf zu achten, dass nach Möglichkeit in den Bauch geatmet wird und die Schultern – vor allem beim Einatmen – unten gehalten werden. Die linke Hand umfasst den ersten Zugsteg, wobei der Zeigefinger am Mundstück liegt. Die rechte Hand umfasst locker den zweiten Zugsteg. Besonders wichtig ist, dass der Zug immer verriegelt wird, wenn die Posaune nicht gespielt wird. Er sollte sehr leichtgängig sein, damit er beim Spielen nicht hakt. Deshalb kann er natürlich auch leicht herausfallen und beschädigt werden. In den Ensembles wird meist im Sitzen gespielt. Hier muss man darauf achten, gerade und am besten auf der Stuhlkante zu sitzen, damit man frei atmen kann.

Instrumentenfamilie mit Problemen

Es gibt Posaunen in verschiedenen Größen oder Tonlagen. Das Standardinstrument ist die Tenorposaune in B, es gibt aber auch die Bassposaune. Sie steht auch in B, ist aber sehr viel weiter gebaut und hat ein größeres Schallstück und meistens zwei Ventile, ein Quart- und ein Quintventil. Daneben ist noch die Altposaune in Es gebräuchlich. Sie ist in der Rohrlänge kürzer und hat ein kleineres Schallstück. Manchmal wird sie auch als Anfängerinstrument verwendet. Es hat sich aber doch gezeigt, dass normalerweise die Tenorposaune für den Anfang besser ist, da – wie bei Trompete und Horn – höhere Töne auch höhere Lippenspannung und höheren Luftdruck bedeuten, was für Kinder nicht gerade günstig ist.

Die Posaune wird oft auch im Posaunenquartett gespielt, einem reinen Posaunenensemble, bestehend aus einer Alt-, einer Bass- und zwei Tenorposaunen.

Material, Zubehör, Koffer usw.

Neben Instrument und Mundstück gehören zu jeder Posaune Zugfett und eine Sprühflasche mit Wasser, um den Zug leichtgängig zu halten. Es gibt eine Zwei-Komponenten-Seifenmischung (Slide-O-Mix), die besonders geeignet ist, vor allem für Anfänger. Außerdem gehören eine Mundstückbürste und manchmal ein weiches Tuch zur Pflege des Instrumentes dazu. Neben dem obligatorischen Notenständer, den jeder Musiker braucht, ist ein Posaunenständer nützlich, auf dem die Posaune sicher abgestellt werden kann.

Anfänger sollten auf jeden Fall einen stabilen Koffer für die Posaune haben. Der Zug ist sehr anfällig für Beschädigung und man kann sich leicht vorstellen, dass ein verbogener Posaunenzug das Spielen unmöglich oder zumindest sehr schwierig macht. Zwar gibt es auch für die Posaune so genannte Gig Bags, das sind weiche Futterale, die leichter sind als Koffer. Aber die sind aus den genannten Gründen für Kinder nicht ratsam.

Posaunenschulen

Franz Bader:
Ich spiele Posaune (Bader)

Tijmen Botma / Jaap Kastelein:
Hören, lesen & spielen. 3 Bände (de Haske)

Josef Gebke / Alfred Zamhöfer:
Posaunino (Zimmermann)

John Kinyon:
Breeze Easy. 2 Bände (Warner Brothers)

Andreas Mössinger / Robert Schweizer:
Posaune lernen leicht gemacht (Schweizer)

Horst Rapp:
Posaune lernen mit Spaß. 2 Bände (Rapp)

Willy Schneider:
Erstes Posaunenspiel (Schott)

Preis des Instrumentes

Der Preis einer Posaune für Anfänger beginnt bei ca. 500 € ohne Ventil und ca. 1.000 € mit Ventil.

Pflege des Instrumentes

Eine Posaune ist relativ pflegeleicht. Wenn der Zug regelmäßig gepflegt wird, ist das Instrument immer spielbereit. Da der Zug aber leicht beschädigt werden kann, ist hier besondere Vorsicht angebracht. (Vgl. auch die Ausführungen zur Trompete.)

Hörempfehlungen

Klassik: CDs mit Christian Lindbergh, Branimir Slokar, Michel Bequet

Jazz: CDs mit Bill Watros, Jiggs Wigham, J.J. Johnson, Kay Winding, Kid Ory, Trummy Joung, Nils Wogram, Nils Landgren, Albert Mangelsdorff

(Zug-)Posaune mit Quartventil

Das Tenorhorn/Bariton

Das Tenorhorn hat einen angenehmen, weichen Klang und spielt im Ensemble, wie der Name schon sagt, den Tenor, also eine mittlere Stimme. Es steht in B und hat drei Ventile, meistens Drehventile, aber auch immer häufiger Périnet-Ventile. Gespielt wird das Tenorhorn mit einem Kesselmundstück, das etwas größer ist als das der Trompete. Für den Anfang sollte man ein mittleres Mundstück wählen, Kesselgröße, Bohrung und Rand sollten nicht zu groß und nicht zu klein sein. Das Tenorhorn ist meist aus Messing gefertigt und lackiert, was die Pflege des Instrumentes sehr erleichtert.

Tenorhorn

Eignung für Kinder, Besonderheiten

Das Tenorhorn ist, verglichen mit anderen Blechblasinstrumenten, relativ leicht zu spielen. Die Tonerzeugung ist wegen des Kesselmundstücks und der relativ tiefen Tonlage recht einfach, deshalb ist es für Kinder gut zu erlernen. Allerdings spielt es eben meist nur „mit", hat keine führende Stimme und ist deshalb nicht so „auffällig". Auch ist es – als Perspektive für die Zukunft des jungen „Musikers" – als Soloinstrument eigentlich nicht mehr eingesetzt, es gibt also wenig „Aufbaumöglichkeiten". Aber zum Mitspielen im Ensemble und als Anfangsinstrument ist es besonders geeignet.

Etwas größer als das Tenorhorn ist das Bariton. Es steht auch in B, hat drei oder vier Ventile und wird, anders als das Tenorhorn, nicht transponierend notiert. Beide Instrumente sind als „Einstiegsinstrumente" für jene geeignet, die später die viel größere Tuba spielen möchten.

Einstiegsalter

Das Einstiegsalter wird beim Tenorhorn von der Größe des Instrumentes bestimmt. Das Kind sollte sich nicht hinter dem Instrument „verstecken" können. Auch hier ist ein Anfangsalter von etwa sieben oder acht Jahren möglich.

Tuba

Notation, Transposition, Tonumfang, Haltung

Das Tenorhorn ist ein transponierendes Instrument. Das bedeutet, dass sein Grundton ein B ist, aber als C notiert wird, und zwar im Violinschlüssel. Es wird im Sitzen gespielt. Man hält es mit der linken Hand und drückt die Ventile mit den Fingern der rechten Hand, wobei der Zeigefinger das erste Ventil, der Mittelfinger das zweite und der Ringfinger das dritte Ventil betätigt. Man sagt deshalb, das Tenorhorn ist rechtsgriffig. Man sitzt auf der Stuhlkante, atmet in den Bauch ein und bemüht sich, die Schultern unten zu halten.

Material, Zubehör, Koffer usw.

(Vgl. die Ausführungen zur Trompete.)

Tenorhorn-/Baritonschulen

Franz Bader:

Ich spiele Bariton! (Bader)

Tijmen Botma / Jaap Kastelein:

Hören, lesen & spielen. 3 Bände (de Haske)

Manfred Gliemann:

Mein Tenorhorn / Bariton! (Gliemann)

Michael Müller:

Lummi und Fröschl wollen Tenorhorn spielen (Edition Gaus)

Matthias Rupprecht:

Bariton in C für Anfänger (Eigenverlag)

Preis des Instrumentes

Tenorhörner sind ab ca. 500 € erhältlich.

Pflege des Instrumentes

(Vgl. die Ausführungen zur Trompete.)

Horn

Klaus Heider

In der Werkstatt

Aus der Probekabine dringen trotz schalldichter Isolierung einige hohe Signaltöne, als würde ein fernes Heer Stellung beziehen und gleich zum Kampf ausrücken. Lächelnd marschiert ein junger Mann mit seiner Trompete in der Hand aus der Kabine und legt etwas auf den Tisch. „Das ist das richtige Mundstück", sagt er fast so stolz wie ein Feldmarschall nach gewonnener Schlacht.

Schon im Altertum standen die Trompetenbauer in unmittelbarer Nähe zum Waffenschmied und fertigten für den Adel kostbare Einzelstücke an, denen heute noch in den Museen Europas große Bewunderung entgegengebracht wird. Dabei war schon um 2000 v.Chr. der Bronzeguss angewendet worden, ganz zu schweigen von den Künsten griechischer, römischer und jüdischer Schmiede, die sich in wertvollen Prunkinstrumenten aus Silber und Gold verewigten. Es ist deshalb verständlich, dass sich im Mittelalter nicht nur die Trompeten- und Posaunenmacher in Zünften zusammenschlossen, sondern auch die Spieler als Hof- und Ratsbläser über ihre Privilegien wachten. So begann zum Beispiel in einem Nürnberger Meisterbetrieb ein Lehrling mit 14 Jahren seine sechsjährige Ausbildung, der eine ebenso lange Gesellenzeit folgte. Mehr als zehn Trompetenmacher ließ der Stadtrat nicht zu, und so beherrschten über 300 Jahre Generationen von Instrumentenbauerfamilien wie Schnitzer, Haas und Heinlein die Nürnberger Zunft.

Vieles hat sich so Hand in Hand entwickelt und zu einem großen Formenreichtum angesammelt: Trompeten mit posaunenähnlichem Zug, mit Klappen, Zylinder-, Pump- und Echoventilen. Bis heute sind alte Fertigungsmethoden und handwerkliche Techniken erhalten, die nach wie vor in kleinen Meisterbetrieben zur Anwendung kommen.

Formung des Schallbechers

Wie schon bei den Saxophonen dargestellt (Seite 57), wird mittels Schablone die Stürze (Schallbecher) auf Messingblech eingeritzt und mit einer elektrischen Schere ausgeschnitten. Nach dem Einzahnen und Verlöten erfolgt die Grobformung auf einem Ambosshorn mit dem Treibhammer. Eine Hohlspindelmaschine nimmt die Schweifung des Schallstückes vor, wobei das Metall mit einem Holzhammer entspannt und vor jedem weiteren Drehvorgang wieder erhitzt werden muss. Eine kostengünstigere Methode ist das Formen des Trichters auf einer Tiefziehpresse. Der im oben angeführten Vorgang hergestellte Stängel wird mit dem Trichter hart verlötet, fein geschmirgelt und mit Öl und Kalkschlemme poliert. Für die Zylinderventilbüchsen gebraucht man üblicherweise nahtloses Rohr aus Messing oder Neusilber. Der Schlosser trennt die entsprechenden Stücke auf einer Revolverdrehbank ab und bohrt in einem Automaten die Öffnungen, welche die vorgebogenen Ventilröhren aufnehmen.

Eine spezielle Maschine stellt die Lagerdeckel, die unteren Schraubendeckel und die Ventilkolben her. Danach kann ein Monteur die Einzelteile in das Gehäuse einpassen. Ebenso befestigt er das Trommel- und das Federwerk an den Drucktasten, mit denen der Spieler die Ventile bedient. Das Einschleifen der Kolben, wozu man ein Gemisch aus feinem Bimsstaub und Öl gebraucht, geschieht so lange in einer automatischen Vorrichtung, bis eine leichte Beweglichkeit gewährleistet ist.

Ventilmechanik einer Trompete

Die Schubstangen stellen die Verbindung zu den Ventilen her und übertragen die Kraft der Druckplatten von den Gelenkhebeln auf die Ventilachsen. Nach einer Funktionsprüfung werden alle Teile wieder zerlegt und auf weichen Filzrädern poliert. Dann setzt ein Monteur das Maschinenwerk wieder zusammen und gibt es mit dem fertigen Schalltrichter in die Hände des Instrumentenbauers.

Hauptröhre mit Schallbecher

Rohrteile und Ventilbögen

Das Biegen der Hauptröhre geschieht immer noch nach einem Verfahren, das schon im Mittelalter bekannt war: In das an einem Ende geschlossene Rohr wird flüssiges Blei gefüllt und so lange gewartet, bis es erkaltet. Die richtige Krümmung erhält das Rohr durch langsames Biegen über einer Holzschablone. Nach dem Ausschmelzen des Bleis komplettiert der Meister das Instrument mit den in einer anderen Abteilung maschinell geformten Haupt- und Stimmbogen. Nun kann er alle Teile miteinander verlöten und die Stützstreben zwischen den Röhren befestigen. Das abschließende Polieren und Überziehen mit Goldlack geben jedem Instrument den letzten Schliff.

Die Herstellung der Kolben- oder Périnet-Ventile benötigt nicht so viele Arbeitsgänge, da Spiral- und Trommelwerk samt anderen Übertragungsteilen fehlen. Die Tasten sind mit Rundstäben direkt an die Oberseite der Kolben hartgelötet, welche drei Schrägbohrungen für die Hauptröhre und die Ventildurchgänge erhält. Das Gehäuse, welches aus einer inneren und einer äußeren Büchse besteht, wird ebenfalls aus nahtlosem Messingrohr gefertigt und erhält seine Ventillöcher in einer Bohrlehre.

Für die Stabilität der äußeren Büchsen sorgen je zwei Verbindungsstützen aus Rundmessing. Nach dem Einschieben der Innenhülse werden beide Bauteile luftdicht verlötet. Die Kolben, auch Wechsel genannt, werden in einem gesonderten Arbeitsgang gefertigt und den Innenhülsen angepasst. Das Einschleifen der Kolben in die Büchsen erfolgt in ähnlichen Vorrichtungen wie bei den Zylinderventilen. Oberer und unterer Deckel verschließen mit einem Gewinde das Ventil, und Perlmutteinlagen krönen die Knöpfe der Wechsel. Nachdem die Feder zwischen Deckel und Knopf eingesetzt ist, erhält die gesamte Maschine eine Schlusspolitur. Das Komplettieren mit den anderen Rohrteilen und dem Schalltrichter erfolgt in den oben beschriebenen Arbeitsschritten.

Wie die Holzblasinstrumente benötigen auch alle Blechblasinstrumente eine regelmäßige Pflege des Klangkörpers und vor allem der Mechanik. Das Reinigen und Ölen der Périnet-Ventile kann der Spieler selber durchführen, während die komplizierten Zylinderventile einer sorgfältigen Behandlung in der Fachwerkstatt bedürfen. Hier werden auch anfallende Generalüberholungen und Reparaturen von verbeulten Rohrteilen oder Schallstücken vorgenommen. Manchmal kommt ein Meister um den Einsatz von Gasflamme und Lötkolben nicht herum, was sich bei einem wertvollen Instrument aber immer lohnt.

Kontrolle

Christiane Hutcap

Streichinstrumente

Die Geschichte der Streichinstrumente

Zwei Hauptzweige der Streichinstrumentenfamilien haben sich in der geschichtlichen Entwicklung bis zum 16. Jahrhundert gegenübergestanden: die der „Viola da gamba" und die der „Viola da braccio". Im 16. Jahrhundert entwickelte sich dann die heutige Form der Violine (Geige), Viola (Bratsche) und des Violoncellos aus der Familie der „Viola da braccio" (Armviola) heraus. Dabei gab es noch verschiedene Seitenzweige wie: Quinton, Violino pomposo, Viola pomposa, Violoncello piccolo und andere. Den genauen geschichtlichen Zeitpunkt, zu dem die heute gültigen charakteristischen Formen unserer Streichinstrumente auftraten, kann man nicht feststellen. Heute versteht man unter der Streichinstrumentenfamilie ein Quartett aus Violine (Geige), Viola (Bratsche), Violoncello und Kontrabass.

„Trio Andare" mit historischen Instrumenten

Viola da gamba

Die Violine (Geige)

„Violine" bedeutete zunächst nichts anderes als „kleine Viola". Gemeint war damit die Diskant-Viola, also die Viola mit der höchsten Stimmung innerhalb der Familie der Viola da braccio, deren Hauptinstrument die Alt-Viola war. Dieses Instrument, das tiefer gestimmt war als die Diskant-Viola, trug zeitweilig selber den Namen Violine, während das unserer heutigen Violine entsprechende Instrument „Violino piccolo" genannt wurde. Erst als sich nach 1600 die Trennung der Begriffe „Violino piccolo alla francese" und „Violino ordinario" in „Violine" oder französisch „Violon" im ersten Fall und „Violino ordinario" für das andere Instrument herausbildete, stimmten der Name und das damit gemeinte Instrument eindeutig überein. Dies alles kristallisierte sich im siebzehnten Jahrhundert heraus, ebenso der nun dafür verwendete deutsche Name „Geige".

Dieser Name war ursprünglich im 16. Jahrhundert, dem Entstehungsjahrhundert der Violine also, für etwas anderes verwendet worden. Man unterschied damals so genannte Großgeigen wie die Viola da gamba von den Kleingeigen. Mit dem Wort „Geige" aber wurden im Deutschen die Rebec und Rubebe benannt. Dies waren aus einem Stück Holz gebaute Saiteninstrumente mit einem Bauch, einem Schallloch und C-Löchern sowie Wirbeln zum Stimmen der Saiten. Der Gebrauch ist, wie auch die Verwendung der Pochette, einer kleinen Taschengeige im 17. Jahrhundert, für die Tanzmusik belegt.

Für die Weiterentwicklung der Violine bis zu ihrer heutigen Form gab es drei wichtige Merkmale: Viersaitigkeit, Quintenstimmung und das Fehlen von Griffbünden, die in der Familie der Viola da gamba zu finden sind. Vor allem in Italien, aber auch in Frankreich entwickelte sich ab dem 17. Jahrhundert die derart beschaffene Violine. Wichtige Geigenbaumeister Italiens, die entscheidende Impulse im Instrumentenbau setzten, waren Gaspard da Salo sowie die Familien Amati, Bergonzi, Gagliano, Guarneri und Stradivari. In Frankreich wirkten Bernadel, Lupot, Silvestre, Thibout, Vuillaume u.v.a. mehr. Auch in Deutschland gab es ganze Geigenbau-Dynastien, man denke nur an Namen wie Klotz und Hornsteiner. Aus Hall in Tirol stammte der berühmte Geigenbaumeister Jakob Stainer. Viele gute Violinen kommen aus dem Vogtland.

Notenbeispiele

aus: Georg Friedrich Händel (1685–1759): Menuett

aus: Oskar Rieding: Concertino h-Moll, 3. Satz, Allegro moderato

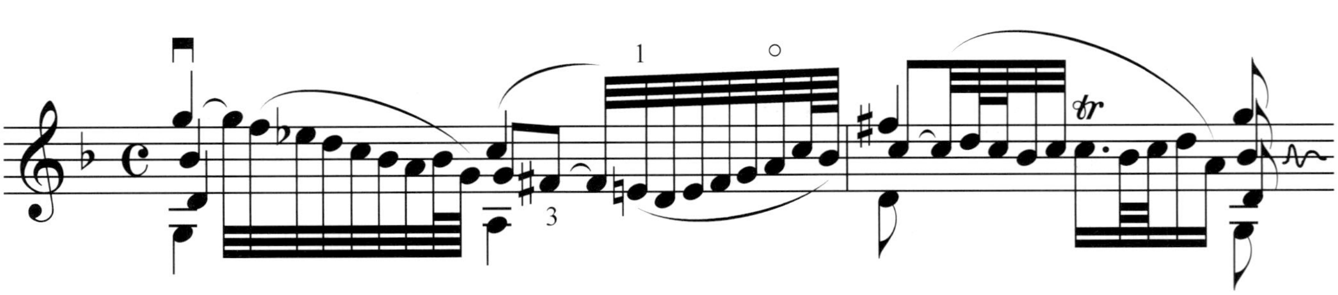

aus: Johann Sebastian Bach (1685–1750): Sonata I g-Moll, BWV1001, Adagio

Die Viola (Bratsche)

Der Name „Bratsche" rührt von der Stammform der Instrumentengruppe „viola da braccio" (Armviola) her und ist seit dem 18. Jahrhundert gebräuchlich. Er weist deutlich auf die Familienzugehörigkeit des Instruments hin. Obwohl beide Gruppen, nämlich sowohl die der „Viola da braccio" als auch die Gruppe der „Viola da gamba", den Begriff „Viola" im Namen führen, hat es sich eingebürgert, die aus der Familie der „braccio" allgemein als Viola zu bezeichnen, die der „gamba"-Gruppe als Gambe.

Die Bratsche vertritt die Alt-Stimmlage innerhalb der Streichergruppe. Leopold Mozart nannte sie die „Altgeigen". Die Bauart der Bratsche entspricht der der Violine, nur dass ihr Korpus etwas größer ist. Die Maße sind unterschiedlich, es gibt also sowohl ausgesprochen zierliche als auch große Bratschen. Gemäß der Familienzugehörigkeit ist die Bratsche in Quinten gestimmt, dabei insgesamt eine Quinte tiefer als die Violine.

Notenbeispiele

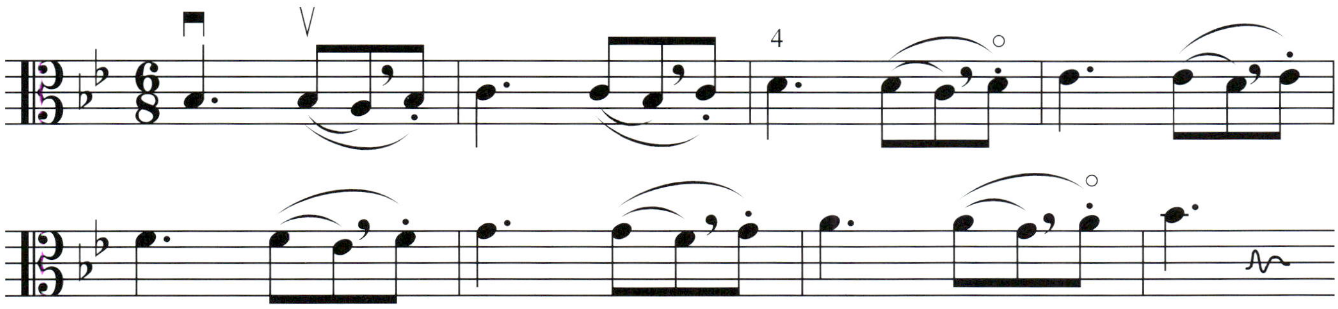

aus: Berta Volmer: Bogenübung im 6/8-Takt

aus: Georg Friedrich Händel (1685–1759): Allegro

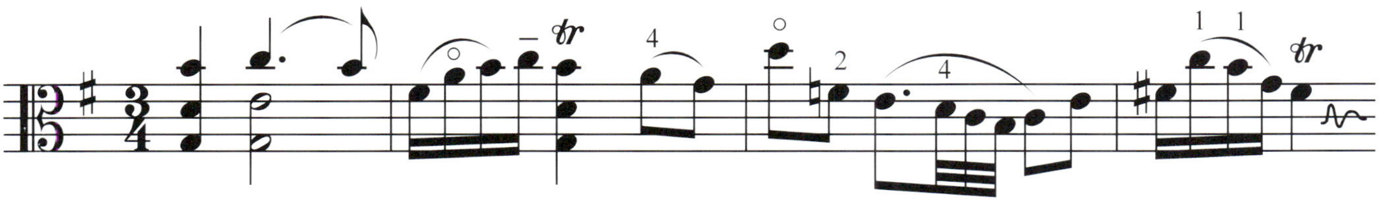

aus: Johann Sebastian Bach (1685–1750): Sarabande aus der Suite 1 der Sechs Suiten für Violoncello, BWV 1007 (für Viola transponiert)

Das Violoncello

Das Violoncello stellt innerhalb der Familie der Viola da braccio eine mittlere Größe dar zwischen Viola und Violone, dem tiefsten Instrument. Auch der Name „Violoncino" ist belegt. Es handelt sich dabei um eine Verkleinerungsform und meint: kleiner Bass, kleiner Violone. Die in unserem heutigen Sprachgebrauch beliebte Abkürzung „Cello" ist im Hinblick auf die ursprüngliche Bedeutung also nicht sinnvoll. Wie bei der Violine gab es auch bei dem Violone im 16. Jahrhundert eine doppelte Begrifflichkeit. Es wurde mit diesem Namen gelegentlich die „Viola grande" belegt, die Viola da gamba also. Allerdings steht fest, dass das Violoncello nichts mit der Familie der Viola da gamba zu tun hat, sondern alle instrumentenbaulichen Merkmale der Familie der Viola da braccio aufweist. Dies

Notenbeispiele

aus: Die Kranichvögel (aus: Frauke Käßbohrer: Cello-Späße)

aus: Felice Pincinetti: Sonate C-Dur, 2. Satz, Allegro

aus: Joseph Haydn (1732–1809): Konzert C-Dur für Violoncello und Orchester, Hob. VIIb:1, 1. Satz, Moderato

bezieht sich unter anderem auf die Form des Korpus, die Anzahl und Stimmung der Saiten, den Steg und die Schalllöcher.

Die Verwendung des Violoncellos ist mit Sicherheit ab dem siebzehnten Jahrhundert zu belegen. Seine Besaitung bestand bis in die Zeit Johann Sebastian Bachs (1685–1750) hinein aus bis zu fünf oder sechs Saiten. Seit etwa 1730 etablierte sich dann die heutige Stimmung der vier Saiten C – G – d – a. Von Anfang an wurde das Violoncello, im Gegensatz zur Viola da gamba, immer in Quinten gestimmt. Lediglich in der Zeit, als fünf oder sechs Saiten benutzt wurden, gab es eine aus Quinten und Quarten gemischte Stimmung.

Der Kontrabass

Der Kontrabass (Contrabasso, Violone) nimmt innerhalb der Familie der Viola da braccio insofern eine Sonderstellung ein, als er sowohl Merkmale dieser Familie als auch gewisse Züge der Gamben-Familie trägt. Letztere sind insbesondere die Stimmung in Quarten, die schmalen Oberbügel des Korpus, der gerade Boden, also ohne Wölbung, sowie das Vorhandensein von Griffbünden. Seit dem 18. Jahrhundert veränderte der Kontrabass laufend sein Erscheinungsbild. Die Griffbünde verschwanden im Laufe der Zeit. Heute haben sich vor allem der viersaitige, in Quarten gestimmte Bass mit den Saiten E_1 – A_1 – D – G und der Fünfsaiter mit einer zusätzlichen c- oder h-Saite durchgesetzt. Im Gegensatz zur Bogenhaltung der drei anderen Streichinstrumente gibt es beim Kontrabass zwei Haltungen, die bis heute nebeneinander existieren: Die französische und die deutsche Art verwenden den so genannten Obergriff, bei dem die rechte Hand wie bei den anderen Instrumenten von oben auf die Bogenstange gelegt wird. Die italienische Bogenführung dagegen verlangt den Untergriff, der auf den Bogengriff der Viola da gamba zurückzuführen ist. Dabei wird der Bogen zwischen Stange und Haaren am so genannten Frosch umfasst. Hier haben wir also noch ein Überbleibsel aus der wirklich frühen Zeit der Entwicklung des Kontrabasses zu seiner heutigen Form. Zur besseren Übersicht soll ein kleiner Stammbaum die geschichtliche Anordnung und Entwicklung der oben genannten Streichinstrumente aufzeigen (Seite 106):

Kontrabass

Notenbeispiele

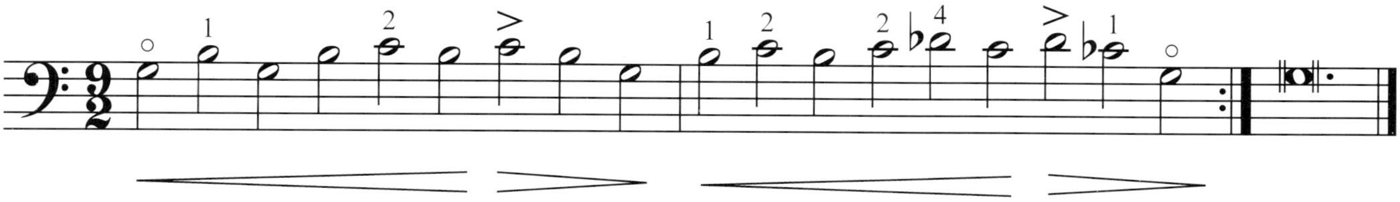

aus: Paul Breuer: Übungen auf der G-Saite

aus: Emile Pierre Ratez (1851–1934): Six pièces caractéristiques, op. 46, I, Parade

aus: Franz Schubert (1797–1828): Sonate für Arpeggione a-Moll, D. 821, 1. Satz, Allegro moderato (klingt eine Oktave tiefer)

Entwicklung der Streichinstrumente

Fideln in unterschiedlicher Bauform

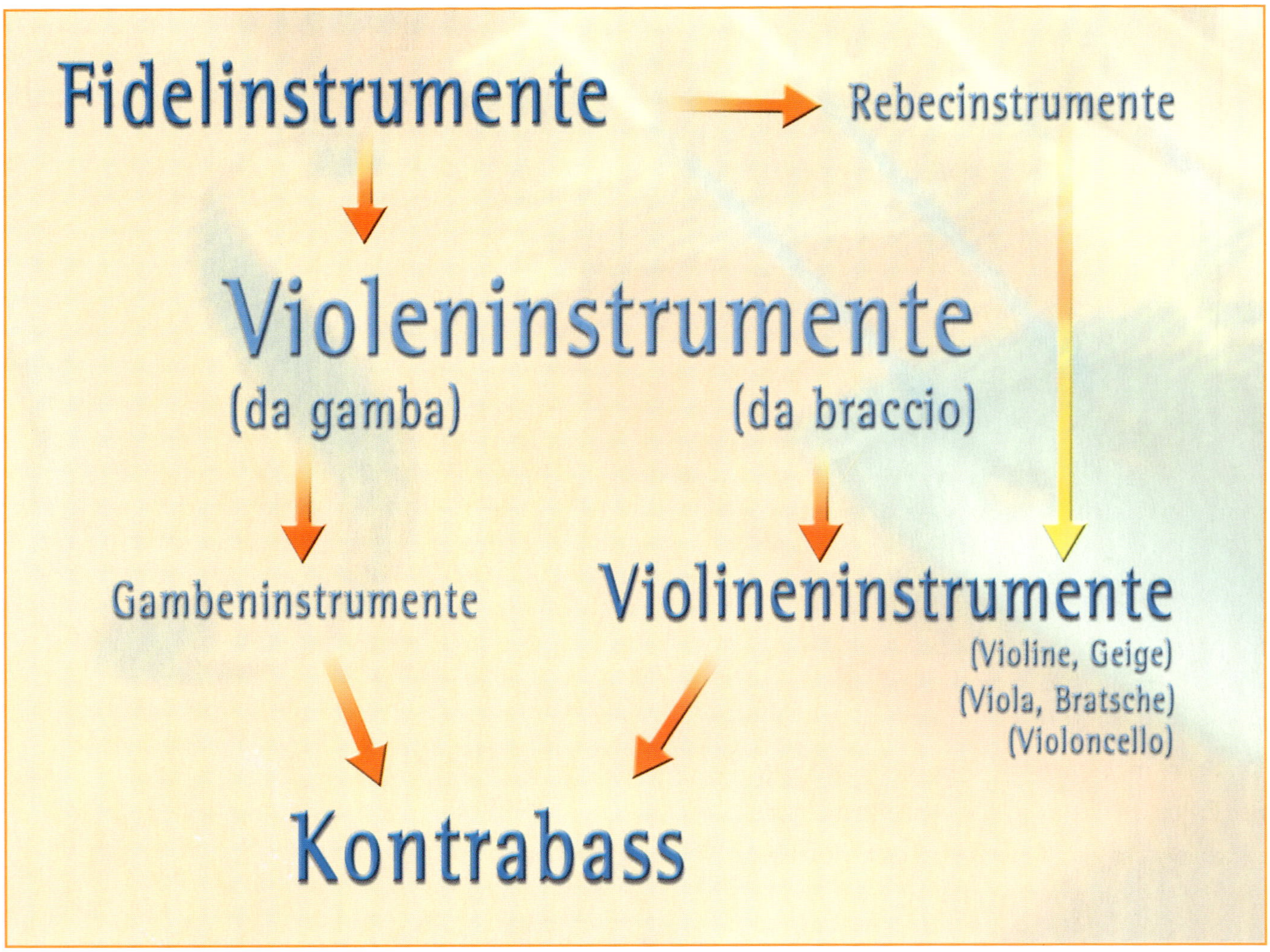

Beschreibung der Instrumente

Bevor wir uns mit den praktischen, das heißt den spieltechnischen Aspekten von Streichinstrumenten befassen, sollen sie hier erst einmal in ihren Bauteilen beschrieben werden.

Violine, Viola und Violoncello sehen sich sehr ähnlich. Der Kontrabass hingegen hat mit seinen abfallenden Schultern eine etwas andere Form, die noch an die alten Instrumente wie die Viola da gamba und die Familie der Fideln erinnert. Die vier Instrumente unterscheiden sich außerdem in ihrer Größe und dadurch auch in der Art, wie sie gehalten werden. Die Violine ist das kleinste Exemplar der Familie, gefolgt von der etwas größeren Viola. Beide werden am Kinn gehalten. Der Größenunterschied beider Instrumente zu Violoncello und Kontrabass ist sehr deutlich. Diese ruhen mittels Stachel auf dem Boden und werden vom sitzenden Spieler mit den Knien abgestützt.

Alle Instrumente gibt es jeweils in verschiedenen Baugrößen, was den unterschiedlichen körperlichen Gegebenheiten von Kindern verschiedener Altersstufen und von Erwachsenen Rechnung trägt. Dadurch ist es möglich, das Spielen des Instruments sowohl subjektiv angenehm als auch physiologisch – also den Körperbau und die Haltung betreffend – verantwortungsvoll gestalten zu können. Die am häufigsten verwendeten Größen für die Violine sind Achtel-, Viertel-, halbe, Dreiviertel- und natürlich die ganze Violine. Auch Sechzehntel-Violinen gibt es für sehr kleine Kinder zu kaufen. Die Viola, die ja insgesamt etwas größer als die Violine ist und höhere Zargen hat, ist etwas schwerer und wird daher mit dickeren Saiten bespannt. Zu empfehlen ist für Violen mindestens die Dreiviertel-Größe, was den Zeitpunkt eines möglichen Unterrichtsbeginns gegenüber der Violine etwas verzögert. Violoncelli und Kontrabässe gibt es ebenfalls in kleineren Baugrößen.

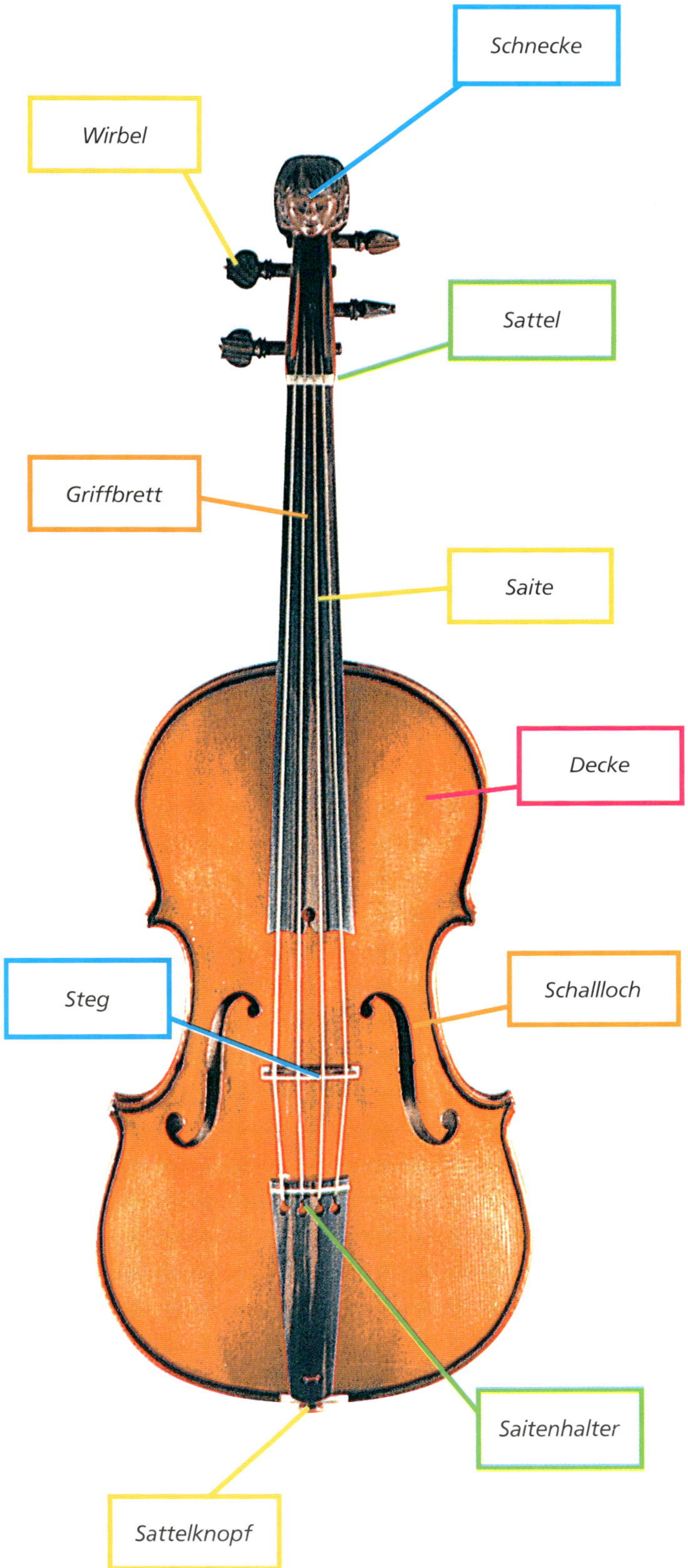

Der Aufbau einer Violine

Decke mit f-Löchern

Nun zu den einzelnen Teilen der Instrumente: Der Korpus besteht aus einer Decke aus Fichtenholz, dem Boden und den seitlichen Zargen, gefertigt aus Ahorn. Decke und Boden haben eine genau festgelegte Längs- und Querwölbung. Diese ist

Zargenkranz

wichtig für die Statik des Instruments und für seinen klanglichen Charakter. In der Mitte des Korpus gibt es eine seitliche Aussparung an den Zargen, die so genannten Bügel. Dort ist die Stelle, an der man die Saiten zwischen dem Ende des Griffbretts und dem Steg mit dem Bogen anstreicht.

Kinnhalter, Saitenhalter, Steg

Am oberen Ende des Korpus ist der Hals der Geige in die Zargen eingelassen. Dies geschieht mittels des so genannten Klotzes, der für die nötige Stabilität der Konstruktion sorgt. Auf den Hals ist das Griffbrett geleimt. Es besteht aus Ebenholz, einem extrem harten, dabei aber sehr leichten Holz. Über dieses Griffbrett werden die vier Saiten (beim Kontrabass sind es bei manchen Instrumenten fünf Saiten) über den Steg und weiter in den so genannten Saitenhalter geführt. Dieser wiederum ist mit dem Bändchen, so der Fachbegriff, am Knopf an der Unterseite befestigt. Bei Violoncello und Kontrabass ist an dieser Stelle der Stachel eingelassen, mit dem diese beiden Instrumente am Boden aufgestützt werden. Das Bändchen besteht aus getrocknetem und präpariertem natürlichem Tierdarm, aus Synthetikmaterial oder aus Stahl und bildet eine Schlinge um den Knopf.

Sowohl am oberen als auch am unteren Ende des Instruments befindet sich ein „Sattel". Über den Obersattel werden die Saiten in den Wirbelkasten geleitet. Damit sie sich nicht seitlich verschieben können, haben sowohl der Obersattel als auch der Steg eine flache Führungskerbe für jede einzelne Saite. Der Wirbelkasten mit der darauf sitzenden Schnecke bil-

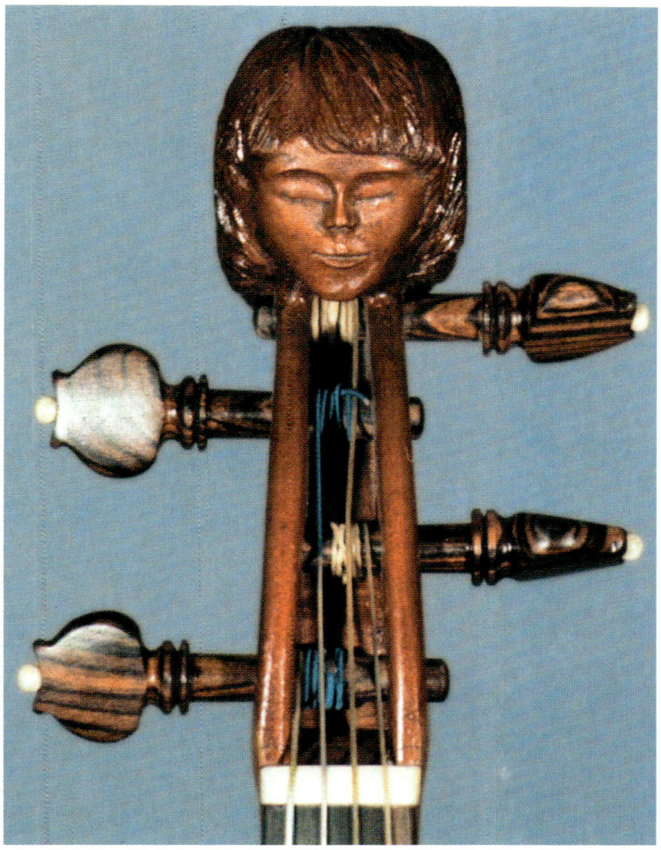
Kopf und Wirbelkasten einer Barockvioline

durch das die Saite geführt und aufgewickelt wird. Damit man die Tonhöhe der leeren Saiten noch müheloser und präziser stimmen kann, haben viele Instrumente auch noch kleine Schrauben, die in den Saitenhalter eingelassen werden. Sie werden Feinstimmer genannt. Man kann sie entweder für alle vier Saiten montieren oder nur für einzelne Saiten.

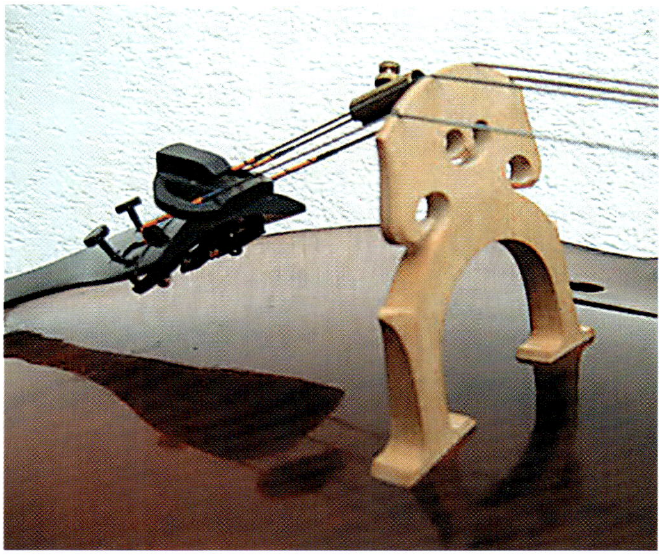
Cello-Steg, Saitenhalter mit Dämpfer und Feinstimmer

det das obere Ende des Instruments. Er hat an den Außenwänden vier Löcher, in denen die Wirbel stecken. Diese haben eine Art Griff, damit man sie drehen und somit die Saiten stimmen kann, und einen stiftähnlichen Teil mit einem kleinen Loch,

Schnecke und Wirbelkasten einer Violine

Der schon erwähnte Steg muss die Spannung der Saiten tragen und an die Decke weitergeben. Dabei lastet ein enormes Gewicht auf diesem kleinen Stück Holz und dem darunter liegenden Teil der Decke. Dem Steg kommt außerdem große klangliche Bedeutung zu: Ist er zu dick, sprechen die Saiten schwerer an; ist er zu dünn, halten sie dem Bogendruck nicht gut stand. Die Übertragung des Klangs geschieht letzten Endes über die Füße des Stegs, mit denen er auf der Decke steht. Diese Füße müssen ganz genau an die Wölbung der Decke angepasst sein, damit die Schwingungen gut übertragen werden können. Aber auch die Aussparungen im Steg folgen einem genauen Plan. Der Steg ist an der Oberseite gewölbt, so dass es möglich ist, mit dem Bogen jede der vier Saiten einzeln anzuspielen, ohne eine Nachbarsaite zu berühren. Ebenso muss die Wölbung aber auch die Möglichkeit bieten, zwei oder sogar drei Saiten gleichzeitig zum Klingen zu bringen, wenn die Noten Doppelgriffe oder Akkorde enthalten. Da auch das Griffbrett und der schon erwähnte Obersattel eine Wölbung aufweisen, müssen alle diese Rundungen perfekt aufeinander abgestimmt sein.

Die Herstellung der Saiten war durch die Jahrhunderte einem erheblichen Wandel unterworfen. Im Mittelalter verwendete man Seidensaiten, dies aber auch noch – beziehungsweise wieder – im 17. und 18. Jahrhundert. Bessere Qualität hatten Saiten, die in speziellen Verfahren aus Schafdarm gefertigt wurden. Bereits für das 17. Jahrhundert ist eine Umspinnung der tieferen Saiten mit Metall belegt. Diese Technik wurde im Laufe der Zeit immer weiter verbessert, neue Materialien wurden verwendet. Dazu gehörten Kupfer, Bronze, Aluminium, Silber sowie diverse Legierungen aus den genannten Metallen. Zur Wende vom 19. zum 20. Jahrhundert ging man insbesondere für die e''-Saite zur Verwendung von Stahlsaiten über, deren Haltbarkeit um ein Vielfaches höher lag als die der Darmsaiten. Im weiteren Verlauf des 20. Jahrhunderts kamen dann neben den umsponnenen Darm- und Metallsaiten auch Saiten mit Kunststoffkern auf. Alle Entwicklungen zielten auf eine höhere Haltbarkeit der Saiten ab und bessere Widerstandskraft gegen klimatische Beeinflussung des Materials durch Schwankungen der Temperatur und Luftfeuchtigkeit sowie Handschweiß des Spielers.

Kehren wir in unserer Betrachtung nun wieder zum Steg zurück. Neben ihm sieht man die beiden f-Löcher. In ihrer Form und ihrem Charakter sind sie spezifisch für den jeweiligen Erbauer des Instruments. Beispielsweise gibt es längere oder gedrungenere, elegante oder eher kräftige f-Löcher. Sie sind wichtig für die Entfaltung des Klangs.

Bearbeitung des Bassbalkens

Auch im Innern des Instruments findet man wichtige Bauteile, die maßgeblich sowohl zum Klang als auch zur baulichen Stabilität beitragen. Es sind dies der Bassbalken, der längs unter dem linken Fuß des Steges auf der Innenseite der Decke verläuft, sowie der Stimmstock, der eine Verbindung von Decke und Boden unterhalb des rechten Stegfußes herstellt und dessen Stellung maßgeblich zur klanglichen Ausgeglichenheit eines Instruments beiträgt. Die schwarze Einlage aus Ebenholz entlang dem Rand eines Instruments trägt ebenfalls zu dessen Stabilität bei und ist in ihrer handwerklichen Präzision ein wichtiger ästhetischer Aspekt des äußeren Erscheinungsbildes eines Instruments.

Klangerzeugung

Wie kommt ein Streichinstrument nun zum Klingen? Dazu braucht man den Bogen, der die Saiten in Schwingung versetzt. Entsprechend den verschiedenen Baugrößen der Instrumente gibt es auch verschieden lange Bögen. Ein Bogen besteht aus einer hölzernen Stange, die etwas nach innen gebogen ist. An seiner Unterseite ist er mit Rosshaar bespannt. Diese Haare werden am unteren Ende des Bogens in den so genannten Frosch gespannt, am oberen Ende sind sie in einer Aussparung in der Spitze des Bogens befestigt. Die Haare lassen sich mit einer Schraube, die am Ende der Bogenstange hinter dem Frosch sitzt, anspannen und zur Aufbewahrung wieder abspannen. Damit die kleinen Widerhaken an den Pferdehaaren die Saite gut anreißen und dadurch zum Schwingen bringen können, wird das Haar mit Kolophonium eingerieben. Dieses Harzprodukt ist etwas klebrig und bleibt gut an den Bogenhaaren haften.

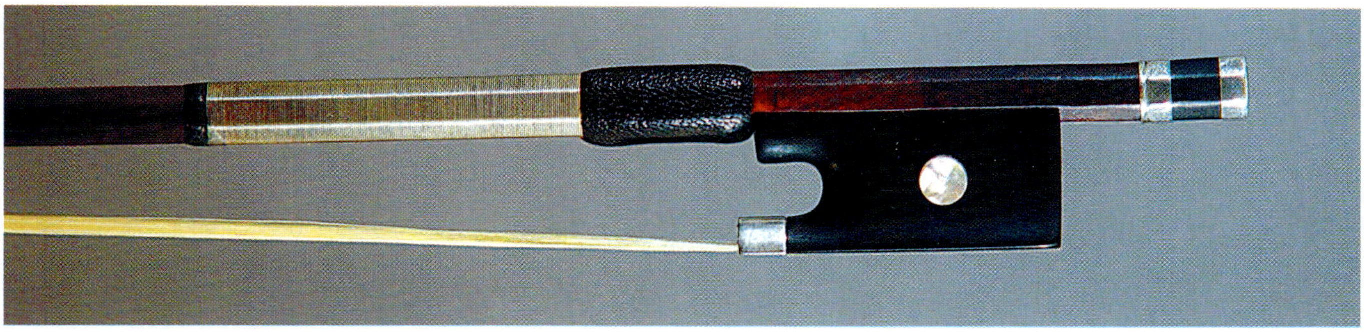

„Frosch" eines Bogens

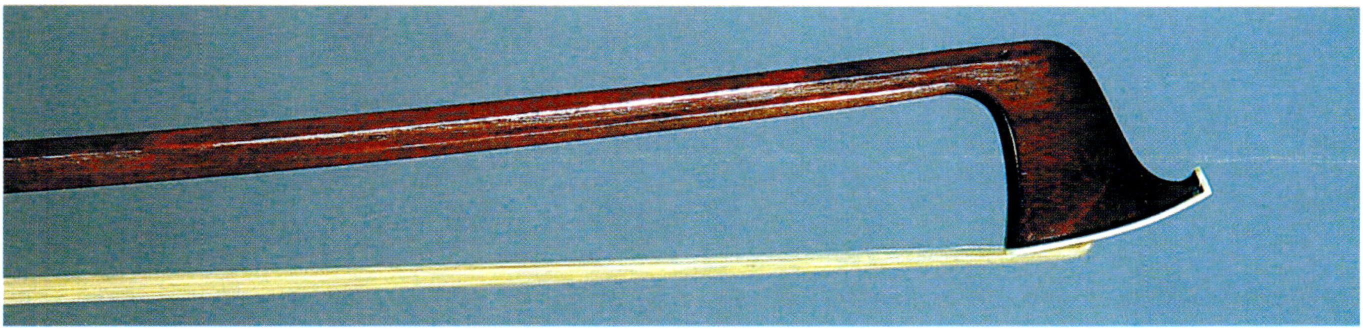

Spitze eines Bogens

Violinen 1/4, 3/4, 1 mit entsprechenden Bögen

Zubehör

Ein paar Dinge, die als Zubehör zwingend nötig sind oder auch das Spielen erleichtern, seien hier erwähnt.

Anfänger-Violine im Kasten

Für alle Streichinstrumente:

Zur Aufbewahrung und für den Transport der Instrumente steht eine Vielzahl an Kästen und Futteralen zur Verfügung. Für den Anfang sind für Violine und Viola Formkästen zu empfehlen, die nicht so schwer zu tragen sind. Meist werden sie fertig montiert mit einem Kunststoffüberzug angeboten, der mit einem Tragegurt und/oder einer Rucksackmontur versehen ist. Für ein Violin- Formetui muss man mit Preisen ab ca. 100 € rechnen, für ein Viola-Etui etwa 20 bis 50 € mehr ausgeben. Für Violoncello und Kontrabass reichen zunächst einmal gut gepolsterte Futterale, bevor man sich später zum Kauf eines stabilen Kastens entschließen kann. Die Preise für diese Hüllen beginnen bei etwa 150 €, für Kontrabassfutterale bei ca. 200 €.

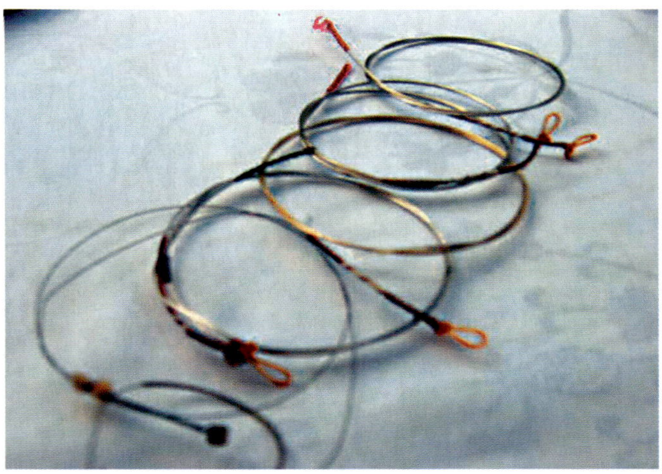

Violin-Saiten

Kolophonium

Alle Hüllen und Etuis gibt es in verschiedenen Größen und Farben zu kaufen. Stabile Violoncello-Kästen sind ab etwa 500 € erhältlich. Sie schützen ein wertvolles Instrument natürlich besser, sind aber auch wesentlich schwerer und unhandlicher.

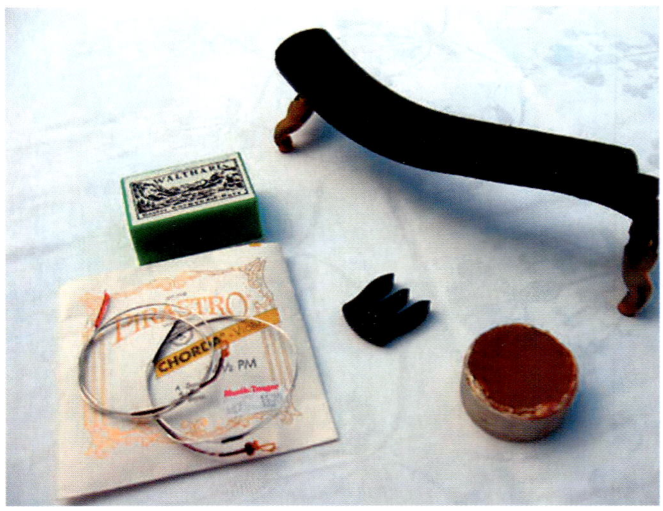

Violin-Zubehör

Einen Satz Ersatzsaiten sollte man immer dabei haben. Empfehlenswert für alle Instrumente sind Stahl- oder Kunststoffsaiten. Sie sind am robustesten und gut mit Feinstimmern zu stimmen. Die Preise liegen unterschiedlich hoch je nach Qualität. Violine: ab ca. 30 € für Stahlsaiten, 50 € für Kunststoffsaiten; Viola: Preise etwa 20 % höher als für Violinsaiten; Violoncellosaiten gibt es ab 80–90 €, Kontrabass-Saiten ab ca. 130 €.

Für den Bogen benötigt man – wie schon erwähnt – Kolophonium, um die Bogenhaare griffiger zu machen. Hier reicht ein preiswertes Produkt völlig aus.

Einen Dämpfer (ital. sordino) sollte jeder Streicher im Etui haben. Für ganz leise Stellen in der Musik wird er auf den Steg gesteckt und erzeugt einen etwas näselnden, leiseren und obertonärmeren Klang, indem er den Steg zu einem Teil am Schwingen hindert. Komponisten kennzeichnen solche Stellen mit der Vorschrift „con sordino".

Speziell für Violine und Viola:

Für diese Instrumente ist ein Kinnhalter nötig. Damit kann der Kopf seine Stützfunktion beim Halten des Instruments bequem ausüben und das Kinn hat guten Halt. Es gibt verschiedene Modelle, manche werden links neben dem Saitenhalter montiert, manche in der Mitte darüber.

Kinnhalter

Zwischen linker Schulter und Instrument wird oft ein Kissen oder eine Schulterstütze angebracht. Diese sollen Druckstellen auf dem Schlüsselbein vermeiden helfen und ein Rutschen des Instruments verhindern. Kissen und Stützen gibt es in sehr vielfältiger Art, Größe und in sehr unterschiedlichen Preisklassen. Eine Beratung durch den Fachlehrer ist hier wie auch für den Kauf eines geeigneten Kinnhalters unerlässlich.

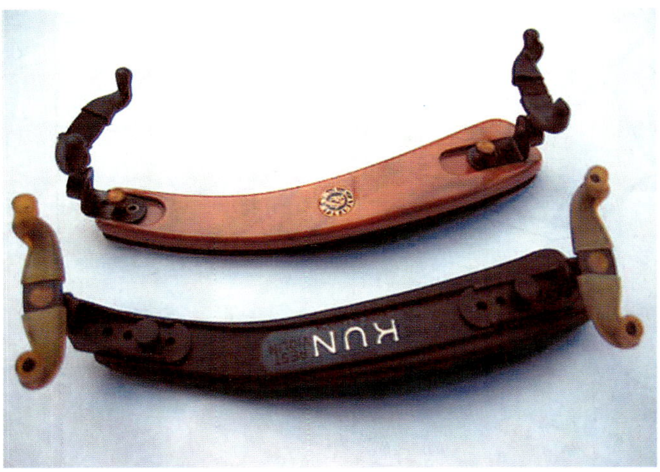

Schulterstützen

Haltung

Und damit sind wir auch schon bei der praktischen Seite des Spielens von Streichinstrumenten angelangt. In der Haltung des Instruments unterscheiden sich Violine und Viola einerseits und

Violoncello und Kontrabass andererseits grundsätzlich voneinander. Geiger und Bratschist haben die Möglichkeit, sowohl im Stehen als auch im Sitzen zu spielen. Beide Instrumente werden mit dem unteren Ende des Korpus auf das linke Schlüsselbein gelegt, der Kopf ruht mit dem Kinn im Kinnhalter. Der linke Arm wird mit einer kleinen Drehung im Ellbogengelenk zum Hals des Instruments geführt und der Hals mit der linken Hand umfasst. Dieser liegt dann zwischen dem Daumen und der Wurzel des Zeigefingers der linken Hand. Nun können die vier Finger die Saiten auf das Griffbrett drücken und so durch die Veränderung der Saitenlänge verschiedene Tonhöhen erzeugen. Dabei werden die Töne umso höher, je kürzer die Saite

Bogenhand bei der Violine

durch das Aufsetzen der Finger wird. Indem man den linken Arm immer weiter zum Körper bewegt, kann man das ganze Griffbrett zum Spielen benutzen und dadurch sehr hohe Töne erzeugen. Man nennt dies: Spiel in verschiedenen „Lagen". Eine Lage umfasst die Töne der vier Finger hintereinander, der Wechsel zur nächsten Lage heißt dementsprechend Lagenwechsel.

Mit der rechten Hand wird der Bogen gehalten. Bei Violine, Viola und Violoncello fasst man ihn auf jeden Fall von oben an der Stange; auch beim Kontrabass gibt es diesen Griff, Obergriff genannt. Eine zweite Methode, den Bassbogen zu halten, wird Untergriff genannt. Dabei wird der Bogen zwischen Stange und Haaren um den Frosch gefasst (vgl. „Der Kontrabass", Seite 104).

Beim Spiel auf dem Violoncello sitzt der Spieler im Gegensatz zum Geiger oder Bratschisten auf jeden Fall. Sein Instrument ruht auf dem schon erwähnten Stachel, seine Knie berühren die Zargen. Die linke Hand greift wie bei der Violine die Saiten, der rechte Arm führt den Bogen, der beim Violoncello etwas kürzer, dafür aber ein wenig dicker und schwerer ist als bei der Violine und der Viola. Dies hat mit der Größe des Instruments und der Dicke der Saiten zu tun. Allerdings haben die Cellisten noch eine Besonderheit beim Spiel in hohen Lagen zu bieten: Sie benutzen den Daumen der linken Hand sozusagen als fünften Finger. Dies ist möglich, weil das Violoncello nicht wie Violine und Viola in der Hand gehalten werden muss und sich die linke Hand dadurch völlig frei bewegen kann. Der Kontrabass wird entweder im Stehen gespielt, oder man benutzt einen speziellen Basshocker, der höher ist als ein gewöhnlicher Stuhl und eine bequeme und zweckmäßige Haltung erlaubt.

Bogenhand beim Cello

Daumenaufsatz beim Cello

Wegen der sehr speziellen Körperhaltung beim Spiel von Streichinstrumenten ist es äußerst wichtig, dass ein Kind von Anfang an zu korrekter und entspannter Haltung angeleitet wird. Dies kann im Unterricht wie auch zu Hause spielerisch mit gymnastikähnlichen Übungen unterstützt werden. Gerade bei Violine und Viola ist auf eine gute Stärkung der Rückenmuskulatur und die Vermeidung eines Hohlkreuzes zu achten. Auch eine möglichst natürliche Kopfhaltung ist von großer Wichtigkeit, damit sich keine Verspannungen im Bereich von Schultern und Hals bilden.

Einige charakteristische Spielarten

Allen Streichinstrumenten steht eine breite Palette der Tonerzeugung zur Verfügung, je nachdem, ob es sich um gesangliche Melodien, energische Rhythmen, schnelle Passagen oder ein Musikstück von getragenem Charakter handelt. Die Hauptrolle spielt dabei der Bogen. Man spricht daher von „Stricharten". Die wichtigsten Stricharten sollen hier nun vorgestellt werden. Beginnen wir mit dem legato (gebunden), bei dem die Töne, wie das Wort schon sagt, möglichst eng miteinander verbunden werden sollen. Im Notenbild sind solche Stellen mit einem Bindebogen gekennzeichnet, der die betreffenden Noten zusammenfasst. So viele Noten, wie unter diesem Zeichen zusammengefasst sind, werden dann mit einem einzigen Bogenstrich gespielt.

„legato"

Beim so genannten détaché werden einzelne Noten mit je einem Bogenstrich, jedoch ohne Pause beim Wechsel der Strichrichtung, möglichst breit hintereinander gespielt. Détaché-Noten bleiben entweder ohne jede Bezeichnung, oder es stehen kleine Striche darunter oder darüber.

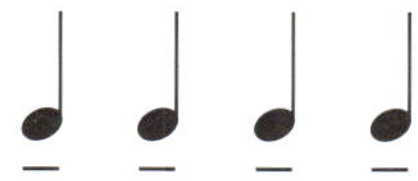

„détaché"

Im Ergebnis ist diese Strichart dem legato am ähnlichsten. Ganz anders verhält es sich bei den Stricharten, mit denen man kurze Töne erzeugen kann. Dies geschieht entweder, indem man den Bogenstrich abrupt stoppt, oder aber, indem man den Bogen zum Springen bringt. Ein Beispiel für das Abstoppen des Bogens ist das martelé. Dies ist das französische Wort für „gehämmert". Und so soll auch der Klang sein, den man mit dieser speziellen Strichart erzeugt: Nach einem heftigen Impuls zu Beginn des Tons, erzeugt durch einen kurzen Druck auf die Bogenstange, folgt die Bewegung des Arms zum Ausschwingen wie beim wirklichen Hämmern. Für den Bogen bedeutet dies einen raschen Strich, nunmehr ohne den Druck auf die Stange. Diese Strichart ist also gut geeignet für energische und kraftvoll pulsierende Musik. Durch den dauernden Wechsel von Bogendruck und Entspannung bei hoher Strichgeschwindigkeit und wiederum Stopps zwischen den Tönen erfordert sie einige Übung und gute Koordination der Bewegungen. Eine dem martelé verwandte Strichart ist das staccato, bei dem mehrere martelé-Noten hintereinander auf einen Bogenstrich gereiht

werden. Dies kann mit vielen Noten bis in ein sehr schnelles Tempo geführt werden und erfordert einen gut ausgebildeten Bewegungsreflex im rechten Arm für einen gleichmäßigen Ablauf. Das staccato wird von den Komponisten oft in sehr virtuosen Stücken verwendet und kann sowohl im Abstrich (Strichrichtung vom Frosch zur Spitze hin) als auch in umgekehrter Richtung im Aufstrich gespielt werden. Die gesanglichere Variante des staccato ist das portato, bei dem die Töne nicht durch das Stoppen des Bogens, sondern durch eine sanfte Verlangsamung der Strichgeschwindigkeit und ein Nachlassen des Bogendrucks voneinander getrennt werden.

Eine weitere sehr interessante Möglichkeit, kurze Töne zu erzeugen, bieten die springenden Stricharten. Dazu gehören u.a. der Wurfbogen, der Springbogen, das spiccato (ital.) und das sautillé (franz.). Alle diese Ausdrücke bedeuten dasselbe, nämlich dass der Bogen springt, also die Saite zwischen den Noten verlässt. Aufgrund der Elastizität der Bogenstange ist dies mit einiger Übung sehr gut zu beherrschen. Man kann das Springen des Bogens auch mit einem Ball vergleichen, der, einmal auf den Boden geworfen, mit einem minimalen Impuls mehrfach zurückspringt. Auch wenn alle diese Fachausdrücke ursprünglich dasselbe Phänomen bezeichnen, so verbinden Streicher doch ganz bestimmte Methoden der Klangerzeugung mit ihnen. Zwei Richtungen lassen sich generell unterscheiden: Erstens, der Bogen springt zurück, weil er aus einer gewissen Höhe auf die Saite geworfen wird und dann von selbst zurückprallt. Zweitens, der Bogen wird durch schnelles Hin- und Herstreichen auf der Saite bewegt und beginnt nun durch seine Eigenelastizität zu vibrieren und sich von der Saite abzuheben. Auch auf diese zweite Art kann man also erreichen, dass der Bogen springt. Allerdings ist diese Methode abhängig von der Geschwindigkeit. Sie muss für diese Variante relativ hoch sein. Natürlich kann man auch mehrere springende Noten unter einem Bogenstrich spielen. Man nennt diese Strichart dann ricoché; im Aufstrich, also in Strichrichtung zum Frosch hin, sagt man manchmal auch fliegendes staccato dazu.

Bisher haben wir uns nur mit den Möglichkeiten des Bogens, Töne auf Streichinstrumenten zu erzeugen, beschäftigt. Auch ohne den Bogen kann man Töne hervorbringen, nämlich durch

Cello, gezupft (pizzicato)

Anzupfen der Saiten. Dies kann mit der rechten oder sogar auch mit der linken, also der Greifhand, geschehen. Pizzicato nennt man diese Technik. Nimmt man dafür die rechte Hand, benutzt man hauptsächlich den Zeigefinger, manche Spieler bevorzugen aber auch den Mittelfinger oder gar den Daumen. Je nach dem, mit welchem Finger man am geschicktesten präzise und manchmal auch sehr schnell hintereinander die Saiten anzupfen kann. Beim Spiel auf dem Kontrabass ist das pizzicato im Jazz von ganz besonderer Bedeutung. Das pizzicato der linken Hand kommt hauptsächlich in virtuosen Musikstücken vor und findet seine häufigste Anwendung auf der Violine. Die ganz spezielle Schwierigkeit besteht darin, dass ein Finger der linken Hand die Saite niederdrücken muss, während ein anderer Finger derselben Hand die Saite anzupft.

Eine weitere sehr spezielle Spielweise stellen flageolettes dar. Dabei wird die Saite nicht ganz bis auf das Griffbrett niedergedrückt, sondern nur zart berührt. Auf den Teilpunkten der Saite, also auf der Hälfte, dem Drittel, dem Viertel etc., entstehen dann hohe Töne, die der Obertonreihe des jeweiligen Grundtons der Saite entstammen. Diese Töne haben einen sehr transparenten Klang und klingen viel höher, als der eigentlich gegriffene Ton klingen würde. Flageolette-Töne werden auf allen Streichinstrumenten erzeugt. Natürlich kann man auch mehrere Töne auf zwei oder drei Saiten gleichzeitig anspielen. Man spricht dann von Doppelgriffen oder im Fall von drei oder vier Tönen von Akkorden.

Eine für die Gruppe der Streichinstrumente sehr typische Art der Beeinflussung des Klangs ist das Vibrato. Durch Bewegung der linken Hand oder des Unterarms bei aufgesetztem Finger parallel zur Saite entsteht durch die Übertragung dieser Bewegung auf den Finger ein Beben im Klang. Durch Veränderung der Größe und der Geschwindigkeit dieser Vibratobewegung kann der Spieler dem Klang ein eher ruhiges oder sehr bewegtes, leidenschaftliches oder auch entspanntes oder süßes Gepräge geben. Das Vibrato belebt den Ton und macht ihn dadurch der menschlichen Stimme verwandt. Der Ton „singt".

HOHNER

Der Instrumentalunterricht

Befassen wir uns nun mit dem Unterricht auf dem gewünschten Instrument. Es stellen sich einige Fragen:

- In welchem Alter sollte ein Kind mit dem Unterricht auf einem Streichinstrument beginnen?
- Welche allgemeinen körperlichen und geistigen Voraussetzungen müssen erfüllt sein?
- Welche speziellen Anforderungen stellt das Spiel auf einem Streichinstrument an die Motorik, das Gehör, die Konzentrationsfähigkeit?
- Wie viel Übezeit ist nötig, damit die Resultate den Schüler befriedigen und dem zeitlichen und finanziellen Aufwand gerecht werden?
- Wo bekommt man Instrumentalunterricht?
Wie hoch sind die Kosten dafür?

Über das beste Anfangsalter gibt es sehr unterschiedliche Meinungen. Sie reichen von drei bis zu zehn Jahren. Angesichts der Fülle der heutzutage in akzeptabler Qualität zur Verfügung stehenden Instrumentengrößen mag der Rahmen weit gesteckt sein. Doch sollte man einige Dinge nicht aus den Augen verlieren:

- Äußert das Kind seinen Wunsch, ein ganz bestimmtes Instrument spielen zu wollen, immer wieder? Oder ist es nur eine Idee unter vielen anderen, die sich nach ein paar Wochen wieder verlieren und durch andere Vorstellungen ersetzt werden?
- Warum möchte das Kind gerade dieses bestimmte Instrument erlernen?
- Ist das Kind gerade mit der Eingewöhnung in eine neue Kindergartengruppe beschäftigt? Wird es gerade eingeschult? Dann ist es vielleicht sinnvoll, erst die eine Situation zu bewältigen und entsprechend später mit dem Instrumentalunterricht zu beginnen.

Im Allgemeinen ist ein Unterrichtsbeginn im Alter zwischen fünf und acht Jahren am günstigsten. In Einzelfällen und bei besonderer Eignung ist aber auch gegen einen früheren Anfang nichts einzuwenden. Andererseits soll an dieser Stelle nicht un-

erwähnt bleiben, dass es auch noch im Erwachsenenalter möglich ist, ein Streichinstrument zu erlernen. Viele Musikschulen bieten Unterricht eigens für diese Zielgruppe an. Jeder Erwachsene sollte sich aber über den erforderlichen Übeaufwand im Klaren sein und seinen Tagesablauf gut daraufhin prüfen, ob die erforderliche Regelmäßigkeit gewährleistet ist.

Das Spielen eines Streichinstruments erfordert ein hohes Maß an Koordinations- und Konzentrationsfähigkeit, ebenso stellt es ganz besonders hohe Anforderungen an die Haltungsdisziplin des Schülers. Ein Kind sollte also in der Lage sein, Bewegungen, auch feinmotorische, gezielt auszuführen. Es sollte daran gewöhnt sein, auf Anweisungen zu reagieren und sich für mindestens 20–30 Minuten auf ein und dieselbe Sache zu konzentrieren. Selbstverständlich wird jeder Lehrer auf die persönliche Entwicklungssituation eines Kindes eingehen und seine Formulierungen im Unterricht auf das Alter des jeweiligen Schülers abstimmen.

Zu diesen körperlichen und mentalen Anforderungen kommt die Notwendigkeit, sich selber beim Spielen genau zu beobachten. Dieser analytische Aspekt macht manchen Kindern am Anfang zu schaffen. Auf der anderen Seite fördert die Selbstreflexion über das Hören des eigenen Spiels und das Bewusstmachen der Bewegungen, das motorische Lernen und die allgemeine Entwicklung ganz enorm.

Eine besondere Bedeutung kommt dem musikalischen Gehör zu. Musik lebt von der Schönheit des Tons. Diese wiederum ist abhängig von einer gut kontrollierten Bogenführung, die einen glatten Klang entstehen läßt, und von korrekter Intonation. Dies bedeutet, dass die gespielten Töne sauber in genau festgelegter Weise zueinander passen müssen. Eine gute Möglichkeit, herauszufinden, ob ein Kind Sinn für bestimmte Tonabstände hat, ist, es singen zu lassen. Dies kann in Liedform geschehen, oder man lässt auf dem Klavier vorgespielte Töne nachsingen. Auch der Drang eines Kindes, seine Stimmungen singend und tanzend auszuleben, ist eine gute Vorbedingung für das lustvolle Erlernen eines Musikinstruments; ebenso das spontane Mitsingen oder -klatschen beim Hören von Musik. Mindestens genauso wichtig ist, dass ein Kind ein ausgeprägtes Rhythmusgefühl hat. Klatschübungen oder Tanzen zu Musik sind geeignete Mittel, dies zu testen und zu fördern. Auch auf schnelle Bewegungsreflexe sollte man Wert legen.

Sauberes Spiel, glatter Ton, exakter Rhythmus usw. – all diese Dinge müssen natürlich eingeübt werden. Eine tägliche Übezeit von ca. 30 Minuten für ein fünf- bis sechsjähriges Kind ist zu Anfang als sinnvoll anzusehen. Im Laufe des ersten Unterrichtsjahres wird sich diese durch das wachsende Pensum an Spiel- und Übungsstücken fast ganz von selbst auf ungefähr eine Stunde erweitern. Bei kleineren Kindern ist es außerdem ratsam, dass ein Elternteil während des ersten Jahres beim Unterricht hospitiert, um ihnen zu Hause helfen zu können. Diese Hilfe kann im Laufe der Entwicklung des Schülers zu mehr Selbstständigkeit schrittweise reduziert werden. Generell sollte man darauf achten, dass möglichst bald ein eigenständiges Arbeiten nach den Anweisungen des Instrumentallehrers erzielt wird. Ein Hausaufgabenheft und eventuell ein Übetagebuch leisten hier gute Dienste.

Um qualifizierten Unterricht zu bekommen, gibt es zwei vielfach bewährte Möglichkeiten:

- Es gibt viele städtische oder vom Kreis getragene Musikschulen. Hier findet man Beratung durch Fachkräfte und kann entweder Einzel- oder auch Gruppenunterricht nehmen. Das Kollegium besteht in der Regel aus examinierten Instrumentallehrern und ausgesuchten, qualifizierten Musikstudenten.

- Vielerorts gibt es Privatmusiklehrer, die freiberuflich tätig sind.

Die Kosten für Instrumentalunterricht können recht unterschiedlich sein. An einer Musikschule muss man für 45 Minuten Einzelunterricht pro Woche mit einer monatlichen Gebühr von mindestens 70 € rechnen. Diese Gebühr fällt zwölfmal im Jahr an. Das Honorar eines Privatmusiklehrers unterliegt allein dessen Kalkulation und wird meist für jeden Unterricht einzeln bezahlt. Hier muss man in der Regel mit Kosten von etwa 30 € für einen 60-minütigen Unterricht rechnen.

Wer sich an einer Musikschule anmeldet, hat neben dem reinen Instrumentalunterricht noch viele andere Möglichkeiten, sein Instrument in Spielkreisen und Orchestern unter fachkundiger Leitung zu spielen. Außerdem gibt es die Möglichkeit, Gruppenunterricht statt Einzelunterricht zu nehmen. In diesem

Fall sollte man um der Effektivität des Unterrichts willen auf kleine Gruppen mit zwei, höchstens drei Kindern Wert legen. Für Gruppenunterricht fallen monatliche Beiträge ab ca. 30 bis 40 € an. Musikschulen verfügen zudem meistens über ein bis zwei Streichorchester, gestaffelt nach Alter und Können der Schüler. Große Einrichtungen können sogar mit einem Sinfonieorchester aufwarten. Auch gibt es manchmal Gelegenheit, in Jazz- und Pop-Ensembles mitzuwirken (besonders wichtig für angehende junge Kontrabassisten!). Dies alles sind attraktive Gelegenheiten, mit gleichaltrigen Spielern gemeinsam zu musizieren und sich in Konzerten zu beweisen. Sie stellen ein großes Motivationspotential dar, und der Instrumentalunterricht bekommt einen ganz anderen Hintergrund. Das Gemeinschaftserlebnis stärkt die Kommunikationsfähigkeit der jugendlichen Musiker, lässt sie spielerisch erfahren, dass man sich in eine Gruppe einfügen kann, ohne die eigene Persönlichkeit aufgeben zu müssen.

Hat man sich für Privatunterricht entschieden, gibt es in der Terminplanung unter Umständen etwas mehr Freiheiten gegenüber dem Stundenplan in einer Musikschule. Allerdings

Unterricht an einer Musikschule

muß man sich dann um die Gelegenheit, in einem Ensemble mitzuspielen, selbst kümmern. Städtische oder in der Gemeinde oder dem Kreis etablierte Kammer- oder Sinfonieorchester sind hier eine gute Empfehlung. Ob der instrumentale Stand für eine Beteiligung ausreicht, sollte immer der Fachlehrer entscheiden. Dies gilt auch für die Teilnahme an Jugend-Wettbewerben wie „Jugend musiziert", bei denen sich die Spieler im besten Sinne aneinander messen sollen. Die Besten bekommen dann die Einladung, entweder in den Landesjugendorchestern oder sogar im Bundesjugendorchester mitzuwirken. Im Gegensatz zu den Musikschulorchestern und anderen Ensembles auf kommunaler Ebene, die ihre Proben meist wöchentlich zu fixen Terminen abhalten, arbeiten diese großen Sinfonieorchester in Probenphasen, die in die Schulferien gelegt werden.

Violine mit Markierungen

Zusammenfassend kann gesagt werden, dass das Erlernen eines Streichinstruments große Konzentration und Hingabe fordert. Der zeitliche Aufwand ist sowohl für das Kind oder den Jugendlichen als auch für die Eltern erheblich: Übezeiten von anfangs 30 Minuten, dann einer Stunde, später bis zu zwei oder drei Stunden, je nach Ehrgeiz und Fortschritt, sind einzusetzen. Dazu kommen der wöchentliche Instrumentalunterricht und eventuell Ensembleproben, die meistens zwischen 90 und 120 Minuten dauern. Oft sind die Eltern auch als Fahrer zu den unterschiedlichen Spiel- und Unterrichtsstätten gefordert. Die Kosten sind nicht unerheblich. Dem gegenüber steht der persönliche Gewinn auch für sehr junge Kinder, der in der Beschäftigung mit einer hoch kultivierten Tätigkeit liegt. Dies ist sowohl unter rein motorischem, hohe Präzision der Bewegungen und der Koordination erforderndem Aspekt als auch unter dem Gesichtspunkt des strukturellen Denkens beim Üben, der Förderung der Selbstkontrolle, der Ausbildung von ästhetischen Grundsätzen wie Klangschönheit und der Anregung der Phantasie sowie des allgemeinen Gestaltungwillens zu sehen. Kinder lernen außerdem Verantwortung zu tragen für ihr Üben zu Hause ebenso wie für den pfleglichen Umgang mit ihrem Instrument.

Hörempfehlungen

Ganz traditionell verbindet sich meist die Vorliebe für den Streicherklang als solchen mit der Zuneigung zu der Musik, die dafür geschrieben worden ist. Der Klang der Streichinstrumente ist in der Musik des Barock, der Klassik und der Romantik in Solokonzerten oder Orchesterwerken allgegenwärtig. Es gibt kurze Virtuosenstückchen mit Klavier- oder Orchesterbegleitung, Sonaten für Duo mit Klavier, Solostücke, die nur von einem einzigen Instrument vorgetragen werden, Kammermusikwerke in verschiedener Besetzung. Was liegt also näher, als mit musizierbegeisterten künftigen jungen Instrumentalisten solche Musik zu hören? Natürlich in geeigneter, dem Alter angepasster Dosierung, damit die Neugier auf das nächste Hörerlebnis immer frisch bleibt. Kurze Ausschnitte sind hier sicher geeigneter als eine ganze Sinfonie.

Die Vielfalt der heutigen Musikindustrie mit CD-Aufnahmen aller gängigen Musikstücke in mannigfacher Ausführung durch viele verschiedene Interpreten macht es schwer, hier Hörempfehlungen spezieller Art zu geben. Viel Eindruck auf Kinder machen sowohl virtuose Instrumentalkonzerte als auch Musikstücke, die eine Geschichte wiedergeben. Dazu gehört die Oper mit gesungener Geschichte oder auch die so genannte Programmmusik, die bestimmte konkrete Dinge wie Meeresrauschen, Sturm, Tierstimmen etc. in Musik „übersetzt". Das lebendige Konzerterlebnis sollte dabei so oft wie möglich der Musikkonserve in Form von CDs vorgezogen werden, sodass das Kind auch einen visuellen Eindruck von „seinem" Instrument und dessen Einsatz bekommt. In vielen Städten veranstalten Orchester Kinder- oder Jugendkonzerte, bei denen oftmals die Instrumente einzeln oder als Gruppe vorgestellt werden. Es gibt Kinderopern am Nachmittag, oder Musikschulen laden ein zu einem „Tag der offenen Tür". Bei solchen Veranstaltungen gibt es oft sogar „Schnupperunterricht" zum praktischen Kennenlernen einiger Instrumente.

Damit der Musikschüler kontinuierlich seinem Ziel näher kommt, diese wundervolle Musik selbst mitspielen zu können, wird er behutsam von seinem Lehrer mit den einfachsten Übungen über Kinderlieder und kleine Melodien, die der momentanen Fähigkeit angepasst sind und die Spielfreude anregen, zu längeren und schwierigeren Musikstücken geleitet werden. Wichtig dabei ist immer eine breite Streuung des Pensums auf verschiedenartige Übungs- und Musikstücke. Damit wird das Interesse wach gehalten, und Monotonie schleicht sich erst gar nicht ein.

Wie und wo bekomme ich ein Instrument?

Hier gibt es drei Möglichkeiten:

- Ausleihe in einer Musikschule
- Miete in einem Geschäft
- Kauf eines Instruments

Viele Musikschulen verfügen über Instrumente, die gegen Gebühr ausgeliehen werden können. Der Vorteil besteht darin, dass diese komplett mit Bogen und Kasten ausgegeben werden und die Gebühr meist niedriger ist als die Miete beim Händler. Der Nachteil ist leider oft, dass es sich um nicht sehr hochwertige Instrumente handelt, die manchmal nicht in sonderlich gepflegtem Zustand sind. Mietet man ein Instrument bei einem Händler, bekommt man ein gut gepflegtes Instrument, zahlt aber unter Umständen einen höheren Mietsatz. Es gibt auch die Möglichkeit des so genannten Mietkaufs. Dabei wird die schon gezahlte Miete beim Kauf dieses oder eines anderen Instruments zu einem bestimmten Prozentsatz angerechnet. Bevor man ein Instrument kauft, sollte man sich sicher sein, dass das Kind auch bei seinem Wunsch, Violine, Viola, Violoncello oder Kontrabass zu spielen, bleiben wird. Beim Kauf eines kleinen Instruments sollte man – für den Fall, dass man die nächste Größe im selben Geschäft kauft – unbedingt die Rücknahme durch den Instrumentenhändler zu einem bestimmten Anteil des gezahlten Preises vereinbaren. Kleine Instrumente sind auf dem privaten Markt nur schwer wieder verkäuflich, wenn das Kind gewachsen ist und die nächste Instrumentengröße braucht. Eltern sollten hier unbedingt dem Rat des Fachlehrers vertrauen und am besten zusammen mit ihm die Auswahl des Verfahrens und der richtigen Größe des Instruments treffen.

Was kostet ein Streichinstrument?

Diese Frage lässt sich nicht pauschal beantworten. Sicher kommt es immer auf die Qualität des betreffenden Instruments an und auch auf die Größe. Bei der Auswahl sollte immer auf möglichst hohe Qualität gesetzt werden, damit gleich zu Beginn des Unterrichts ein ansprechendes Klangerlebnis erzielt werden kann. Hochwertige Manufakturinstrumente kosten ab ca. 800–900 € (Violine), 1.200 € (Viola), 1.800 € (Violoncello), 3.200 € (Kontrabass). Einfachere Instrumente bekommt man aber schon für weniger Geld. Mancher Versandhandel bietet auch Komplettpakete inkl. Etui und Bogen von 350 € bis ca. 800 € an. Auch hier sollte man vor dem Kauf auf jeden Fall den Rat des Instrumentallehrers einholen! Bei den Bögen liegen die Preise etwa zwischen 300 € und 550 € für alle Streichinstrumente. Kleine Bögen sind etwas preiswerter. Geeignete Bezugsquellen sind größere Musikalienhandlungen und Geigenbauergeschäfte.

Violinen verschiedener Größe

Klaus Heider

In der Werkstatt

In Regalen hängen zahlreiche Violinen und Violen der verschiedensten Größen, matt schimmert der dunkelrote Lack von alten Meisterinstrumenten aus einer Glasvitrine. In einem Gestell warten einige Celli auf ihre Besitzer, die sie zur Reparatur abgegeben haben. Einsam lehnt vor einem Pult mit aufgeschlagenen Noten ein Kontrabass, als hätte der Musiker gerade eine Pause beim Spielen eingelegt und würde gleich den Verkaufsraum wieder betreten.

Die Wände des Treppenaufgangs schmücken Kupferstiche und Abbildungen von alten Instrumenten und Werkstätten berühmter italienischer und deutscher Geigenbauer. Ein großer, lichtdurchfluteter Raum öffnet sich mit Blick auf einen Himmel voller Geigen, die wie an einer Perlenschnur aufgereiht von der Decke baumeln und ungeduldig auf gerade neu bespannte Bögen blicken. Vor der Fensterfront befinden sich Werk- und Hobelbänke, darunter auf einer Leiste verschiedene Schraubzwingen. An der Wand in Gestellen unzählige Stecheisen, Schnitzmesser, Feilen und Hobel, von denen der kleinste kaum größer als ein Daumennagel ist. In einem Regal an der Rückwand der Werkstatt lagern aufgestapelte Holzteile, roh zugeschnittene Böden und Decken, daneben Hälse, Griffbretter und Stege in allen Größen. An der Seitenwand des Regals sieht man Schablonen, Bauformen und verschiedene Messwerkzeuge. Auf dem Ecktisch stehen Flaschen, Dosen, mehrere Gefäße und Tiegel mit Pinseln. Es riecht ein wenig nach Terpentin, Lack, altem Harz und Holz, dem wichtigsten Material für alle Streichinstrumente.

Aufriss und geformte Decke

Wie sich seit vierhundert Jahren die Anfertigung eines Meisterstücks und die Arbeitsweise des Geigenbauers kaum verändert haben, so ist auch die Auswahl der Hölzer gleich geblieben. Für den Boden nimmt man das härtere Ahornholz, ebenso für die Zargen und den Hals; die Decke wird aus Fichte gefertigt, die hervorragende Schwingungseigenschaften besitzt. Da Boden und Decke des Instruments aus zwei Teilstücken zusammengeleimt werden, kennzeichnet man sie entsprechend. So kann nach fünf- bis zehnjähriger Lagerung keine Verwechslung entstehen, wenn der Meister die Teile wieder aus dem Trockenraum nimmt oder von seinem Tonholzlieferanten bezieht.

Der erste Arbeitsgang für den Bau des Resonanzkörpers beginnt mit dem Aufzeichnen des Umrisses auf das zusammengeleimte Brett. Mit einer feinen Band- oder Stichsäge trennt der Geigenbauer die Boden- und Deckenteile heraus. Dann muss er sein eigentliches Können unter Beweis stellen: Die Ausarbeitung der Innen- und Außenwölbung mittels verschiedener Hobel verlangt eine langjährige Erfahrung. Immer wieder prüft er auf einem Lichtkasten oder mit dem Mikrometer Maserung und Stärke (2 bis 5 mm) des Holzes, um die gewünschten Proportionen zu erreichen. Schon die kleinsten Abweichungen können den Klang nachteilig beeinflussen. Eine besondere Veredelung von Boden und Decke ist die Bereifung, drei dünne verschiedenfarbige Holzstreifen, welche als Umrandung in den Adergraben eingelegt werden.

Nachdem der Geigenbauer den Bassbalken eingeleimt und die f-Löcher in die Decke geschnitten hat, ist ein größerer Arbeitsgang ab-

Der Boden wird geschnitzt

Fertiger Boden

geschlossen. Als nächstes geht es an den Zargenkranz, welcher um das Formbrett angepasst und mit Eckklötzchen und Reifen an den Kanten verstärkt wird. Viel Geschick und Fingerspitzengefühl verlangt das Biegen der mit Wasser befeuchteten, 1 bis 1,5 mm starken Zargenstreifen über dem heißen Rundeisen. Ober- und Unterklotz, die später den Hals und den Sattelknopf für den Saitenhalter aufnehmen, geben dem Klangkörper die nötige Stabilität.

Nach einigen Tagen können die Decke aufgeleimt, das Formbrett entfernt und der Korpus mit dem Boden geschlossen werden. Großen Ehrgeiz legt jeder Instrumentenbauer auf die Ausarbeitung des Halses mit der Schnecke, in der sich ganz besonders sein künstlerischer Geschmack zeigt. Viele Instrumente der großen Geigenbauer wie Stradivari, Guarneri, Jakob Stainer und Matthias Klotz, der den Grundstein für die Geigenbautradition in Mittenwald legte, sind an der persönlichen Formgebung der

Klangkontrolle

Schnitzen der Schnecke

und kann nach einigem Probieren und Feinstimmen in die Hand der Spielerin oder des Spielers gelegt werden.

Da mit diesem Zeitaufwand kaum die Nachfrage des Marktes gedeckt werden kann, haben sich seit Jahrzehnten industrieähnliche Unternehmen und Fabriken vor allem in Osteuropa und asiatischen Ländern etabliert, welche Streichinstrumente mit Einsatz von Maschinen serienmäßig herstellen. Dabei dürfte die Zahl von ca. 80.000 Instrumenten pro Jahr aus deutscher Fertigung um ein Vielfaches überstiegen werden. Aber nach wie vor sind Erfahrung und handwerkliches Können vieler Geigenbaumeister gefragt, die genug mit Reparaturen und Restaurierungen alter Instrumente zu tun haben.

Schnecke und der f-Löcher zu erkennen. Manchmal krönt auch ein Engels- oder Löwenkopf den Wirbelkasten.

Nun werden das abgerundete Griffbrett aus Ebenholz aufgeleimt und der fertige Hals mit einer Schwalbenschwanzverzahnung in den Oberklotz eingepasst. Wichtig sind hierbei die Position und der richtige Winkel als Ausgleich für die Saitenspannung und den Druck. Zum Schluss glättet und verrundet der Meister den gesamten Klangkörper und bereitet alles für die Lackierung vor.

Um den Lack, der das Holz vor Verrottung schützt, seine Klangfähigkeit erhöht und das Aussehen eines Instrumentes veredelt, gibt es viele Geheimnisse, die sich trotz Röntgenstrahlen und moderner Analysen nicht ganz lüften lassen. Nach der Grundierung werden mehrere Lackschichten aus verschiedenen Substanzen (z. B. Eichenpigment, Drachenblut, Gummigutt) in verdünnten Lösungen und Ölen aufgetragen. Da ein Lack trocknen muss, geschliffen und poliert wird, kann sich dieser Vorgang über mehrere Monate hinziehen. Daher ist verständlich, dass die aus vielen Experimenten gewonnenen Erfahrungen in den Geigenbaufamilien weitergegeben wurden und zur Legendenbildung beigetragen haben.

Nach dem letzten Polieren setzt der Meister zwischen Boden und Decke den Stimmstock (die „Seele“) an die richtige Stelle, passt Wirbel und Steg an, befestigt den Kinnhalter und spannt die Saiten. Dann kommt nach monatelanger Mühe der spannende Augenblick: Das Instrument erklingt zum ersten Mal

Zupfinstrumente

Dieter Kreidler

Zupfinstrumente

Wer kennt sie nicht, Gitarre, Mandoline, Banjo: Zupfinstrumente, die in den verschiedenen Stilrichtungen schon immer die Menschen begeisterten. Ihre Faszination hält bis heute an – es muss wohl an der besonderen Wirkung der schwingenden Saite liegen. Schon für die ersten Hochkulturen sind Zupfinstrumente belegt, und sie haben durch die Epochen nichts von ihrer sensiblen klanglichen Ausstrahlung verloren. Die Gitarre z.B. hat als generationsübergreifendes Protest- und Symbolinstrument an Popularität eher zugelegt, die Wartelisten der Musikschulen und bei Privatmusiklehrern sind immer noch lang. Das liegt sicher auch an der universellen Anwendungsbreite in Klassik, Pop-Rock-Folk und Flamenco, nicht zu vergessen der große Bereich der Liedbegleitung.

Dies gilt auch für die Mandoline, die – obwohl noch nicht so populär – inzwischen als Studienfach ihre klassische Vergangenheit wiederentdeckt hat und heute im Konzertleben als Solo- und Ensembleinstrument eine Renaissance erfährt. Jüngste Entwicklungen knüpfen auch an die amerikanische Blue Grass- und Countryszene an und erweitern damit das instrumentale Spektrum.

Als ein eigenständiger Bereich hat sich in der freien Szene, an Musikschulen und Musikhochschulen die elektrisch verstärkte Gitarre mit eigenem Equipment, eigener Spieltechnik und einer Fülle von Musikstilen (insbesondere in Jazz/Rock/Pop) etabliert. Die E-Gitarre ist in den Musiksendungen von Radio und Fernsehen mit Abstand das verbreitetste Instrument und hat schon so manchen jungen Menschen zur Musik geführt.

Und wer hat nicht schon vom Banjo gehört in Dixieland, Country-and-Western-Music? Gemessen an der Popularität der Gitarre gehört das Banjo eher zu den Außenseitern, aber als Ergänzungsinstrument hat es einen festen Platz unter den Musikern. Deshalb gibt es zahlreiche Querverbindungen zwischen den Musikstilen und den Zupfinstrumenten, und als einmal „Infizierter" kommt man nicht mehr davon los.

Gitarre

Banjo

Mandoline

Gerd-Michael Dausend

Geschichte der Gitarre

Die Gitarre ist in all ihren heute gebräuchlichen Formen – von den akustischen bis zu den elektrisch verstärkten – das weltweit meistgespielte Musikinstrument. Sie gehört mit ihren Frühformen aber auch zu den ältesten Musikwerkzeugen, die wir kennen. Ihre Geschichte reicht mindestens bis etwa 1400 Jahre vor Chr. zurück – wenn man denn ihre zahlreichen Vorläufer aus antiker Zeit schon als Gitarren bezeichnen möchte. Diese Instrumente sind natürlich nicht erhalten geblieben, wir kennen sie aber von Darstellungen aus dem Zweistromland, aus Ägypten oder im Mittelalter etwa aus Italien oder Spanien.

Die ältesten erhaltenen Kompositionen für Gitarreninstrumente stammen aus der Zeit zwischen 1500 und 1600, die wir in der Musikgeschichte als die Renaissanceepoche bezeichnen. In dieser Zeit gab es zwei Instrumente, die zur Familie der Gitarren gehörten, die Vihuela und die Renaissancegitarre.

Während die Gitarre auch in anderen Ländern wie Frankreich oder Italien bekannt und beliebt war, war die Vihuela ausschließlich in Spanien verbreitet. Sie wurde nur in höfischen Kreisen und bei reichen Bürgern gespielt, und bis etwa 1580 erlebte das mit sechs Doppelsaiten bespannte Instrument eine kurze, aber heftige Blütezeit mit brillanten Spielern und immerhin mehr als 700 erhaltenen, zum großen Teil sehr schönen Stücken. Für die Gitarre – sie hatte damals nur vier Doppelsaiten – sind die Quellen spärlicher, aber doch vor allem aus Spanien und Frankreich in nennenswerter Anzahl vorhanden.

Die Musik für beide Instrumente war an der mehrstimmigen Gesangsmusik der Zeit orientiert. Komponiert wurden vorwiegend Fantasien. Daneben fertigte man gern Einrichtungen von berühmten Vokalstücken ja sogar kompletten

Messen, für die Zupfinstrumente an. Die sonst europaweit so beliebte Tanzmusik fehlt dagegen in Spanien fast gänzlich, während die Franzosen durchaus gern auch Schreit- und Springtänze auf der Gitarre musizierten.

Anders als heute wurde die Musik für die Zupfinstrumente bis zum Ende der auf die Renaissance folgenden Epoche, der Barockzeit, ausschließlich in einer Griffschrift notiert. Diese Tabulaturen entsprechen in etwa den heute üblichen Schreibweisen für die Folkgitarre.

Nach 1600 verschwand die Vihuela und wurde von der Barockgitarre, die man damals nur Spanische Gitarre nannte, abgelöst. Diese Gitarrenform verbreitete sich von Italien aus nach Frankreich, England und Spanien. Vor allem in Frankreich war die Barockgitarre während der Regierungszeit des berühmten so genannten Sonnenkönigs Ludwig XIV. äußerst beliebt. Der König selbst spielte gern Gitarre, und damit war es für den gesamten Hofstaat und die Aristokratie des Landes beinahe selbstverständlich, sich auch ein solches Instrument zuzulegen, um wenigstens einige einfache Akkorde darauf spielen zu können. Die Gitarren dieser Zeit waren, der Prunksucht und auch dem Geldbeutel des Adels angemessen, oft sehr aufwendig verziert.

Neben dieser stets mit den Fingern gespielten und mit Darmsaiten bezogenen Gitarre verwendete man auch ein Instrument, das mit doppelten Drahtsaiten bespannt war. Man nannte es schlicht Schlaggitarre bzw. auf Italienisch Chitarra battente. Diese wurde mit einem Plättchen gespielt und nur zu Begleitzwecken eingesetzt.

Um 1700 verdrängten andere Instrumente wie die Geige (Violine) oder auch das Cembalo allmählich die Zupfinstrumente. Auch das berühmte Schwesterinstrument der Gitarre, die Laute (die etwa zwei Jahrhunderte lang als das edelste und schönste Instrument gegolten hatte), erlitt dieses Schicksal. Nur noch wenige Komponisten und Spieler interessierten sich für sie, und die Laute verschwand nach 1750 beinahe vollständig. Die Gitarre fand hingegen auch in klassischer Zeit immer noch Interesse, sie wurde nun aber anders als früher eher in bürgerlichen Kreisen gespielt. Die neuen Werke schrieb man von nun an weitgehend im heute noch üblichen Violinschlüssel auf, die alte Tabulaturschrift wurde aufgegeben.

Nach 1800 begann eine neue Blütezeit für die Gitarre. Ausgehend von Paris, wo sich zahlreiche spanische und italienische Gitarristen wegen der besseren Verdienstmöglichkeiten niedergelassen hatten, erreichte die Gitarrenbegeisterung auch England, Russland, Deutschland und vor allem die Habsburgermetropole Wien. Die Gitarre wurde nach dem Klavier zum beliebtesten Instrument, viele Komponisten schrieben Schulwerke, Kammermusik und vor allem sehr

Laute

Verschiedene Lauten

viele Solostücke. Die meisten dieser Kompositionen wurden jedoch nicht für Berufsmusiker geschrieben. Man hatte eher die Liebhaber des Instrumentes als Käufer im Visier, da damals die Hausmusik noch sehr stark gepflegt wurde.

Bedeutende Gitarrenvirtuosen, deren Namen heute noch jeder Spieler der klassischen Gitarre kennt, waren u.a. Dionisio Aguado, Ferdinando Carulli, Fernando Sor oder Mauro Giuliani. Sie schufen auch sehr schwierige und wirkungsvolle Konzertstücke für ihre eigenen Auftritte. Darunter waren sogar einige Konzerte mit Begleitung von kleinen Orchestern. Die Gitarren waren um 1800 noch deutlich kleiner als heute üblich, in Saitenzahl, Stimmung, Zahl der Bünde usw. stimmten sie aber schon weitgehend mit den heutigen Instrumenten überein.

Zur Mitte des 19. Jahrhunderts nahm das Interesse an der Gitarre allmählich wieder ab. Lediglich in Spanien, dem „Mutterland" der Gitarre, blieb sie ständig weiter in Gebrauch. Um 1860 machte sich der spanische Gitarrenbauer Antonio Torres daran, das Instrument weiter zu entwickeln. Seine Gitarren wurden größer und breiter, lauter und tragfähiger im Ton. Er änderte auch die komplizierte Innenkonstruktion des Instrumentes und setzte damit die Standards, die bis heute gelten und an denen sich jeder heutige Gitarrenbauer orientiert. Die Gitarre konnte nun auch größere Konzertsäle mit ihrem Klang füllen, und ein junger Mann wurde in einem Gitarrenkonzert auf das Instrument aufmerksam, der für uns von großer Bedeutung werden sollte: Francisco Tárrega (1852 bis 1909). Er hat durch einige seiner Schüler die Gitarrengeschichte bis weit in das zwanzigste Jahrhundert hinein geprägt.

Einige von Tárregas Schülern wurden bedeutende Musiker, der wichtigste Gitarrist des zwanzigsten Jahrhunderts sollte jedoch der im Jahre 1893 geborene Spanier Andrés Segovia werden. Ihm gelang es, die Gitarre wieder zurück auf die internationalen Konzertbühnen zu bringen. Er regte auch bedeutende Komponisten an, für sein Instrument zu schreiben. So entstanden zahlreiche Werke, die bis heute von vielen Gitarristen gespielt werden. Neben diesen Originalkompositionen nahm der Spanier auch umgeschriebene Werke etwa von Albéniz oder Bach in sein Repertoire auf und regte viele Nachfolger an, es ihm gleichzutun. Bis ins hohe Alter von über 90 Jahren trat Segovia auf und überzeugte sein Publikum durch seine Virtuosität und Ausstrahlung.

Zahlreiche Gitarristen wurden von ihm oder seinen Schülern ausgebildet. In der Folge wurden in der zweiten Hälfte des zwanzigsten Jahrhunderts dann auch die Ausbildungsmöglichkeiten für die Gitarristen besser, sie konnten nun an sehr vielen Ausbildungsstätten Gitarre studieren. Bedeutende Spielerpersönlichkeiten wie John Williams oder Julian Bream (um nur zwei der bekanntesten zu nennen) traten allmählich in die Fußstapfen von Segovia und erbaten sich ebenfalls Stück für ihre eigenen Auftritte und Schallplatteneinspielungen.

Die Gitarre ist aber nicht nur mit Solostücken bedacht, sondern auch in unzähligen Kammermusikwerken vom Duo bis zum Ensemble oder in Opern besetzt worden. So kann man sagen, dass sie im 20. Jahrhundert ein breites, auch qualitativ sehr wertvolles Repertoire bekommen hat und heutzutage so beliebt ist wie nie zuvor in ihrer Geschichte. Auch die in diesen Jahrzehnten neu gegründeten Musikschulen (inzwischen gibt es allein im Verband deutscher Musikschulen ca. 1000) nahmen das Zupfinstrument gern in ihr Angebot auf und konnten ab etwa 1960 mit gut ausgebildeten Lehrern der ständig wachsenden Nachfrage nach Unterricht begegnen. Die heutige Generation der jungen Gitarristinnen und Gitarristen ist auf einem technischen Niveau angelangt, das man noch vor wenigen Jahrzehnten für undenkbar hielt. So wird die Gitarre sicher auch im 21. Jahrhundert ihren Platz unter den Instrumenten halten und ihre Position vielleicht noch ausbauen können.

Alfred Eickholt

Die Gitarre im Unterricht

Die Gitarre zählt heute zu den beliebtesten Instrumenten weltweit. In der Statistik des VdM (Verband deutscher Musikschulen) zu den am meisten nachgefragten Instrumenten erscheint sie seit einigen Jahren an zweiter Stelle (hinter dem Klavier).

Unterrichtsbeginn und Eignungsvoraussetzungen

Die Gitarre ist als Solo- und Begleitinstrument in ihrer mittleren Tonlage für jede Altersgruppe attraktiv; sie wird aber besonders von Kindern und Jugendlichen geschätzt. Demzufolge bleibt eine Vorgabe für ein ideales Einstiegsalter vage. Ähnlich wie bei anderen Instrumenten gilt allerdings ein möglichst früher Beginn (etwa im Einschulungsalter) als empfehlenswert. Dies bedeutet jedoch nicht, dass bei einem späteren Beginn eine instrumentale Ausbildung weniger erfolgreich verlaufen muss.

Voraussetzungen zum Erlernen der Gitarre sind kaum formulierbar. Wichtig ist, dass dem Wunsch eines Schülers, das Instrument zu erlernen, möglichst entsprochen wird. Gefällt einem Kind besonders der Klang des Instrumentes, kennt es vielleicht schon Stücke, die es auf diesem Instrument besonders gern mag, sind dies bereits Indizien für eine Neigung zur Gitarre. Weitere Möglichkeiten der Entscheidungsfindung für Kinder werden z.B. in der „Instrumenteninformation" innerhalb der Musikalischen Früherziehung/ Grundausbildung angeboten oder sind in der Einleitung dieses Buches unter „Möglichkeiten zum Kennenlernen von Musikinstrumenten" bereits genannt.

Alter und Körpergröße

Die Größe der Gitarren sollte sich nach der Körpergröße des Spielers oder der Spielerin richten. Industrie und Handwerk halten für die verschiedenen Körpergrößen mittlerweile ein gutes Angebot an Gitarren bereit, die entsprechend dem Wachstum und den Proportionen des Körpers „mitwachsen". Hier ist der kundige Rat des Lehrers hilfreich. Ebenso empfiehlt es sich in der Regel, die Gitarren im Fachhandel bzw. Musikalienhandel auszusuchen. Leihinstrumente an Musikschulen oder Leasingangebote im Fachhandel erleichtern den Wechsel von einer zur nächsten Gitarrengröße vor allem finanziell erheblich. Die Preise einer guten Schülergitarre liegen etwa bei 170–300 €.

Nähere Informationen bietet hierzu auch die Homepage (www.egta-d.de) der EGTA-D e.V. (European Guitar Teachers Association Deutschland e.V.). Der Berufsverband der Gitarrenlehrer in Deutschland hat eine Tabelle der verschiedenen Gitarrengrößen für die verschiedenen Körpergrößen entwickelt und führt alle zwei Jahre Gitarrenbauwettbewerbe durch, bei denen Qualität und Preis-Leistungs-Verhältnis verschiedener Gitarren in verschiedenen Preiskategorien in Zusammenarbeit mit der PTB (Physikalisch-Technische Bundesanstalt) in Braunschweig getestet werden.

Zu den Anschaffungskosten bzw. Leihgebühren einer Gitarre werden den Schülern bzw. Eltern anfängliche Kosten für Zubehör wie eine Fußbank oder eine Stütze zum sicheren Halt der Gitarre entstehen, für den Kauf eines Stimmgerätes bzw. einer Stimmgabel, eines Notenständers und des Notenmaterials.

Aufbewahrung und Transport

Transportiert wird das Instrument entweder in einem gut gepolsterten und wasserdichten Etui mit Rucksacktragegurten oder einem speziellen Gitarrenkoffer. Beide sind beim Kauf einer Gitarre im Fachhandel passend erhältlich. Die Gitarre sollte zu Hause in einem nicht zu trockenen Raum (Luftfeuchtigkeit ca. 55–65 %) aufbewahrt werden, nicht in der Nähe von Heizkörpern und am besten so, dass der Schüler jederzeit einen ungehinderten Zugang zum Instrument hat. Ein Gitarrenständer ist hier eine gute Wahl.

Unterrichtsangebote

Das Angebot an qualifiziertem Gitarrenunterricht ist in Deutschland nahezu flächendeckend durch Musikschulen oder den Privatmarkt gesichert. Festzuhalten bleibt, dass die Lehrer durch ein musikpädagogisches Studium der Instrumentalpädagogik oder der Allgemeinen Musikerziehung bzw. Elementaren Musikpädagogik mit dem künstlerischen Hauptfach Gitarre qualifiziert sein sollten. Die meisten Musikhochschulen in Deutschland verbinden einen Abschluss des Studiums mit dem „Diplom-Musikpädagogen".

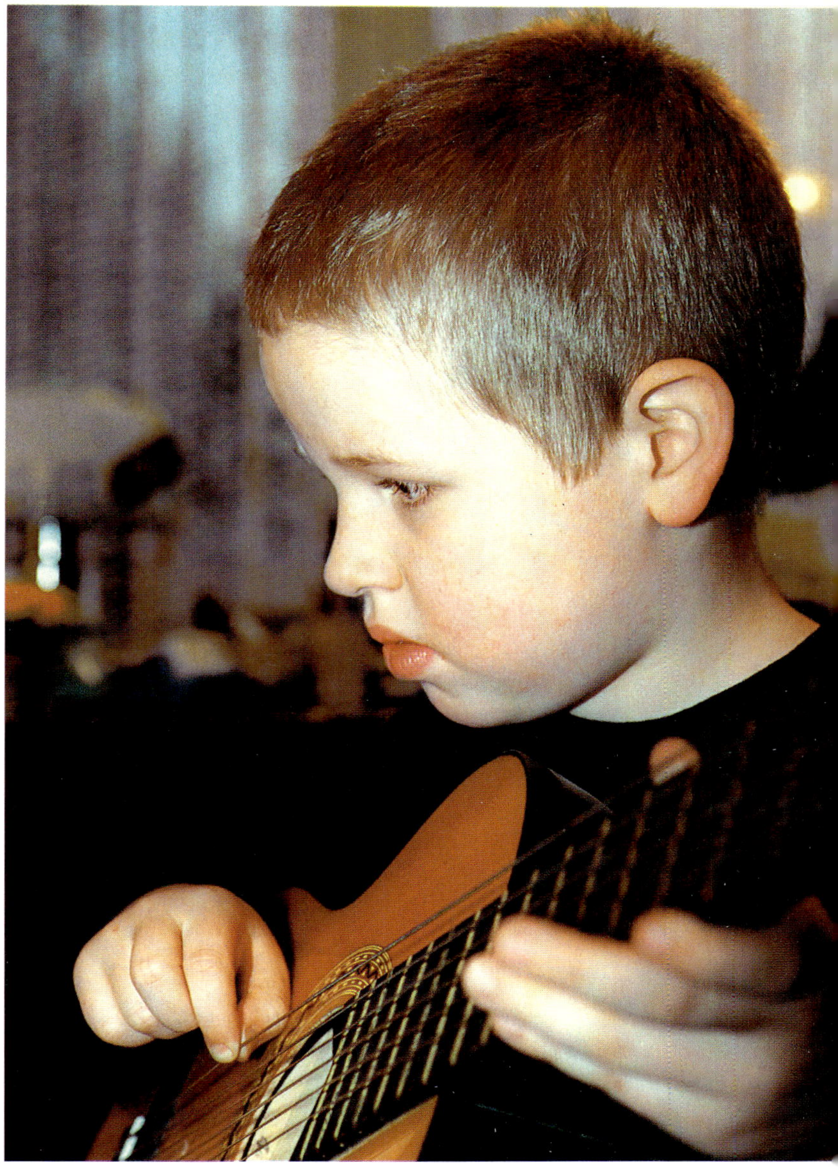

Musikschulunterricht ist in der Regel von den Trägern (Stadt, Gemeinde oder e.V.) der jeweiligen Institution subventioniert und daher auch in den meisten Fällen finanziell tragbar. Das Unterrichtsangebot reicht vom Einzelunterricht über den Partnerunterricht (zwei Schüler in einer Unterrichtseinheit) oder den Unterricht in kleinen Gruppen (drei bis fünf Schüler) bis zum Unterricht in größeren Gruppen. In jüngster Zeit gibt es Entwicklungen, die in Kooperation von Musikschulen und „verlässlichen Ganztagsschulen" (meistens Grundschulen) einen Instrumentalunterricht Gitarre für größere Gruppen anbieten. Musikschulen halten darüber hinaus Ergänzungsangebote (wie Musizieren im Ensemble, in Bands oder kleineren Kammermusikbesetzungen), aber auch spezielle Begabtenförderungen wie Förderstufen bis hin zur Studienvorbereitenden Ausbildung bereit.

Diesen Ansatz verfolgen auch immer mehr private Anbieter, wobei Schüler wie Eltern bei der Überprüfung der verschiedenen Angebote in jedem Fall ihren Anspruch auf einen für das Instrument ausgebildeten Musikpädagogen gewährleistet sehen sollten.

Unterrichtsformen

Die Entscheidung für den Einzel- oder den Gruppenunterricht sollten Schüler, Eltern und Lehrer gemeinsam treffen. Bei einem Beginn mit sechs Jahren ist in der Regel ein Unterricht in kleinen Gruppen von drei bis vier Schülern zu befürworten. Das „institutionalisierte" Lernen in dieser Zeit vollzieht sich ja für die Kinder auch im Rahmen von größeren Gruppen bzw. Klassen. Gruppenunterricht stößt dann an seine Grenzen, wenn z.B. zu unterschiedliche Lerngeschwindigkeiten auf längere Sicht innerhalb der Gruppe auftreten oder die Gruppenarbeit durch ein hohes Maß an persönlichen Konflikten der Gruppenmitglieder untereinander nachhaltig gestört wird, der Lehrer nicht genug auf die einzelnen Schüler eingehen kann und das Niveau des Unterrichts sich nach dem schwächsten Teilnehmer richtet. Gruppen- oder Einzelunterricht haben unterschiedliche Qualitäten. So sollten auch beide Unterrichtsformen im Laufe einer instrumentalen Ausbildung eine Rolle spielen. Steht der Einzelunterricht im Vordergrund, soll er eine Ergänzung im gemeinsamen Instrumentalspiel mit anderen erfahren.

Das Stimmen des Instrumentes

Anfänglich werden die Schüler ihre Gitarre noch nicht allein stimmen können. Das Instrument wird im Unterricht gestimmt; sind die Saiten einige Zeit auf der Gitarre, wird diese

bei entsprechender Aufbewahrung ihre Stimmung in etwa bis zum nächsten Unterricht halten. Ein Gitarren-Stimmgerät ist für die erste Zeit eine gute Hilfe für Schüler, ihr Instrument selbst zu stimmen. Dieses Stimmgerät überträgt das akustische Signal jeder angeschlagenen Saite visuell, so dass das Instrument danach gestimmt werden kann. Allerdings sollte der Lehrer Wert darauf legen, dass immer wieder auch das Stimmen – und sei es nur einer Saite – von den Schülern im Unterricht nach dem Gehör erfolgt. Die Gitarre gut stimmen zu können, benötigt eine längere Zeit der Hörerfahrung und die Kenntnis der Systematik des Instrumentes.

Das Üben

Regelmäßiges Üben ist für das Erlernen eines Instrumentes notwendig. Deshalb sollte Üben in den Tagesablauf integriert sein. Das Üben wird im Laufe des Unterrichts von den Lehrern auf vielfältige Weise angeleitet und immer weiter differenziert. So wird der Lehrer auch die entsprechenden Informationen über Dauer und Inhalte des Übens sehr individuell auf die Schüler abstimmen. Kleine Kinder benötigen eine behutsame Entwicklung des „Übeprozesses". Aus anfänglichem Experimentieren wird im Laufe der Zeit effektives Üben. Kleine Kinder vergessen auch schon einmal zu üben; eine freundliche Erinnerung durch die Eltern ist hier durchaus hilfreich. Gleichgültig wann Kinder oder Jugendliche mit dem Instrumentalspiel beginnen – Üben muss regelrecht erlernt werden. Dazu braucht man gute Arbeitsbedingungen und Ruhe. Für die Eltern empfiehlt sich, je jünger die Kinder sind, umso regelmäßiger den Kontakt zum Lehrer zu halten, in Absprache mit den Kindern an offenen Stunden teilzunehmen, Klassenabende, Vorspiele und Gitarrenkonzerte zu besuchen, den Lehrer um CD-Empfehlungen zu bitten etc. Ein wohlwollendes Interesse der Eltern am Gitarrenspiel des Kindes steigert die Motivation des Lehrers.

Skizze erster Ausbildungsinhalte

Das Erlernen des Instrumentes verläuft zunächst über verschiedene Klangexperimente, die einen ungehemmten Zugang zum Instrument eröffnen. Es folgt meistens die Entwicklung der Haltung (Sitzposition, Arm- und Handhaltung) und verschiedener Anschlagstechniken der rechten Hand auf leeren (nicht gegriffenen) Saiten. So gewinnen die Schüler erste Erfahrungen im feinmotorischen Bereich. Hier sind erste Liedbegleitungen möglich, die die „Übe-Motivation" der Schüler erheblich unterstützen. Das darauf folgende Greifen mit den Fingern der linken Hand kann anfänglich mit geringen Schmerzen der Fingerkuppen einhergehen. Sie verflüchtigen sich allerdings recht rasch, wenn die Schüler gelernt haben, wie wenig Druck zur Erzeugung eines sauber gegriffenen Tones notwendig ist. Hierzu ist auch die Auswahl eines guten Schülerinstrumentes mit einer nicht zu hohen Saitenlage wichtig. Über das Spielen erster Melodien und Begleitungen gelangen die Schüler dann zum Erlernen des zwei- und mehrstimmigen Spiels. Die Literatur im Gitarrenunterricht ist so vielfältig, dass nahezu alle Stile der verschiedenen Musikepochen in allen Ausbildungsstufen vertreten sein können. Die Erarbeitung von Pop-Musik, Folklore, Jazz- oder Rock-Musik wird heute im Gitarrenunterricht ebenfalls eine wichtige Rolle spielen, so dass Schüler ein breites Literaturspektrum innerhalb des Gitarrenunterrichtes kennen lernen können, in dem sie ihre persönlichen Präferenzen berücksichtigt finden und ihren Musikgeschmack weiter entwickeln können.

Gitarre oder E-Gitarre?

Die meisten Gitarrenlehrer beider Bereiche sind der Meinung, dass Kinder (etwa im Alter von sechs bis neun oder zehn Jahren) zunächst mit der Gitarre beginnen sollten, um so elementare handwerkliche und musikalische Erfahrungen machen zu können, auf denen sich dann im E-Gitarren-Unterricht gut aufbauen lässt. Kleinere Kinder haben häufig noch kein so ausgeprägtes Interesse an der E-Gitarre; dies wächst allmählich und artikuliert sich dann meistens im Alter von zehn bis zwölf Jahren. Auch die Instrumentenindustrie hält bisher noch wenig wirklich qualitativ gute Angebote an kleinen E-Gitarren bereit, die eine solche Ausbildung beispielsweise im Alter von sechs oder acht Jahren sinnvoll erscheinen lassen.

Didaktische Aspekte

Je jünger Kinder sind, umso stärker muss im Instrumentalunterricht (Gitarrenunterricht) ihrem Wahrnehmungsvermögen, ihrem Ausdrucksbedürfnis und ihrem gesamten Entwicklungsstand entsprochen werden. Kinder bedürfen einer mehrkanalig orientierten methodischen Vielfalt, in der die Lernprozesse situations- und anschauungsgebunden inszeniert werden und so auch kognitive Ziele und Inhalte sukzessiv ins Bewusstsein gerückt werden können. Auch das modellhafte Lernen spielt nicht nur in diesem Alter eine nicht zu vernachlässigende Rolle, sollte aber nicht die einzige methodische Variante bleiben.

Notenbeispiele

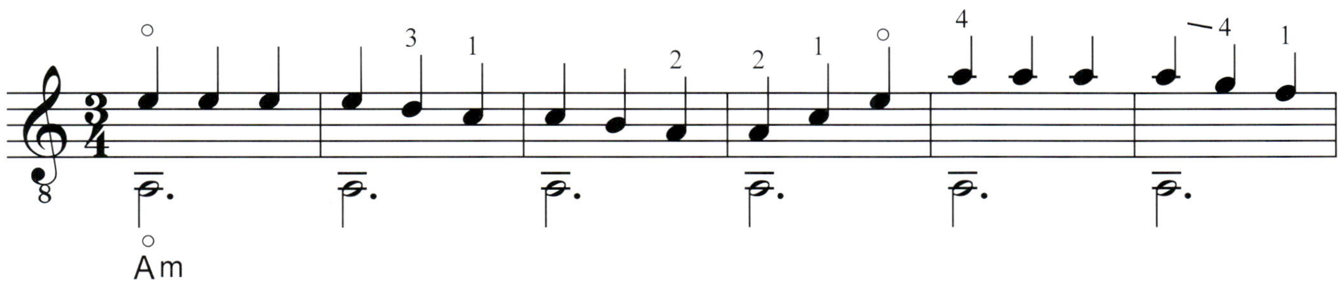

aus: Anonymus: Spanische Romanze

aus: Robert Johnson (um 1600): Alman

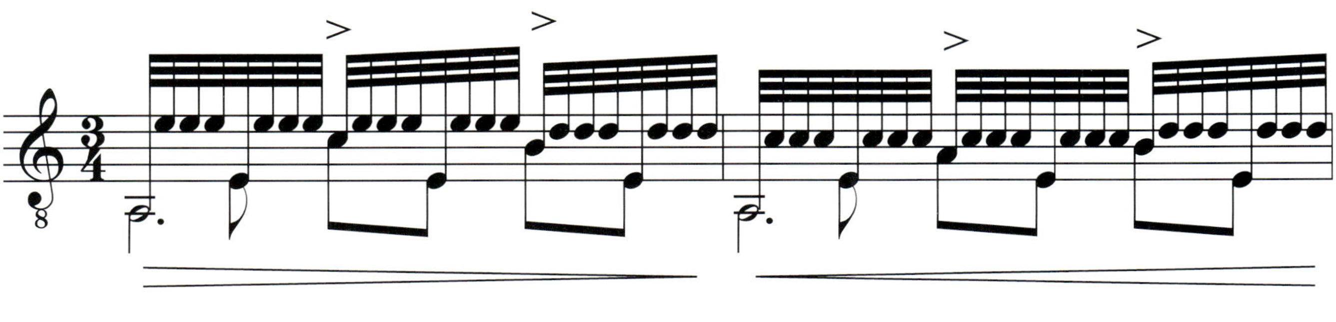

aus: Francisco Tárrega (1852–1909): Recuerdos de la Alhambra, Andante

Peter Fischer

Die E-Gitarre

Die elektrische Gitarre, kurz E-Gitarre genannt, ist seit über vierzig Jahren das wichtigste Werkzeug populärer Musik. Mehr als jedes andere in der Pop- und Rock-Musik eingesetzte Instrument ist sie seit Beginn der populären Musik in den 1950er Jahren das Symbol für Anarchie und Innovation in der Musikwelt. Kein Instrument hat in den letzten Jahrzehnten mehr innovative Spieler und Künstler und mehr unterschiedliche Stilistiken hervorgebracht.

Die Musik

Die E-Gitarre ist ein tragendes Musikinstrument in vielen Stilistiken wie Blues, Jazz, Rock, Pop und Country. Entsprechend vielfältig sind die sehr unterschiedlichen künstlerischen Ausdrucksformen der zahlreichen weltbekannten Gitarristen dieser Stilistiken. Die E-Gitarre beginnt ihren Erfolgszug in den 1930er Jahren mit Charlie Christian, dem Gitarristen der Benny Goodman Band, der heute als erster „elektrifizierter" Gitarrist gilt und der die Gitarre zu einem vollwertigen und in Jazzkreisen anerkannten Instrument machte. Weitere stilprägende Jazzgitarristen waren in den folgenden Jahrzehnten neben vielen anderen Wes Montgomery, Joe Pass, Pat Martino und Pat Metheny.

Zu der sehr großen Popularität der E-Gitarre trug der Blues bei, der sich in den 1950er Jahren durch die Verbreitung des Radios und der Juke-Box von einer eher auf akustischen Instrumenten vorgetragenen Volksmusik der Afro-Amerikaner (dem Delta-Blues) zu der Unterhaltungsmusik der Farbigen in den USA entwickelte. Die Zentren waren Chicago (Muddy Waters, Elmore James), Detroit (John Lee Hooker) und Texas (T-Bone Walker). Die wichtigsten Blues-Gitarristen dürften seit den 1960er Jahren jedoch Albert King und B.B. King gewesen sein, deren Stilelemente sich im Spiel eines fast jeden E-Gitarristen wiederfinden lassen. Der wichtigste weiße Blues-Gitarrist war der texanische Musiker Stevie Ray Vaughan, dessen Leben und Karriere jedoch 1990 durch einen Helikopterabsturz ein jähes Ende fand.

Ebenfalls in den 1950er Jahren wurde der Begriff „Rock'n'Roll" geprägt. Durch Künstler wie Chuck Berry, Bill Haley und natürlich Elvis Presley und mit einer Mischung aus Blues und Country half diese Musik mit, die Rassentrennung in Amerika zumindest etwas zu entschärfen. Andererseits wurde sie auch zum Symbol der Rebellion der Jugend gegen die ältere Generation.

In den späten 1960er Jahren – nachdem der pure Rock'n' Roll von Bands wie den Beatles und den Rolling Stones in seiner Beliebtheit weit übertroffen worden war – tauchten zahlreiche weiße Gitarristen wie Eric Clapton, Carlos Santana, Jimmy Page, Richie Blackmore oder Jeff Beck auf, die stark von den Blues-Gitarristen der ersten Stunde geprägt waren. Sie kombinierten den Blues-Sound mit europäischen Song-Elementen – die Rockmusik entstand. Der für die Entwicklung der Rockgitarre wichtigste Gitarrist dürfte jedoch Jimi Hendrix gewesen sein, dessen Sound und innovatives Gitarrenspiel neue Maßstäbe setzte und der für viele noch heute unerreicht ist.

In den frühen 1980er Jahren war es dann Eddie van Halen, der einen unglaublichen Boom auslöste und die spieltechnischen Grenzen der E-Gitarre erweiterte. Weitere einflussreiche Gitarristen dieser Zeit waren der Schwede Yngwie Malmsteen, Steve Vai und Joe Satriani.

Eine Gegenwelle zu dieser virtuosen Musik, Grunge genannt, entstand in den 1990er Jahren mit Bands wie Nirvana, Pearl Jam und Soundgarden. Heutzutage zeichnet sich moderne Rock-Musik dadurch aus, dass sie verschiedenste Stilelemente aus Rock, Rap, schwarzem Funk und weißer Pop-Musik kombiniert. Die wichtigsten Bands dieses „Nu Rock" sind neben anderen Limp Bizkit, Korn und Linkin Park.

Notenbeispiele

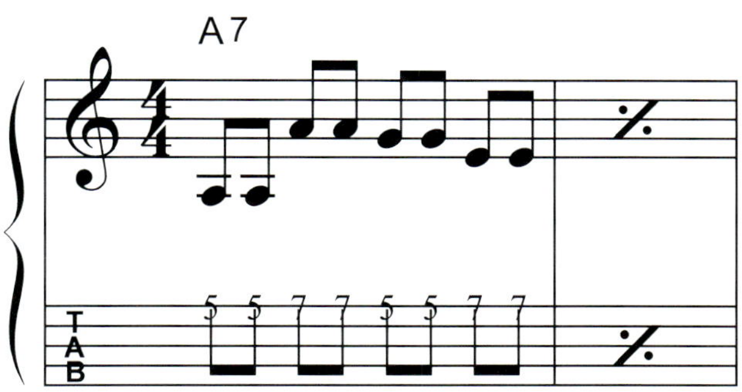

Einfaches Bluesrhythmuspattern, Single Note Riff

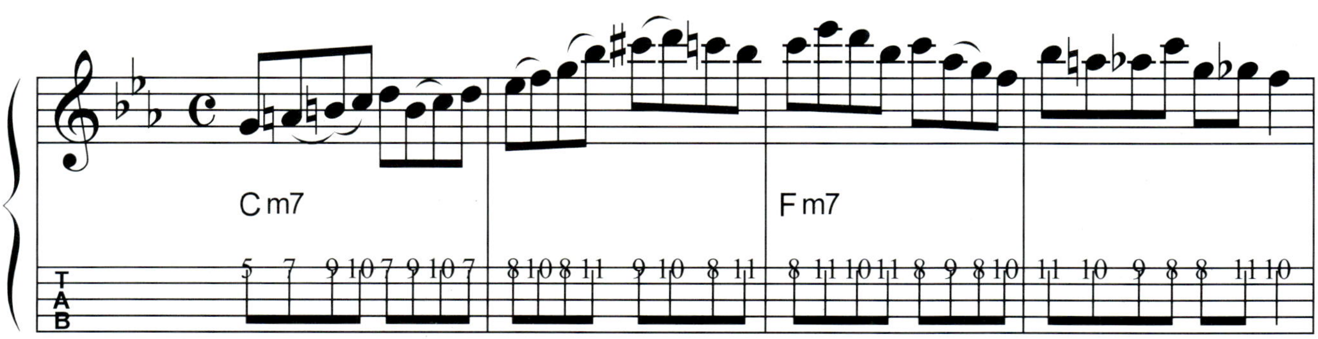

Chorus zum Standard „Blue Bossa"

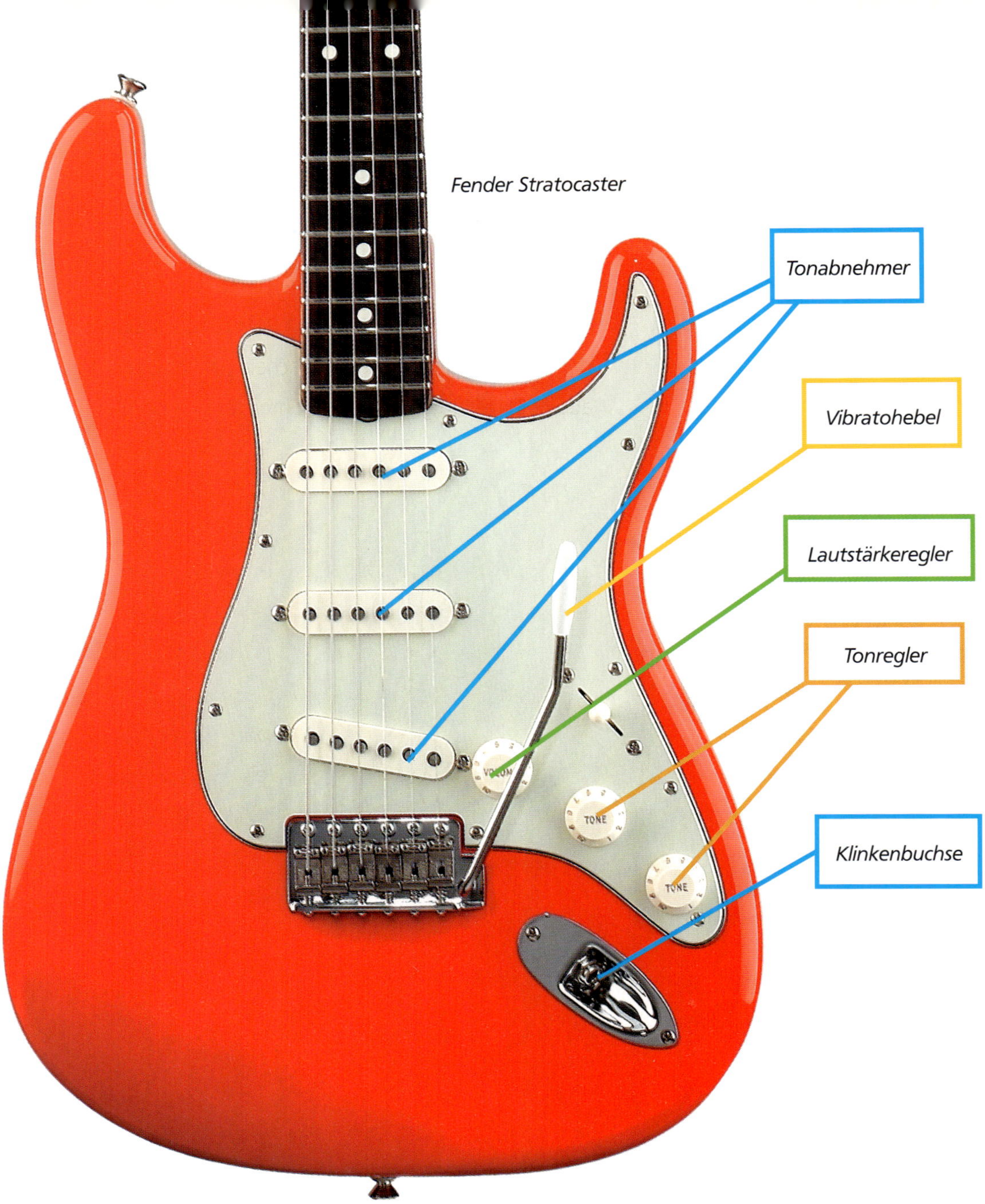

Fender Stratocaster

Das Instrument

Oft sorgen die Bedienungselemente einer E-Gitarre für einige Verwirrung, dabei haben die meisten Gitarrenmodelle identische Regler. Beim oben gezeigten Modell einer Fender Stratocaster sind dies ein Lautstärkeregler (Volume) für alle drei Tonabnehmer (engl. Pick-Up) sowie zwei Tonregler (Tone, einer für den Halstonabnehmer und einer für den mittleren Tonabnehmer), die beide den Höhenanteil des Klanges reduzieren. Gängig sind – je nach Modell variierend – aber auch Reglerkombinationen wie jeweils ein Volumen- und Tonregler pro Tonabnehmer (z.B. bei Gibson-Gitarren), oder nur ein Volumen- und ein Tonregler für alle Tonabnehmer (Fender Telecaster). Es gibt seit den späten 1970er Jahren auch E-Gitarren, die eine umfangreichere Klangreglung besitzen (Bässe, Mitten, Höhen anheb- und absenkbar), die heutzutage allerdings nicht mehr so populär sind. Für welche Ausstattung man sich entscheidet, hängt davon ab, für welches Gitarrenmodell man sich entschließt. Es besteht allerdings keine Veranlassung, sich beim Kauf für eine bestimmte E-Gitarre zu entscheiden, nur weil sie mehr Regler besitzt.

Gibson Les Paul

Fender Telecaster

Was den Klang betrifft, ist auch der Tonabnehmerwahlschalter wichtig, mit dem man den Tonabnehmer auswählt, der den Klang übertragen soll. Generell gilt: Je näher der gewählte Tonabnehmer am Gitarrenhals liegt, desto wärmer und weicher wird der Klang. Noch eine Bemerkung zu den Tonabnehmern: Man unterscheidet grundsätzlich einspulige (Single Coil Pick-Up) und doppelspulige Tonabnehmer (Humbucker). Humbucker klingen etwas lauter und voller und brummen bei Lampenlichteinstreuung nicht. Gitarren mit Single Coil-Tonabnehmern klingen dafür etwas heller und in vielen Ohren etwas charaktervoller. Für welche Technik man sich entscheidet, ist reine (Klang-)Geschmackssache. Typische Single Coil-Gitarren sind Modelle von Fender, Humbucker findet man eher auf Gibson-typischen Gitarren. Um das Beste aus beiden Klangwelten zu kombinieren, gibt es zahlreiche Gitarrenmodelle verschiedenster Hersteller, die beide Tonabnehmerarten besitzen.

Mit dem Vibratohebel (fälschlicherweise übrigens sehr häufig auch als Tremolohebel bezeichnet) besteht die Möglichkeit, je nach Einstellung die Tonhöhe der Saiten nach oben oder unten zu verändern, was Gitarristen wie u.a. Jimi Hendrix, Jeff Beck, Eddie van Halen, Steve Vai oder Gary Moore zu einem wichtigen Element ihres Gitarrenspiels ausgebaut haben. Für einen einwandfreien Betrieb dieses Stilmittels ist es jedoch erforderlich, die Gitarre fachmännisch einstellen zu lassen, da sie sich sonst sehr schnell verstimmen kann und der Vibratohebel dann seinen verbreiteten Spitznamen „Jammerhaken" oder „Wimmerhebel" alle Ehre macht.

Wirbelmechanik

elektromagnetische Tonabnehmer (verschiedene Bautypen)

Die Technik

Die Entwicklung der E-Gitarre begann in den 1930er Jahren. Die erste elektrisch verstärkte Gitarre dürfte die „Frying Pan" der Firma Rickenbacker gewesen sein – eine Lap Steel (eine klangkörperlose, auf den Knien gehaltene, mit einem Metallröhrchen gespielte) Gitarre mit einem Tonabnehmer aus dem Jahr 1931. Die nächste Entwicklungsstufe waren die so genannten Spanish Electric Guitars, mit Tonabnehmern ausgestattete akustische Gitarren, die in den amerikanischen Tanzorchestern gespielt wurden. Der immer größer werdende Klangkörper dieser Bands war der Grund dafür, Geräte zu entwickeln, die Gitarre zu einem ebenbürtigen und vor allen Dingen hörbaren Instrument zu machen. Nachdem der Gitarrist und Tüfftler Les Paul schon ca. 1939 Experimente mit einer massiven, also ohne einen hohlen Klangkörper versehenen Gitarre („The Log") gemacht hatte, entwickelte gegen Ende der 1940er Jahre Paul A. Bigsby mit Hilfe des Gitarristen Merle Travis die erste elektrische Gitarre, wie wir sie heute kennen: aus einem massiven Stück Holz, ohne Hohlraum. Dieses Instrument ging jedoch nie in Serie.

Die erste kommerzielle E-Gitarre, die in Serie hergestellt wurde, war die von Leo Fender und George Fullerton 1950 vorgestellte Fender Broadcaster, die aus rechtlichen Gründen schnell in Fender Telecaster umbenannt wurde. Ein Jahr später zog die Konkurrenzfirma Gibson mit der Gibson Les Paul nach. Die beiden klassischen Gitarren-Designs waren geboren: Instrumente mit angeschraubtem Hals (Fender) oder geleimtem Hals (Gibson). Im Jahr 1954 brachte Fender die erfolgreichste und populärste E-Gitarre aller Zeiten auf den Markt: die Fender Stratocaster. Diese drei Gitarrenmodelle waren die klassischen Ausgangspunkte fast aller auch heute noch auf dem Markt erhältlichen E-Gitarren.

Abgesehen von einigen kleinen Veränderungen haben sich bis heute moderne Technologien oder alternative Designs und Materialien beim E-Gitarrenbau nicht durchsetzen können. Zum größten Teil werden E-Gitarren heute immer noch genauso gebaut wie vor fast fünfzig Jahren – überraschenderweise gilt dies auch für sehr futuristische Körperformen. Was sich geändert hat, ist jedoch die unglaubliche Produktvielfalt und die enorme Zahl an Herstellern.

Dieses traditionelle Denken trifft auf die Entwicklungsgeschichte der Gitarrenverstärker so nicht zu. Auch hier waren zuerst die Entwicklungen der Firmen Fender und Gibson und in den 1960er Jahren dann von Herstellern wie VOX und Marshall wegweisend. Basierten die Verstärker bis Ende der 1960er Jahre ausschließlich auf der Röhrentechnologie, wurden mit fortschreitender Technik auch Transistor-Verstärker und ab den 1990er Jahren auch Amps (englisch für Verstärker) mit digitaler Technik entwickelt. An der Frage, welche Technologie zu bevorzugen sei, scheiden sich die Geister. Während Puristen sich meistens für etwas teurere Röhrenverstärker aussprechen, gibt es durchaus auch gute Argumente für Transistor- und digitale Verstärker, wie in der Regel geringere Anschaffungspreise, klangliche Vielfalt und oft ein geringeres Transportgewicht. Generell lassen sich Gitarrenanlagen in drei Gruppen aufteilen: Combo-Verstärker (mit eingebautem Lautsprecher), Top-Teil mit Box (Verstärker und Lautsprecherbox sind getrennt) und Rack-Anlagen (alle Komponenten wie Vorverstärker, Endstufe und Effekte sind separate 19 Zoll breite Einzelkomponenten in einem Gestell). Für Anfänger empfiehlt sich in jedem Fall ein Comboverstärker.

Das dritte klangbestimmende Element sind die so genannten Effektgeräte. Dies sind meistens recht kleine Zusatzgeräte, die den Klang der E-Gitarre verändern. Sie haben oft abenteuerliche Namen wie WhaWha (ein mit dem Fuß zu bedienender Tonfilter), Phaser, Flanger, Chorus (die alle drei unterschiedliche, schwebende Klänge produzieren), Delay (Echo), Reverb (Hall), Compressor (grenzt den Dynamikumfang der Gitarre ein) oder Harmonizer (fügt dem gespielten Ton eine zweite Stimme hinzu). Diese Geräte können den Grundsound von E-Gitarre und Verstärker mitunter radikal verfremden. Sie sind sehr nützliche kreative Werkzeuge und für zahlreiche weltbekannte Gitarristen unentbehrlich. Auch hier gibt es wieder unterschiedliche Technologien, und die meisten Geräte bedienen sich heutzutage der Digitaltechnik. Je mehr Bedienungskomfort und unterschiedlich einstellbare Klänge, desto höher der Anschaffungspreis, obwohl man sagen muss, dass der technische Fortschritt in diesem Bereich die Kosten enorm gesenkt hat. Noch vor ein paar Jahren hätten heute am unteren Ende der Preisskala stehende digitale Geräte ein Vermögen gekostet.

E-Bass

Wirbelplatte mit Mechanik

Elemente einer vollständigen Startausrüstung

- Eine vom Fachmann gut eingestellte E-Gitarre inkl. Koffer oder gepolstertem Gig-Bag. Dabei sollte auf jeden Fall darauf geachtet werden, dass für einen Anfänger die Bundstäbchen nicht zu hoch und die Sattelkerben tief gesägt sind. Beides verursacht bei Anfängern, die noch nicht über das notwendige Feingefühl in der Greifhand verfügen, sehr entmutigende Intonationsschwierigkeiten („Warum klingt es trotz Stimmgerät immer so schräg, wenn ich greife?“). Außerdem sollten die Saitenlage und die Halsstabkrümmung richtig eingestellt sein. Eine sorgfältig eingestellte Gitarre und der damit verbundene Spielkomfort wirken sich sehr positiv auf die Motivation zum Üben und Spielen aus. An Saitenstärken sind für Gitarren mit Fender-Mensur (Mensur = die schwingende Saitenlänge) Saitensätze von 009–042 zu empfehlen, für Gitarren mit der etwas kürzeren Gibson-Mensur Saitensätze von 010–046. Gute Gitarren gibt es von zahlreichen Firmen. Nach oben gibt es – vor allem preislich gesehen – keine Grenzen. Ordentliche Anfänger-E-Gitarren gibt es u.a. von Firmen wie Yamaha, Ibanez, Fender, Squire, Peavey oder Epiphone. Viele normalerweise eher teure Hersteller bieten günstige Produkte an, die in Billiglohnländern gefertigt werden und oft eine erstaunlich hohe Qualität für wenig Geld bieten.

- Ein Verstärker mit ausreichender Leistung. Die E-Gitarre ist ein Bandinstrument. Das bedeutet, dass über kurz oder lang mit Bass, Keyboards, Gesang und Schlagzeug zusammen gespielt wird. Gerade das Schlagzeug verursacht einen hohen und vor allen Dingen kaum regulierbaren Lautstärkepegel. Daher sollte die Leistung des Verstärkers nicht zu knapp bemessen sein – auch wenn dies vielleicht düstere Prognosen für den Hausfrieden zu enthalten scheint. Jeder Verstärker lässt sich leise drehen – und notfalls auch mal abschalten (und einige lassen sich auch über Kopfhörer benutzen). Der Verstärker sollte eine Ausgangsleistung von mindestens 30 Watt haben, wobei bei gleicher Leistung Röhrenverstärker erheblich lauter sind als Transistor- oder digitale Verstärker. Darüber hinaus sollte der Amp mindestens zwei unterschiedliche, mit dem Fußschalter abrufbare Sounds haben: einen unverzerrten und einen verzerrten. Sind weitere eingebaute Effekte verfügbar (die meisten Verstärker haben einen eingebauten Hall), ist dies zwar schön, aber nicht unbedingt lebensnotwendig. Lieber einen guten Grundsound haben, etwas sparen und nach und nach mal das eine oder andere Effektgerät dazu kaufen. Vielleicht zuerst mal ein WhaWha, ein Echogerät oder einen Chorus, was aber eher eine individuelle Entscheidung ist.

- Zubehör. Folgendes Zubehör sollte auf jeden Fall dabei sein: ein Gitarrengurt (am besten an die Gitarre anzuschrauben, damit er sich nicht versehentlich löst), zwei Gitarrenkabel (3 und 6 m lang – eins für zu Hause, das längere für den Proberaum), Ersatzsaiten, das für die Gitarre passende Werkzeug wie Imbusschlüssel, Saitenschneider etc., ein Gitarrenständer, verschiedene Plektren (groß/klein, hart/weich zum Ausprobieren – die E-Gitarre wird fast immer mit einem Plättchen gespielt), ein günstiges Stimmgerät (damit der Blues nicht zum Katzenjammer wird!), Ersatzbatterien für Zusatzgeräte oder aktiven Tonabnehmer.

Ein gutes und wahrscheinlich auf Jahre einsetzbares Grundequipment kostet mit einigermaßen hochwertigen Komponenten insgesamt ca. 500–700 €. Dies sieht auf den ersten Blick nach hohen Anschaffungskosten aus. Vergleicht man allerdings diese Kosten mit mittelfristig brauchbaren Anfängermodellen anderer Instrumente, relativieren sie sich schnell. Will oder muss man mit einem kleinen Budget auskommen, ist es ratsam, eher am Zubehör oder dem Verstärker zu sparen als an der Gitarre, da sie das wichtigste Glied in der Kette ist und gut in der Hand liegen muss. Einige Hersteller bieten auch sehr günstige komplette Starter-Sets an, wobei die Gitarren meistens noch einiger Einstellarbeit bedürfen – aber dafür gibt es ja den Fachhandel.

Der Einstieg

Es ist umstritten, welches das richtige Einstiegsalter für die Gitarre und insbesondere für die E-Gitarre ist. Die (E-)Gitarre ist ein relativ komplex zu bedienendes Instrument. Daher kann mit dem Gitarrenspiel in der Regel nur von sehr talentierten oder feinmotorisch sehr gut entwickelten Kindern im frühen Grundschulalter oder noch früher begonnen werden. Ein gutes Einstiegsalter für das Gitarrenspiel ist gegen Ende der Grundschulzeit (also etwa mit zehn Jahren). Die emotionale Verwurzelung mit der Musik ist bei einem früheren Einstiegsalter vielleicht etwas stärker – auch wenn die klanglichen Resultate in den Ohren der Eltern zuerst noch etwas befremdlich und wenig attraktiv klingen mögen. Die Möglichkeit aber, sich dem Instrument auf intellektuelle Weise zu nähern und recht schnell zu gut klingenden Ergebnissen zu kommen, besteht erst später.

Es ist auch durchaus eine gute Idee, mit jungen Einsteigern zuerst mit der Konzertgitarre zu beginnen, bevor man zur E-Gitarre wechselt. Zu Beginn der Pubertät kommt dann oft das Interesse an der E-Gitarre ganz automatisch – übrigens nicht zuletzt als Mittel zur Abgrenzung gegenüber der Elterngeneration, was sich auch oft in den Klangergebnissen widerspiegelt. Dies ist allerdings völlig in Ordnung und sollte nicht zu Unmut bei den Eltern führen. Besonders alle Stilistiken, die ihren Ursprung im Blues haben, verlangen ja praktisch danach, nicht jeden Ton säuberlich zu intonieren, sondern mit Verzerrrung richtig „dirty" zu spielen. So wichtige Spieltechniken wie das Saitenziehen oder das Abstoppen der Saiten mit dem Handballen gehören einfach dazu – auch wenn sie anfangs beim Üben recht anstrengende Klangergebnisse erzeugen.

Kommt bei Jugendlichen der Wunsch nach einer E-Gitarre als Erstinstrument auf, kann auch durchaus auf den klassischen Einstieg mit der Konzertgitarre verzichtet werden. Dies liegt an der unterschiedlichen Herangehensweise, was das Lehrmaterial und die spätere Spielsituation angeht. Das Lehrmaterial ist für den Frühbeginn auf der Konzertgitarre sehr viel kompakter und konkreter. Obwohl es natürlich auch sehr gute Unterrichtsmethodiken und viele sehr motivierte Lehrer gibt, ist der Weg zur E-Gitarre nicht so vorgezeichnet wie bei der Konzertgitarre, sondern viel offener. Bei der E-Gitarre steht das freie und größtenteils auch selbst entdeckende Spiel bzw. das Spiel in einer Band im Vordergrund, denn die E-Gitarre ist in erster Linie ein Bandinstrument.

In diesem Zusammenhang und besonders im Hinblick auf das große Angebot von Lehrbüchern zum Selbstunterricht noch ein paar Worte zum Thema Noten und Musiktheorie für die E-Gitarre. Auch dort gehen die Meinungen stark auseinander. Soll nur nach Noten oder ausschließlich nach dem Gehör oder doch vielleicht lieber mit den populären Gitarrentabulaturen gelernt werden? Wissen schadet nie. Gute Kenntnisse in allen Bereichen sollten ein Langzeitziel sein. Aber die Entwicklung des Gehörs und der musikalischen Empfindsamkeit (das richtige „Feeling" entwickeln) sind besonders für das Bandspiel von großer Bedeutung. Es ist also völlig in Ordnung, wenn es Phasen gibt, in denen ohne (Noten-)Papier oder autodidaktisch (im Selbstunterricht oder mit Freunden) gelernt wird. Lernen durch eigenes Entdecken ist ein wichtiger Vorgang. Es ist daher auch nicht unbedingt erforderlich, von Anfang an Unterricht zu nehmen. Damit kann auch später noch begonnen werden. Es gibt einige Gitarristen, welche die Verschulung der Rockmusik kritisieren, denn ein Großteil der wirklich innovativen Rockmusiker hat niemals eine Musikschule von innen gesehen. Populäre Musik, egal welcher Stilistik, lebt davon und entwickelt sich nur dadurch weiter, dass sie sich immer wieder neu definiert und bestehende Regeln bricht.

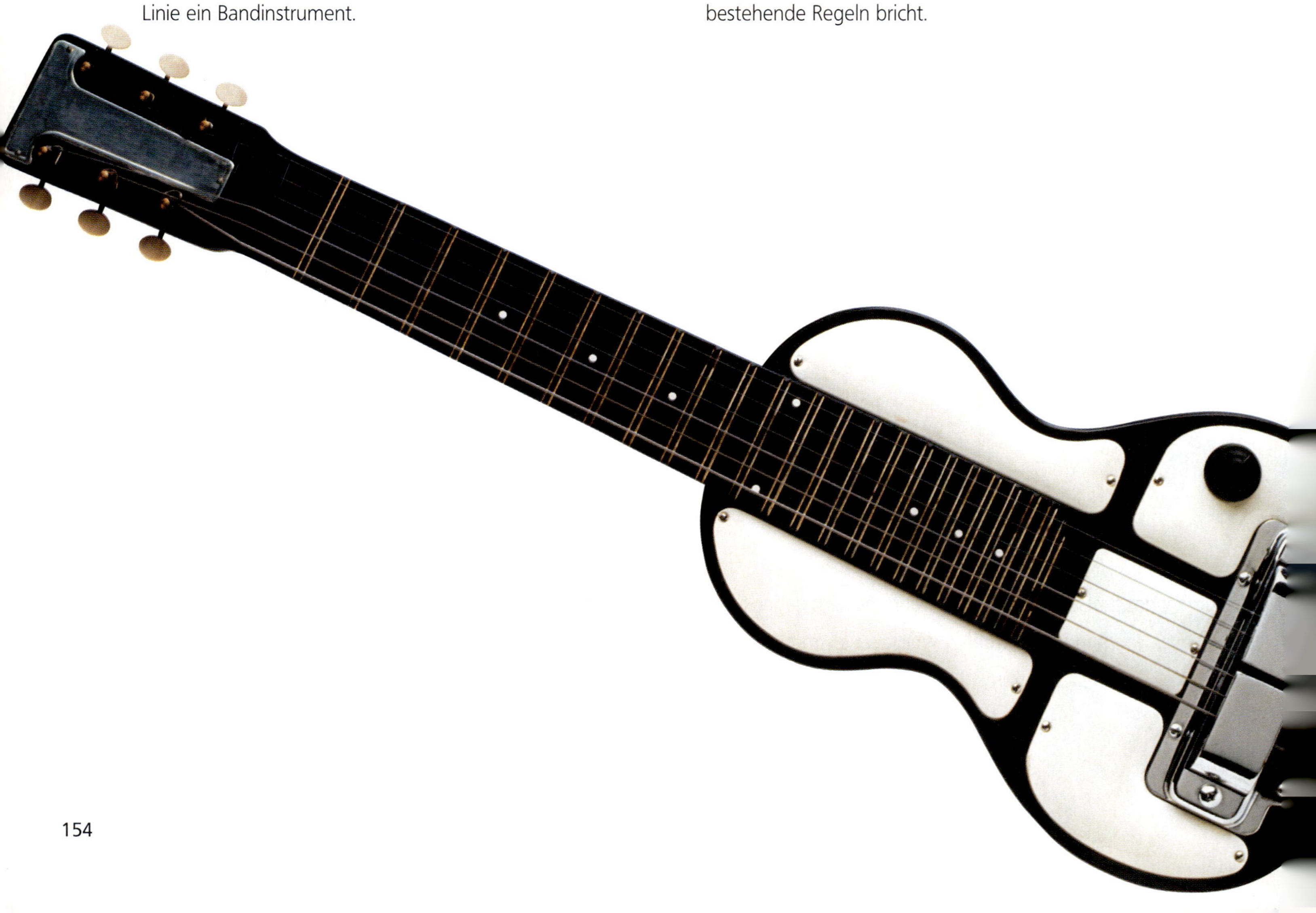

Peter Fischer

Das Banjo

Das Banjo ist vom frühen 19. bis zur Mitte des 20.Jahrhunderts in unterschiedlichen Bauversionen ein sehr populäres und weit verbreitetes Saiteninstrument gewesen, das bedingt durch den enormen Erfolg der Gitarre und der E-Gitarre sowie der Elektrifizierung der Pop- und Tanzmusik heute nur noch ein Randdasein als ein exotisches Nischeninstrument fristet. Man findet dieses Instrument überwiegend als Begleitinstrument in Dixieland-Jazzkapellen, in traditionellen Country- und Bluegrass-Bands und nur ganz sporadisch in anderen Stilistiken wie Klassik, Jazz oder Rock. Das Banjo ist jedoch der Ausgangspunkt für viele Spieltechniken der modernen E-Gitarre in der Country-Musik.

Die Geschichte

Das Banjo in der Form, wie man es heute allgemein kennt, existiert seit etwa 160 Jahren. Es hat seinen Ursprung in Afrika als bundloses „Banjar", „Bangoe" oder „Banza" und wurde in seiner frühen Urform von europäischen Forschern dort erstmals gegen Ende des siebzehnten Jahrhunderts entdeckt und dokumentiert. Durch die Deportation der Schwarzafrikaner als Sklaven in die Vereinigten Staaten wurde das Instrument dorthin eingeführt und verbreitet und bis ins 19. Jahrhundert fast ausschließlich von Schwarzen gespielt. Diese Phase wird übrigens „Old Time Banjo" genannt.

Die Weißen griffen diese Musik in ihren „Minstrel Shows" auf, und durch den aufkommenden Hang zur Parodie der schwarzen Kultur ist das Banjo allmählich als Instrument bei den farbigen Amerikanern komplett verschwunden. Neben vielen Variationen, die überwiegend um die Wende vom 19. zum 20. Jahrhundert zur ersten Blütezeit der Banjo-Kultur (der Zeit des „Classic Banjo") entstanden, ist das am meisten verbreitete Instrument das fünfsaitige Banjo, das wahrscheinlich gegen Mitte des 19. Jahrhunderts erfunden wurde. Zwei Stimmungen setzten sich für dieses Instrument durch: die so genannte Bluegrass-Stimmung (g'-d-g-h-d') und die traditionelle klassische Stimmung (g'-c-g-h-d'). In den 1970er Jahren wurde dieses Instrument durch den bekannten Folk-Künstler Pete Seeger

fünfsaitiges Banjo

weiterentwickelt, der die Mensur des Instrumentes verlängerte. Daraus ergaben sich für das so genannte Long-Neck-Banjo eine neue Stimmung, drei weitere Bünde (25 statt wie vorher 22) und ein etwas satterer Klang.

Das viersaite Banjo (auch Tenorbanjo genannt) ist grundsätzlich gesehen baugleich mit dem fünfsaitigen, wird jedoch ganz anders gespielt. Anstatt die Saiten mit den Fingern oder Stahl-Fingerpicks zu zupfen, schlägt man sie mit einem Plektron (auch Plektrum oder Pick genannt) an. Auch die Stimmung weicht ab. Ähnlich wie eine Geige oder Mandoline wird das viersaitige Banjo in Quinten gestimmt (c-g-d'-a'); wohl aus diesem Grund sind auch die meisten Einsätze eines Banjos in Orchestern für viersaitige Banjos geschrieben.

Das sechssaitige Banjo ist unter wirklichen Banjospielern ein eher verpöntes Instrument. Es hat einen geringfügig größeren Korpus und ist wie eine Gitarre gestimmt. Es

Gitarrenbanjo (6-saitig)

Tenorbanjo

ist unter Gitarristen jedoch beliebt, da es aufgrund der gleichen Stimmung direkt von ihnen eingesetzt werden kann und trotzdem recht authentisch klingt. Gespielt wird dieses Instrument wahlweise mit Plektron oder Fingern.

Plektren

Die Musik

Heutzutage findet man Banjos vorwiegend in zwei Stilistiken: im Dixieland-Jazz und dem Bluegrass. Doch das war nicht immer so. Bevor die Gitarre ihren Erfolgszug startete, konnte man Banjos in fast allen musikalischen Situationen finden. Egal ob bei rituellen Handlungen der Farbigen, bei Salonmusik und Tanzveranstaltungen, in Frühformen des Jazz oder später in Theatern: Aufgrund seines kurzen, perkussiven und sehr durchsetzungsstarken Klanges war das Banjo in vielen baulichen

Varianten ein sehr beliebtes Begleitinstrument, allerdings ohne erwähnenswerte solistische Ambitionen. Es war leicht zu handhaben und robust in der Konstruktion – ein unkompliziertes und mobiles Musikinstrument. Allerdings war es genau dieser perkussive, kurze Klang, der ambitionierten Spielern solistische Neigungen erschwerte und viele Banjospieler zur Gitarre wechseln ließ, die mit ihrem besseren Sustain (Nachklang) und weicheren, singenden Sound gerade dies ermöglichte. Und so verschwand das Banjo nach vielen Jahrzehnten der stetigen Präsenz in den ersten Jahrzehnten des zwanzigsten Jahrhunderts immer mehr zu Gunsten der Gitarre.

Ein regelrechtes Comeback erlebte das fünfsaitige Banjo dann in den 1930er Jahren in Amerika durch die Entstehung des Bluegrass. Dies ist die Urform der Country-Musik, die Elemente der europäischen Klassik (Zupftechniken der Salonmusik) und Folklore (irische und englische Volksliedmelodik) sowie afrikanische Rhythmik (als Bestandteil der entstehenden Bluesmusik) miteinander kombiniert. Damals wie heute eine Domäne der weißen Amerikaner, entwickelte sich die Country-Musik schnell zu einer Art weißen Parallele zur vornehmlich schwarzen Bluesmusikszene, der sie von den Textinhalten her stark ähnelt. Diese „old time country music" wird auf Instrumenten wie der Dobro-Gitarre, der Geige, der Mundharmonika und eben dem Banjo gespielt und enthält sehr virtuose Elemente. Ihr bekanntester Interpret ist der virtuose Earl Scruggs, der das Spiel mit Daumen, Zeige- und Mittelfinger entwickelte und den Klang des Bluegrass entscheidend beeinflusst hat. Der „Scruggs-Style" mit seinen rollenden Zupfbewegungen (Banjo Rolls genannt) ist seither die Grundlage des modernen Banjospiels und hat traditionelle Spieltechniken wie „Clawhammer" oder „Up-Picking" weitgehend verdrängt. Ähnlich der Entwicklung im von der Gitarre geprägten Blues wurde im Laufe der Jahre auch die Country-Musik immer mehr von elektrisch verstärkten Instrumenten dominiert, und die charakteristischen Banjospieltechniken (Banjo Rolls) wurden auf die Gitarre übertragen.

Die nächste entscheidende Phase war der „Single String Style" der 1950er Jahre, nach seinem Vorreiter, dem Ex-Gitarristen Don Reno, auch „Reno-Style" genannt, bei dem das Banjo ähnlich wie die E-Gitarre mit einem Plektron gespielt wird. Weitere einflussreiche Spieler waren seit den 1950er Jahren Bill Keith und Bobby Thompson. In den 1970er Jahren trug der Folkkünstler Pete Seeger u.a. durch sein sehr erfolgreiches Lehrbuch „How to Play The Five String Banjo" enorm zur wieder ansteigenden Popularität des Instruments bei; doch durch die Dominanz der Gitarre erreichte es nie wieder seine frühere Bedeutung. So wundert es auch nicht, dass es im Bereich populärer Kultur nur sehr wenige profilierte Künstler gibt. Besonders hervorzuheben sind Tony Trischka und Bela Fleck.

Wie schon angedeutet, nimmt das Banjo heute außer in den schon genannten Stilistiken Dixieland und Bluegrass, in denen es immer noch einen hohen Rang hat, nur noch eine Randposition ein und ist größtenteils von der Gitarre verdrängt worden. Die Banjo-Szene ist auch dementsprechend klein.

Der Einstieg

Das Banjo wird an Musikschulen nur äußerst selten als Fach angeboten. Will man es erlernen, wird man sich um Privatunterricht kümmern müssen oder versuchen, das Instrument im Selbstunterricht zu erlernen. Dafür gibt es leider vergleichsweise wenig Literatur in deutscher Sprache, wohl auch deshalb, weil im Vergleich mit anderen Instrumenten außer in den traditionellen Stilistiken nur verschwindend wenig neue Werke für das Banjo komponiert werden. Sehr gutes Lehrmaterial gibt es allerdings von amerikanischen Verlagen, da in Amerika der Bluegrass als traditionelle Volksmusik der weißen Amerikaner immer noch große Bedeutung hat.

Je nach Banjoart liegen die Schwierigkeiten beim Erlernen des Instrumentes in unterschiedlichen Bereichen. Wegen seines grundsätzlichen Klangcharakters ist es eher ein Begleitinstrument; deshalb ist ein Schwerpunkt beim Erlernen des Banjos das Erlangen einer möglichst flüssigen Anschlagstechnik. Beim fünfsaitigen Banjo sind dies die so genannten Banjo Rolls, sehr flüssig klingende Zupfmuster, die dann entweder mit Fingern oder mit Stahl-Finger-Picks gespielt werden. Beim vier- oder sechssaitigen Banjo sind es eher gitarrentypische Anschlags-

muster, die mit einem Plektron oder mit den bloßen Fingern gespielt werden. Da beide Ansätze nicht gerade einfach auszuführende Bewegungen erfordern und es vorrangig um das Spielen von Akkorden geht, eignet sich das Banjo nicht unbedingt als Einstiegsinstrument für Kinder und Jugendliche. Mit einigem Hintergrundwissen von der Gitarre und nach einer Umgewöhnung an die neue Stimmung lassen sich jedoch relativ schnell Fortschritte auf dem Instrument machen.

Gut brauchbare Einsteigerinstrumente (z.B. von der Firma Tennessee – by Gewa) beginnen bei ungefähr 350 €. Professionellen Ansprüchen genügende Banjos liegen in einer Preiskategorie von ca. 800–950 €. Für hochwertige Instrumente von amerikanischen Traditionsfirmen wie Martin, Gibson oder Fender muss man mit Kosten von knapp 2000 € aufwärts rechnen.

Notenbeispiele

Hier sind einige Übungsbeispiele: Das erste ist ein einfacher Banjo-Roll, eine der Grundspieltechniken des modernen Five-String-Banjos.

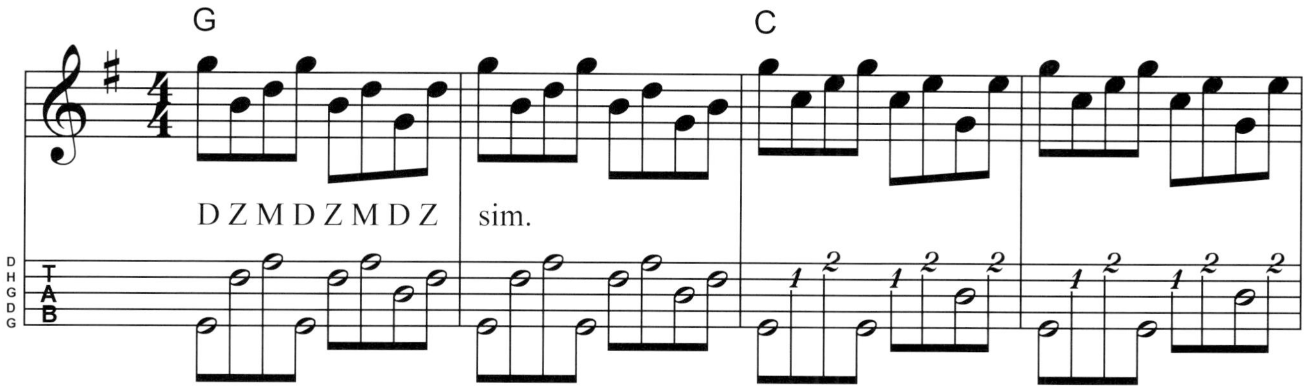

Dieses anspruchsvolle Beispiel für das sechssaitige Gitarrenbanjo zeigt, wie traditionelle Bluegrass-Spieltechniken auf die Gitarre übertragen werden können.

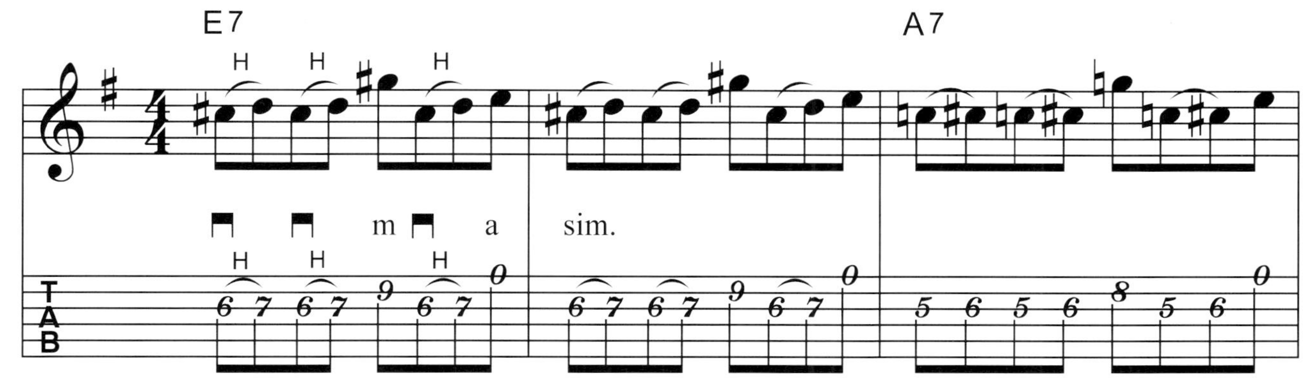

Akkordfolge für Tenorbanjo

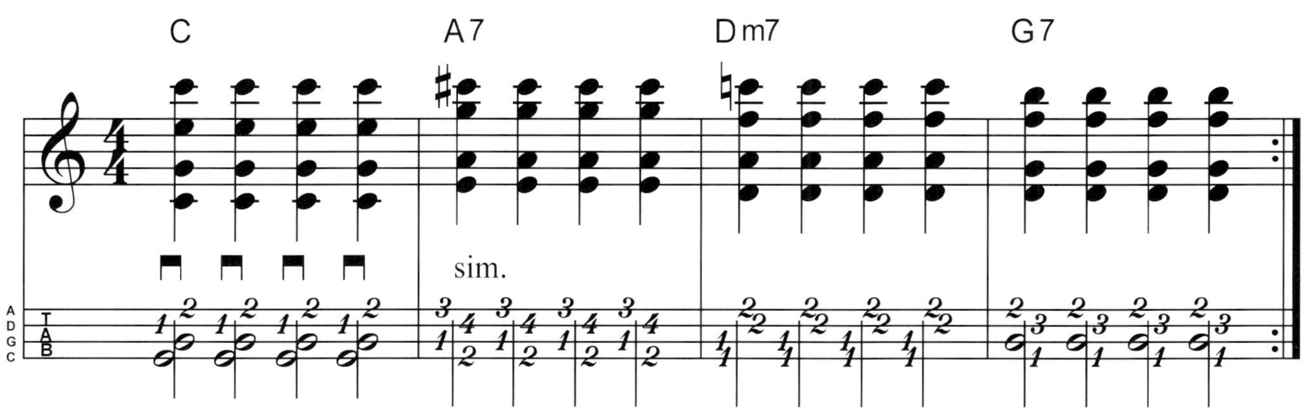

Marga Wilden-Hüsgen

Die Mandoline

Immer mehr Kinder und Jugendliche entdecken die Mandoline. Denn sie ist ein überaus vielseitiges Instrument: Wer klassische und zeitgenössische Musik liebt, spielt die mit vier Doppelsaiten bespannte Neapolitanische Mandoline oder die Barock-Mandoline, die mit 6 Doppelsaiten aus Darm versehen ist. Wer Pop, Jazz, Folk, Blues, Bluegrass oder Klezmer liebt, spielt eine Flachmandoline oder eine E-Mandoline, beide in der Regel auch mit vier Doppelsaiten versehen. Wer das Musizieren in der Gruppe bevorzugt, erlernt das Spiel der Neapolitanischen Mandoline und kann dann in einem Zupf- oder Mandolinenorchester spielen. Orchester gibt es in vielen Städten und Dörfern in allen Regionen Deutschlands.

Das Instrument

Von den verschiedenen Mandolinentypen ist die Neapolitanische Mandoline die gebräuchlichste, sie ist sozusagen der Basistyp, der zum Lernbeginn am besten geeignet ist und den Weg offen hält für die anderen oben genannten Instrumente. Die Mandoline ist ein kleines, bauchiges Instrument mit vier gleichgestimmten Stahlsaiten, das wie eine Geige in Quinten gestimmt ist, mit den Tönen g – d'– a'– e''. Die Saiten werden mittels einer Mechanik mit feststehenden Wirbeln gestimmt. Das Griffbrett ist durch Bünde – kleine eingelegte Metallstäbchen – eingeteilt, so dass man den Ort des richtigen Tones einfach findet. Die Saiten werden mit einem Plektron (ein kleines, schön blank poliertes Stück Kunststoff) angeschlagen. Es gibt sehr unterschiedliche Arten des Anschlags:

- den Einzeltonanschlag, mit dem man Melodien spielt,
- den Akkordanschlag mit vielen unterschiedlichen Ab- und Aufschlägen (Arpeggien), mit denen man z.B. Lieder begleiten kann,
- das Tremolo, eine sehr spezielle Art des Anschlags, bei dem das Plektrum die Saiten in sehr schneller Bewegung auf- und abschlägt. Das Tremolo klingt beim Melodiespiel romantisch verträumt und ergibt einen guten Sound, wenn man mit anderen zusammenspielt.

Der Unterricht für Mandoline

Da die Mandoline in ihren äußeren Maßen nicht groß ist (Länge ca. 60 cm und Breite bis höchstens 24 cm), eignet sie sich sehr gut für den Einstieg in das Instrumentalspiel nach der musikalischen Grundausbildung mit sechs oder sieben Jahren. Der helle, hohe Klang des Instrumentes und die schöne runde Form haben große Anziehungskraft auf Kinder.

In vielen Musikschulen wird heute der Unterricht in Mandoline angeboten; die Lehrkräfte bieten einen kindgerechten, interessanten Unterricht. Da das Fach Mandoline an Musikschulen noch sehr jung ist, ist das Unterrichtsmaterial ebenso aktuell und frei von historischem Ballast. Es gibt kindgerechte Schulwerke, die aufbauen auf musikalischer Früherziehung und Grundausbildung, die alle Musikstile in ihre Übungen mit einbeziehen und dem kreativen Umgang mit Musik viel Freiraum lassen. Erwähnenswert ist auch, dass der frühe Unterricht sowohl für Gruppen von drei bis vier Spielern als auch für den Einzelunterricht konzipiert ist.

Neben modernen Schulwerken gibt es eine gute Auswahl an attraktiver Unterrichts- und Spielliteratur. Die zur Verfügung stehenden Stücke geben den Kindern die Möglichkeit, sich mit ihrem Instrument im Kreise der Gleichaltrigen zu identifizieren. Dies ist von großer Bedeutung, weil die Mandoline entweder unbekannt ist oder ihr ein Hauch von etwas Altmodischem anhängt. Das Instrument hat den großen Vorteil, dass schon in den ersten Unterrichtsstunden mit Hilfe der in Quinten gestimmten Leersaiten Lieder be-

gleitet werden können. Auch mit wenigen gegegriffenen Tönen können durch die heute im Anfängerunterricht gelehrten einfachen Arpeggiotechniken schon wohlklingende Stückchen gespielt werden.

Um dem jungen Lernenden das Greifen der doch relativ harten Stahlsaiten zu erleichtern und das durchaus schwierige Stimmen der gleichgestimmten Saiten zu umgehen, ist es heute üblich, die Instrumente der jungen Spieler im ersten Jahr mit nur vier Einzelsaiten aus Nylon zu bespannen. Diese Spielart ist auch historisch begründbar, da es um 1800 üblich war, die Mandoline mit vier Darmsaiten bespannt zu spielen. Diese Mandoline, in der Bauart einer neapolitanischen gleich, hatte den Namen Cremonische Mandoline.

Der „Alltag“ mit der Mandoline

Besondere körperliche Voraussetzungen zum Mandolinenspiel sind nicht vonnöten. Mit einer normalen Begabung und Liebe zur Musik kann das Instrument dem Kind die Welt der Musik eröffnen. Das Gehör des Lernenden wird durch die feststehenden Bünde gut geschult, und die große Mühe des Intonierens (die genaue Tonhöhe treffen, wie z.B. beim Geigenspiel) entfällt. Die Übezeit beim Anfängerunterricht ist in sehr kleinen Einheiten zu halten, die der Konzentrationsfähigkeit des Kindes angepasst sein sollen, etwa 10 Minuten täglich. Die Hilfe der Eltern ist nicht notwendig, aber das Interesse der Eltern an dem neuen Bereich, den das Kind mit dem Erlernen der Mandoline betritt, ist sehr wichtig; d.h., man sollte die Kinder regelmäßig zum Vorspiel im häuslichen Kreis ermutigen. In diesem Stadium motiviert das die Kinder ganz besonders. Die Mandoline ist ein relativ leises Instrument, was der modernen Wohnsituation sicher zugute kommt. Da sie im allgemeinen mehr Ensemble- als Soloinstrument ist, wird dem jungen Lernenden durch das Instrument eine neue soziale Gruppe erschlossen, in der er mit Gleichgesinnten im außerschulischen Bereich viele Gemeinsamkeiten finden wird.

Wenn die Mandoline auch ein leicht zu spielendes Anfängerinstrument ist, so steigt der Anspruch in Technik und Literatur in der Mittel- und Oberstufe. So wird der Schüler immer fasziniert und ausgelastet sein und dies nicht zuletzt, da es mittlerweile eine große Auswahl an Übe- und Spielliteratur für Mandoline gibt, die alle Stilkreise vom siebzehnten Jahrhundert bis heute abdeckt. Hier ist auch der Wettbewerb „Jugend musiziert“, zu dem die Mandoline seit 1971 zugelassen ist, ein Motor, die Leistungen zu steigern und damit die Freude am Instrumentalspiel zu erhalten und zu fördern.

Ist in der Mittelstufe II eine gute Basistechnik errreicht, sollten die musikalischen Vorlieben des Lernenden noch einmal erwogen werden. Gegebenenfalls kann er sich dann den in den vorangegangen Lehrstufen schon gezeigten anderen Möglichkeiten, wie z.B. Pop, Jazz oder Bluegrass, vertiefend zuwenden. Dies sollte dann nach Möglichkeit auch durch die Wahl eines bestimmten Instrumentes unterstützt werden.

Die verschiedenen Mandolinentypen

6-saitige Gibson-Mandoline

Wie eingangs erwähnt, hat die Mandoline sehr unterschiedliche Erscheinungsformen. Egal für welche Musikrichtung bzw. welches Instrument sich die Schüler entscheiden: Der Anfangsunterricht und seine Lehrangebote bzw. -inhalte sind gleich, weil alle Mandolineninstrumente die gleiche Grundtechnik erfordern.

Die Bauchmandolinen

Die Barock-Mandoline und die klassische Neapolitanische Mandoline waren im späten 17. Jahrhundert bis zum Anfang des 19. Jahrhundert vor allem in Italien und in Frankreich beliebte Instrumente, die beim Adel und reichen Bürgertum stets präsent waren. So sind aus dieser Zeit viele sehr schöne Originalkompositionen von bekannten und unbekannten Komponisten geschaffen worden und heute durch Neuauflagen zugänglich. Durch die erhaltenen Schulwerke aus der damaligen Zeit ist das Wissen um die Spielkunst aus dieser Zeit präsent geblieben. Aus der Vielzahl der Originalkompositionen für Mandoline ragen die Werke von Antonio Vivaldi (1685–1741) für eine oder zwei Barockmandolinen heraus.

In der Klassik wurden Werke für Neapolitanische Mandoline komponiert. So hinterließ Ludwig van Beethoven (1770 bis 1827) vier Werke für Mandoline und Cembalo/Klavier, Johann Nepomuk Hummel (1778–1837) schrieb ein wunderschönes Mandolinenkonzert, und nicht zuletzt sollen die Lieder in Begleitung einer Mandoline von W.A. Mozart (1756–1791) als schönste Zeugnisse der Mandolinenspielkunst des 18. Jahrhunderts genannt werden

Das Instrument erfuhr natürlich auch den Geist des Virtuosentums, und so wurden im späten neunzehnten Jahrhundert vor allem in Italien anspruchsvolle und virtuose Werke für Mandoline Solo, Mandoline und Klavier oder Mandoline und Gitarre geschrieben. Zu Beginn des zwanzigsten Jahrhunderts wurde die Mandoline in Deutschland populär, und zwar als Instrument der „Wandervögel“ und als Instrument der Mandolinenorchester, wo eine an der klassisch-romantischen Epoche angelehnte Musikkultur gepflegt wurde. Die Spielkunst wurde von kundigen Laien weitergegeben. Heute hat eine Modernisierung der Orchester stattgefunden; das Spielniveau ist gestiegen, die Literatur zeitgemäß, und es finden sich immer mehr junge Leute in den Orchestern zusammen.

Neben dieser Orchesterkultur hat die Mandoline nach dem Zweiten Weltkrieg auch als Soloinstrument von sich reden gemacht. Junge begabte Künstler erobern mit dem zarten schönen Klang des bis dahin selten zu hörenden Instrumentes immer öfter die Gunst des Publikums. Dabei ist die Kombination Mandoline und Gitarre besonders beliebt. Das Repertoire besteht aus Originalmusik der barocken und klassischen Meister, Virtuosenmusik des späten neunzehnten Jahrhunderts und vielen neu komponierten Werken, die in ihrer Stilistik von der neuesten Musikaussage bis hin zur südamerikanischen Tango-Suite reichen.

Die Flachmandolinen

Mit diesem Namen werden alle Mandolinen bezeichnet, die keinen Bauch haben. Üblich ist es, sie heute als amerikanische Mandoline zu bezeichnen, weil in Amerika die ersten Mandolinen dieser Art zu Beginn des 20. Jahrhunderts gebaut wurden und von dort aus eine große Verbreitung dieser Instrumente stattfand. In den 1920er Jahren wurden auch in Deutschland der billigeren Herstellung wegen Flachmandolinen gebaut. Sie hatten entweder einen ganz flachen Rücken und wurden deutsche Mandoline genannt oder hatten einen leicht gewölbten Rücken und wurden portugiesische Mandoline genannt.

Die amerikanischen Mandolinen werden in zwei Form-Typen unterteilt:

Die A-Form, auch Tropfenform genannt, ist wie der Name schon sagt, wie ein Tropfen gebaut und hat ein ovales Schallloch, der Ton ist weich.

Die Mandolinen in F-Form zeichnen sich durch eine ungewöhnliche Form aus. Sie haben an der linken Seite des Korpus eine „Scroll", ein wie eine Schnecke gewundenes Gebilde. Auf der Schalldecke sind zwei F-Löcher oder wie beim A-Modell ein rundes oder ovales Schallloch. Der Klang dieser Instrumente ist heller und metallischer als der der tropfenförmigen.

Berühmt wurden die Mandolinen der Firma Gibson, die ab 1900 gebaut wurden und wegen ihres unnachahmlich schönen Tons sehr begehrt sind. Den Flachmandolinen nachempfunden sind die E-Mandolinen (= elektrisch verstärkte Mandolinen). Hier gibt es, basierend auf den Grundformen der A- und F-Instrumente, phantasievolle Gebilde in vielerlei Formen und Farben.

Die Mandoline bietet dem Kind, dem Jugendlichen und später auch dem Erwachsenen mannigfaltige Möglichkeiten musikalischer Betätigung, sei es allein, sei es im Ensemble, in der Band oder im Orchester.

Gibson-Mandoline

Notenbeispiele

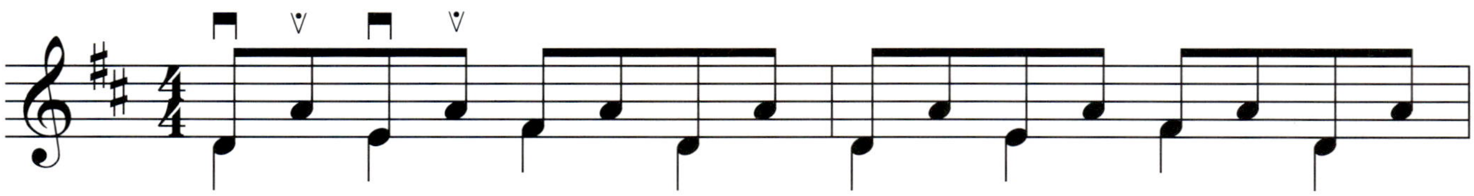

aus: Klaus Schindler (geb. 1956): Bruder Jakob (Evergreens für Mandoline solo, Unterstufe)

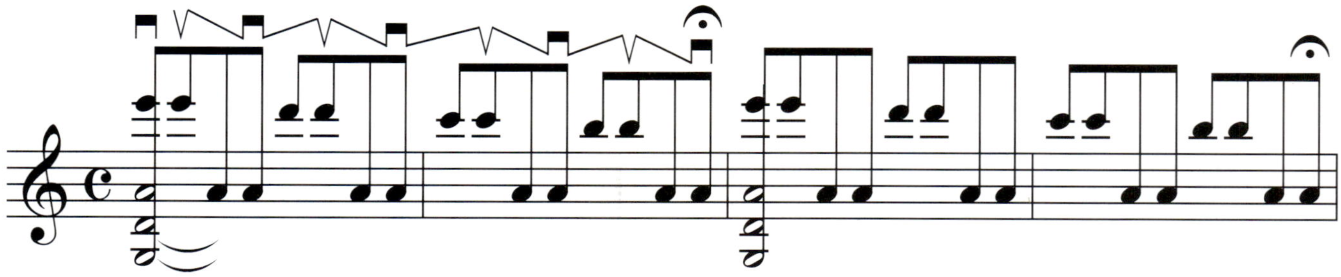

aus: Marlo Strauß (geb. 1957): Danza azul (Neun Impromptus für Mandoline solo)

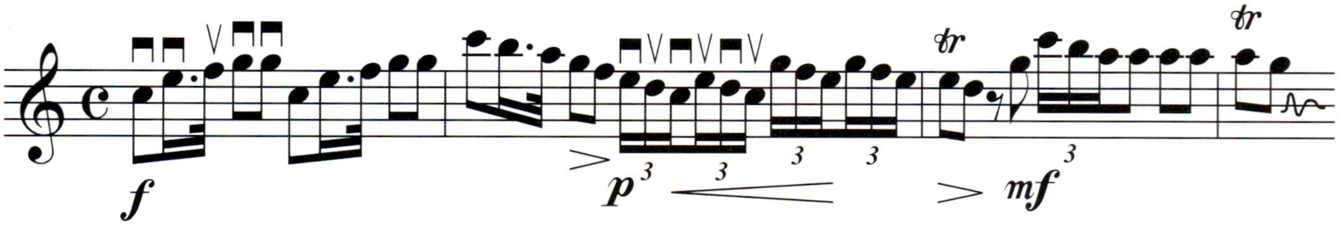

aus: Antonio Vivaldi (1678–1741): Sonate C-Dur für Mandoline und Gitarre, Allegro molto

Klaus Heider

In der Werkstatt

Der Geruch von Holz, Knochenleim, Lacken und Terpentin ist vertraut, ebenfalls die gediegene Atmosphäre, nur stört ab und zu ein Motorengeräusch die Stille des hellen und großzügigen Raumes. Ein kleiner Maschinenpark (Bandsäge, Bohrmaschine, Elektrohobel, Zylinderschleifer, Fräse usw.) als Zugeständnis an moderne Fertigung hat Einzug in die Meisterwerkstatt eines klassischen Lauten- und Gitarrenbauers gehalten. Doch ist wie bei den Streichinstrumenten immer noch ein hohes Maß an handwerklichem Können und langjähriger Erfahrung gefragt, um mit ausgefeilten Konstruktionsvarianten den Wünschen großer Interpreten gerecht zu werden.

Die aus Buchenholz hergestellte Außenform der Laute mit ihrer typischen halbbirnenförmigen Gestalt weist noch die

Herausarbeiten der Innenform

Die Rosette wird geschnitzt

mittelalterlichen Maße 1:2:3 (Höhe-Breite-Länge) für die heutige Laute auf. Mit einer Schablone sägt der Meister die neun Korpusspäne (Muschelteile) aus und „verdünnt" sie bis auf eine Stärke von 1–1,5 mm. Die Auswahl von tropischen und einheimischen Harthölzern richtet sich nach dem Geschmack des Kunden. Die einzelnen Späne werden von der Mitte her um die Form angebracht, miteinander verleimt und am Oberklotz und der Innnenkappe fixiert. Kontrastierende Einlagespäne zwischen den Korpusteilen sorgen für eine bessere Stabilität und dienen zur Verschönerung. Die Außenkappe mit den beidseitigen Anstößen umrahmt den oberen Teil des Klangkörpers. Nach dem Trocknen nimmt der Lautenbauer die Muschel von der Form und leimt in die Innenseite mehrere Leinwand- oder Pergamentstreifen zur Verstärkung. Dann bringt er die Decke mit ihrer kunstvoll geschnitzten Rosette auf, welche seine persönliche Handschrift trägt. Der Hals mit dem abgeknickten Wirbelkasten wird flächig aufgeleimt und mit einem Nagel am Klangkörper gesichert. Herstellung und Befestigung des Griffbretts sind die letzten Arbeitsschritte vor der Lackierung. Im Gegensatz zu den Streichinstrumenten wird eine härtere und dünnere Lackschicht gewählt, um die Obertöne des Instrumentes nicht allzu stark zu dämpfen.

Die Mandoline, die kleine Schwester der Laute, fertigt der Instrumentenbauer nach der gleichen Methode an, allerdings benötigt er für den Klangkörper 19 Holzspäne. Weitere Besonderheiten sind die etwas abgeknickte Decke, der gesperrte Hals (Hals und Wirbelplatte aus einem Holzteil), die hinterständige Wirbelmechanik, der aufgesetzte Steg und die Stahlsaiten, welche mit einem Plektron angezupft werden. In vielen Bauvarianten von der Bouzouki, dem griechischen Nationalinstrument, über die russische Balalaika bis hin zum amerikanischen Banjo mit Trommelkorpus und angeschraubtem Hals ist die Laute bis heute noch erkennbar.

Auch die Gitarre, die den unterschiedlichen Einsätzen in Klassik, Folklore, Jazz und Pop mit dem wohl größten Formenreichtum angepasst wurde, hat sich aus der Laute entwickelt. Für die Decke der klassischen Gitarre benötigt der Instrumentenbauer Fichten- oder Zedernholz, welches vor allem bei den spanischen Torres-Modellen zum Einsatz kommt

(Antonio de Torres 1817–1869). Nach dem Aufleimen der Quer- und Längsbalken wird die Decke in den „Stock" (die Innenform) gelegt, die im elektrischen Biegeautomaten vorgeformten zwei Zargenteile werden mit Schraubzwingen an der Formwandung fixiert und die beiden Klötze eingepasst. Eingekerbte Holzreifchen dienen zur Verstärkung und Verbindung mit der Decke. Nach entsprechender Vorbereitung wird der meist aus tropischen Harthölzern gefertigte Boden ebenfalls aufgeleimt und senkrecht mit Schraubzwingen am Stock befestigt.

Mit Schablone und Teller-Fräse nimmt der Gitarrenbauer die Einsäumung von Boden und Decke vor, um die Randeinlage aus Holz oder Kunststoff einleimen zu können. Die Anfertigung des Halses und der Wirbelplatte ist ein eigener Vorgang, da er häufig aus mehreren Holzschichten besteht oder eine Hartholzeinlage besitzt, um Verziehungen zu verhindern. Ist das Griffbrett aus Palisander oder Ebenholz aufgebracht, werden die Bundschlitze mit Hilfe einer Schablone eingekerbt und die Metallstreifen eingeschlagen. Nun kann der Gitarrenbauer den Hals in die Schwalbenschwanzverzahnung einpassen und den Querriegel (Steg und Saitenhalter) auf die Decke leimen. Damit es die Zugkraft der Nylonsaiten (bis 4,5 kg) oder der Stahlsaiten (bis 5,5 kg) aushalten kann, wird dieses Bauteil ebenfalls aus Hartholz gefertigt.

Nach dem letzten Feinschliff erhält der fertige Korpus seine Lackierung entweder im klassischen Verfahren mit Schellack oder, wie heute allgemein üblich, in der Spritzkabine mit den härteren Kunstharz- (Alkyd /Polyurethan) oder Nitrolacken.

Die modernen Jazz-, Western- und Ovationgitarren mit ihren charakteristischen Bauteilen (z.B. gewölbte Decke und Boden mit f-Löchern zu beiden Seiten eines verstellbaren Metallsteges, cutaway-Ausführung, Kunstoffschale als Boden, verschiedene Tonabnehmersysteme) erinnern nur zum Teil an die klassische Gitarrenform und erfordern entsprechend eigene Fertigungsmethoden.

Die Revolution des Gitarrenbaus begann in den 1950er Jahren mit der E-Gitarre, als Leo Fender seine berühmt ge-

Formen der Holzspäne über dem Biegeeisen

Aufleimen der Quer- und Längsbalken auf die Decke

Prüfen der Mechanik

Einschleifen der Bundstege

wordene Stratocaster entwickelte. Schon vorher gab es elektrisch verstärkte Instrumente wie z.B. die Hawaii-Gitarre (Lap Steel), welche aus einem flachen, länglichen Klangkörper mit Tonabnehmersystem besteht.

Der Korpus der E-Gitarre aus Eschen- oder Mehrschichtholz (solid-body) wird mit einer Maschine ausgesägt, das „shaping" (dem Körper angepasste Kontur der Rückseite) eingeschliffen, und die Aussparungen für die elektronischen Bauteile werden ausgefräst. Nach der Lackierung mit mehrschichtigen farbigen Nitrolacken kann der Instrumentenbauer die drei pick-ups, die Regler (für Klangfarbe und Lautstärke), den Kippschalter und die Ausgangsbuchse mit den Kabelverbindungen einmontieren und die Handplatte (Schlagbrett aus Kunststoff) aufschrauben. Der metallene Saitenhalter mit einzelnen Reitern zur Veränderung der Saitenhöhe bilden zusammen mit dem patentierten Vibratosystem eine Einheit.

Der Hals, der aus Stabilitätsgründen eine Stahlrohreinlage besitzt, wird in einem eigenen Arbeitsgang maschinell gefertigt. Nachdem die Kopfplatte die verchromte Wirbelmechanik erhalten hat, kann der Hals mit vier Gewindeschrauben am Korpus arretiert werden. Die Stahlsaiten, welche eine geringere Spannung als bei der akustischen Gitarre besitzen, komplettieren das Instrument. Wie die Modelle von Fender, Gibson, Les Paul, Gretsch, Steinberg usw. zeigen, sind der Phantasie bei der Formgebung des solid-body keine Grenzen gesetzt.

Aufziehen der Saiten

Ein kurzer Blick auf die Harfe soll den Besuch in den Werkstätten der Zupfinstrumente beschließen. Wenn auch verschiedene aus Holz gefertigte Modelle an die alten Rahmenharfen erinnern, so zeigt doch die „moderne" Doppelpedalharfe die Nähe zum Konzertflügel. Nach dem Vorbild des Instrumentenbauers Sébastien Erard (1850) wird der Stahlrahmen im Gussverfahren hergestellt und der hölzerne Resonanzkasten vom hinteren Ende des Saitenhalses nach unten gezogen. Der Einbau der Mechanik (Doppelrasten) und die Aufhängung der 48 Saiten verlangen die geschickten Hände eines Feinmechanikers.

Harfe

Christoph Caskel

Schlaginstrumente

Entwicklung der Schlaginstrumente

Die Trommel

Wer über Anschluss an das Kabelfernsehen verfügt, der kann oft auch den Sender TRT (in türkischer Sprache) empfangen. In den Musikprogrammen dieses Senders kann man immer wieder Musiker beobachten, die mit Hand und Fingern trommeln – auf einer Trommel, die (wie eine flach gelegte Blumenvase) unter dem linken Arm gehalten wird. Mit geschlossenen Fingern angeschlagen (in der Mitte des Trommelfells) und mit „Fingerschnippen" (am Rand) wechselt der Ton der Trommel zwischen einer ganz dunklen und einer ganz hellen Klangfarbe. Diese Spielweise ist sicher sehr alt – zumindest hat die archäologische Forschung bei Ausgrabungen alte Keramik-Trommeln ans Licht gebracht, die ebenfalls die charakteristische Form der „Blumenvase" aufweisen.

18. Jahrhundert

17. Jahrhundert

Auf alten Bildern, Stichen und Holzschnitten (schon um das Jahr 1300) findet man dann Trommeln, die zwar mit Schlägel, aber nur von einer Hand gespielt werden – und jeder Freund irischer Volksmusik weiß, was für tolle Sachen der irische Trommler mit nur einem Schlägel auf seiner „Bodhrán"-Trommel machen kann. Darstellungen des Spiels mit zwei Stöcken tauchen dann ganz plötzlich (etwa um das Jahr 1500) auf, und diese Spieltechnik scheint sich erstaunlich schnell durchgesetzt zu haben – um 1550 ist sie schon weit verbreitet. Interessant ist dabei, dass von dieser Zeit an die Trommeln gemeinsam mit einem anderen Instrument erscheinen: Es geht immer um „Trommeln und Pfeifen" (wobei mit „Pfeifen" kleine Querflöten gemeint sind) als militärische Instrumenten-Gruppe. Diese Kombination hat sich bis heute erhalten, und man kann sie bei jedem Schützenfest erleben: Deutlich getrennt marschieren „Trommler und Pfeifer" und „Blasmusik" und spielen abwechselnd ihre Märsche.

Eine virtuose Trommel-Spieltechnik (die aus lauteren und leiseren Schlägen ein dichtes, rhythmisch gegliedertes „Klang-Gewebe" entstehen lässt) gibt es wohl schon seit 1650. Besonders gepflegt wurden solche Traditionen in der Schweiz und in Frankreich, in England und in den USA. Manches hat sich dabei aus alter Zeit bis heute erhalten; deutliche Veränderungen gibt es dann erst ziemlich spät (etwa zwischen 1880 und 1920) mit der Entwicklung eines sehr dichten, in der Lautstärke gut veränderlichen Trommelwirbels und noch später (um 1965) mit der Einführung einer neuen Stockhaltung.

16. Jahrhundert (Pauken links, Trommel und Pfeife rechts)

Die Pauken

Wenn man heute im Fernsehen einen König sieht, dann sieht man meist einen seriösen Herrn im korrekten Anzug, vielleicht auch in Uniform oder (beim Neujahrsempfang) im Frack. Einen „richtigen König", der auf dem Kopf eine Krone trägt und in der Hand ein Szepter hält, gibt es für uns nur noch im Märchenbuch – oder auf Spielkarten mit „Bube, Dame, König". Vielleicht war das ja vor sechshundert Jahren noch anders; vielleicht gab es da ab und zu noch Gelegenheit, einen König zu erleben, der mit Krone und Szepter vor sein Volk trat. Jeder, der diese Krone sah, wusste dann: Das ist der König! Und ebenso wusste jeder: Nur der König (und kein anderer Mensch im Lande) darf so eine Krone tragen!

In wissenschaftlichen Büchern über Geschichte nennt man so etwas ein „Herrschaftszeichen" – und ein solches Herrschaftszeichen war meist recht auffällig, und jeder konnte es sehen. Damit aber nicht genug: Viele Könige (und später auch Herzöge und Grafen, Bischöfe und Generäle) fanden Gefallen an einem Herrschaftszeichen, das man nicht unbedingt sehen, stattdessen aber gut hören konnte – am Klang von Trompeten und Pauken.

Das kam natürlich nicht so schnell und plötzlich, wie es hier erzählt wird, sondern im Zuge einer längeren Entwicklung. Dazu gehört z.B. die einzelne Trompete als Signalinstrument des Militärs (besonders der berittenen Truppen). Wichtig ist hier aber, dass für die „repräsentativen Auftritte" solch einer Musikergruppe immer die Verbindung „mehrere Trompeten und dazu ein Paukenspieler" aufrechterhalten wurde und dass viele Fürstenhöfe (später auch die Verwaltungen freier Reichsstädte) sich solche Trompetergruppen leisteten.

Pauke

Natürlich kam es dann irgendwann auch zur Mitwirkung von Trompeten und Pauken in größeren Orchestern. Solche Orchester entwickelten sich in den Jahren zwischen 1700 und 1750 zu den Sinfonie- und Opernorchestern, wie wir sie heute noch kennen. In dieser Zeit entstand die Tradition, dass ein Streicherensemble (mit Violinen, Violen, Violoncelli und Kontrabässen) die klangliche Grundlage bildete, zu der dann Blasinstrumente (Oboen, Fagotte, Hörner, manchmal Flöten, etwas später auch Klarinetten) hinzutraten.

Sollte ein noch größeres Orchester gebildet werden, z.B. für ein Konzert aus besonderem Anlass oder für eine besonders festliche Opernaufführung, dann kam fast immer eine vollständige Trompetergruppe zu den eben genannten Instrumenten hinzu: mehrere Trompeter und ein Paukenspieler. Mit den Pauken dieses Spielers aber war dann plötzlich, sonderbar genug, ein Instrument in das Orchester „integriert", das lediglich zwei Töne spielte! Viele Komponisten haben auch aus diesen zwei Tönen ganz erstaunliche musikalische Wirkungen herausgeholt, und so hat man sich dann erst rund hundert Jahre später dazu entschlossen, zwei weitere Pauken dazuzustellen und nun mit vier Paukentönen zu musizieren.

moderne Pedalpauken

Große Trommel, Becken, Triangel

Nicht vergessen werden darf hier die Militärmusik, die ebenfalls (nach langer Vorgeschichte) zwischen 1700 und 1750 zu einer in vielen europäischen Ländern verbreiteten Modellbesetzung kam – mit drei bis vier Oboen, zwei Fagotten, zwei Hörnern und einer Trompete. Es handelte sich also um eine noch recht bescheidene Militärmusik, und man kann sich gut vorstellen, dass ein starkes Bedürfnis bestand, zumindest jedem Schritt eines Marsches einen ordentlichen „Wumm" zu verpassen!

Wie dies zu machen sei, das konnten die Militärmusiker Österreichs (in der Zeit der Maria Theresia) schon von Soldaten aus den Balkan-Ländern lernen, bei denen die Kombination „Große Trommel/Oboe" allgemein üblich war (so wie man sie heute in Bulgarien noch hören kann). Noch eindrucksvoller war aber natürlich die Militärmusik der Türken mit ihren kräftigen „Zurna"-Oboen und den Großen Trommeln (Davul), deren dunkler Klang sich mit dem Klirren zusammengeschlagener Becken mischte (damals noch die kleinen, stark gewölbten Becken, wie es sie heute noch in Tibet gibt).

Nach dem berühmten Auftritt eines Panduren-Regiments in Wien mit einer „Türkischen Musik" dauerte es dann gar nicht lange, bis – etwa um 1770 – jede Militärmusik Österreichs neben den oben genannten Blasinstrumenten auch einen Spieler für die Große Trommel und einen Spieler für die Becken hatte. Die vor der „echten" türkischen Musik vorangetragene Ringrassel aber wurde kurzerhand durch ein Triangel ersetzt, denn man wusste, dass das ursprünglich auch eine Ringrassel war (Große Trommel: siehe Abb. S. 202).

Triangel

Große japanische Trommel

Becken

Aus der Militärmusik aller Länder waren die drei „türkischen" Instrumente bald nicht mehr wegzudenken. Spielern wie Hörern blieb aber doch noch lange gegenwärtig, dass da etwas aus der Fremde gekommen war: Sollten in einer Oper Türken, Skythen oder andere „Wilde" auftreten, dann ließ der Komponist auch im Opernorchester die Taktbetonungen von den drei „türkischen" Instrumenten mitspielen – schön abgewogen und dosiert: in leisen Passagen nur mit dem silbernen Klang des Triangels, in den lauten Abschnitten aber mit allen drei Instrumenten.

Mit solchem „Geräuschanteil" in der Musik ergab es sich dann bald, dass in die „Banda" des Militärs noch ein Spieler für die Kleine Trommel (wie man sie von den „Trommlern und Pfeifern" kannte) aufgenommen wurde – und auch diese Ergänzung des Klangs und der Klangfarbe wurde vom Opernorchester nach kurzer Zeit übernommen.

Kleine Trommel (vor 1860)
(vergleiche heutige Kleine Trommel S. 199)

Die Schlagzeug-Gruppe

Die Zahl der Schlagzeugspieler bei manchen Aufführungen (das galt zunächst für Opern, bald auch für Sinfonien, Konzerte, Oratorien usw.) war nun schon recht groß: Ein Pauker und dazu vier weitere Spieler für die im vorigen Abschnitt genannten Instrumente. Dabei zeigte sich, dass die Spieltechnik der Schlaginstrumente eng zusammenhängt. Denn wer eine gute Kontrolle darüber hat, wie die Trommelstöcke auf dem Fell springen und nachfedern, der entwickelt auch schnell ein Gespür für die Spannung des Fells der Großen Trommel, für das Abprallen der beiden Becken, wenn sie zusammengeschlagen werden, und für Klang und Nachklang eines Triangels. Man ging daher mehr und mehr davon aus, dass nicht jedes der eben genannten Instrumente einen Spezialisten braucht, sondern dass es sich um ein einziges, spieltechnisch „zusammengewachsenes" Instrument handelt, das von jedem der beteiligten Schlagzeugspieler beherrscht werden sollte. Es war damit auch selbstverständlich geworden, dass immer mehr Teil-Instrumente in das „Gesamt-Instrument" hineinwuchsen – seien es nun Tamburin und Kastagnetten, Glockenspiel und Xylophon, Tamtam und Glocken.

Rasseln
und Kastagnetten

Handtrommel und Tamburin

Glocken

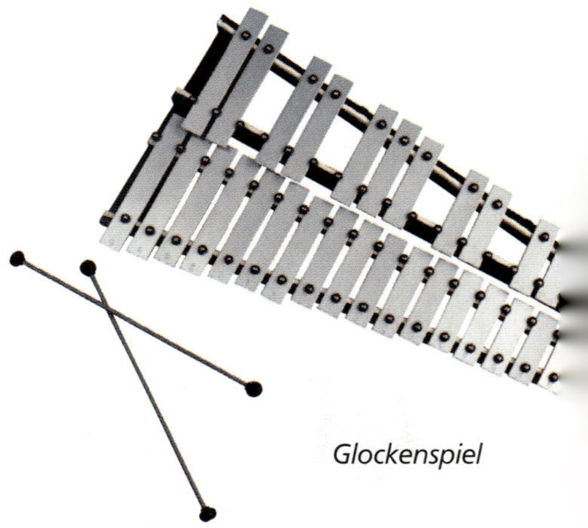

Glockenspiel

Tamtam

Xylophon
(Orff-Instrumentarium)

Xylophon

Die Mallet-Instrumente

Der Name Mallet-Instrument bezeichnet in der englischen Sprache diejenigen Schlaginstrumente, die mit einem „Hämmerchen" und nicht mit einem Stock angeschlagen werden – „mallet" hier also im Gegensatz zum „stick". In die Sinfonie- und Opernorchester eingeführt (und sofort den Schlagzeugern anvertraut) wurden solche Instrumente mit dem Glockenspiel (um 1845) und dem Xylophon (um 1875). Der fremdartige Name Xylophon bedeutet einfach „Holz-Klinger". Dies entspricht der Tonerzeugung durch angeschlagene Holzplatten, während man für das Glockenspiel sehr harte und schwere Stahlplatten braucht.

Beide Instrumente liefern sehr hohe Töne (etwa in der Höhenlage der Pikkoloflöte), und Versuche, mit größeren Holz- oder Metallplatten auch tiefere Töne zu erzeugen, hatten keinen rechten Erfolg. Erst mit dem Nachbau eines Volksmusik-Instruments aus Mexiko und Guatemala wurde (ab 1910) ein „holzklingendes" Tenor- und Bassinstrument verfügbar, das mit seinem runden und warmen Klang sehr schnell viele begeisterte Spieler fand. Das nach seiner Einführung zuerst Marimbaphon, dann in den letzten Jahren nur noch (wie in seinem Heimatland) Marimba genannte Instrument ist für die Ausbildung junger Schlagzeuger besonders wichtig geworden.

Das eigentlich aus Afrika stammende Resonator-Verfahren zur Verstärkung und Färbung des Klangs großer Klangplatten wurde dann (um 1920) auch auf Aluminium-Platten angewendet. Es entstand damit, als jüngstes Kind dieser Instrumentenfamilie, das Vibraphon (benannt nach dem zuschaltbaren Vibrato-Register), das seine größten Erfolge im Jazz – von Lionel Hampton bis zum Modern Jazz Quartet – hatte.

Marimbaphon

Vibraphon

Notenbeispiel

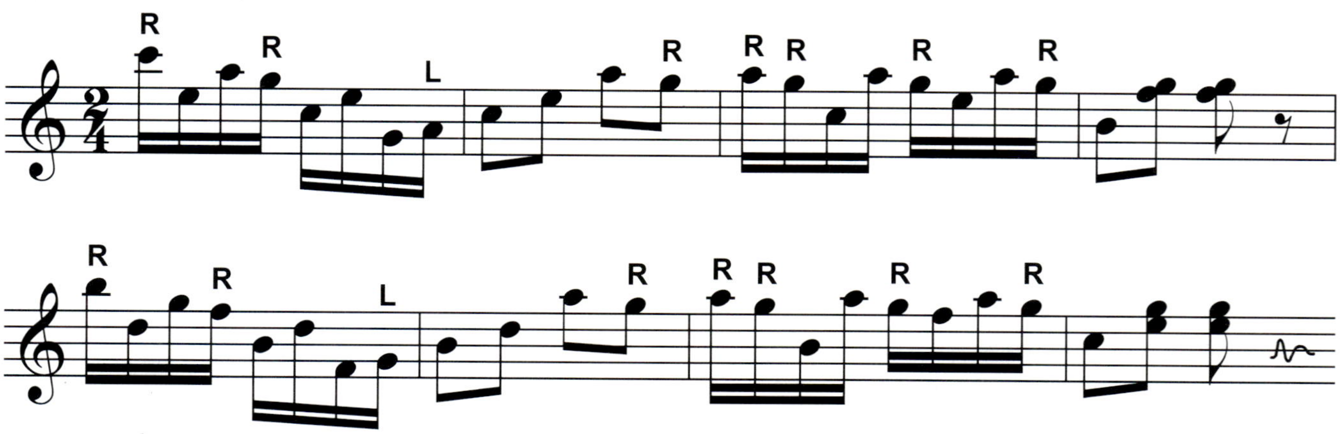

aus: Christoph Caskel: Die Paradiddle-Polka für Xylophon

Vom kombinierten Schlagzeug zum Drumset

Von Militärmusik war in den vorigen Abschnitten schon die Rede, ebenso von Opern, Sinfonien, Konzerten und Oratorien. Für das Schlagzeug wichtig ist aber auch das Aufblühen der Tanz- und Unterhaltungsmusik in der Mitte des 19. Jahrhunderts – mit dem „Wiener Walzer" und den beherrschenden Persönlichkeiten der Wiener Tanzmusik: Josef Lanner, Johann Strauß (Vater) und Johann Strauß (Sohn), dem „Walzerkönig". Wenn die Platzverhältnisse (in dem vorgesehenen Saal) und die finanziellen Möglichkeiten (in der Kasse des Veranstalters) es erlaubten, dann gingen auch diese Komponisten davon aus, dass je ein Spieler für Pauken, Große Trommel, Becken und Kleine Trommel eingesetzt werden könne. Es versteht sich, dass es in jener Zeit auch sehr klein besetzte Kapellen gab, die jeden Titel der damaligen Hit-Parade – Polka, Walzer, Galopp etc. – spielen sollten und wollten. Da wird dann schon einmal der Leiter einer solchen Kapelle ein längeres Gespräch mit einem Schlagzeuger geführt haben, ob man nicht alles mit einem einzigen Spieler machen könne. Gefragt waren plötzlich die Bastler unter den Schlagzeugern.

Relativ einfach war die Sache mit der Großen Trommel: Ein Fußpedal wird mit einem Hebel samt Schlägelkopf verbunden – man tritt drauf, und es macht „bumm". So etwas gibt es wohl schon seit dem Jahre 1880.

Schwieriger war es mit den Becken, wo es die sonderbarsten Versuche gab. Besonders lustig sind die zwei kurzen Metallarme, die beim Fußtritt gegeneinander bewegt werden und zwei sehr kleine Becken richtig aneinander schlagen. Man musste erst darauf kommen, dass ein Becken sich ja auch von

Fußmaschinen für Große Trommel

oben nach unten bewegen kann, um das zweite Becken zu treffen. So kann die Abwärtsbewegung des Fußes direkt und ohne Umlenkung übertragen werden.

Mit einer solchen „Beckenmaschine" für den linken Fuß, einer „Fußmaschine" (an der Großen Trommel) für den rechten Fuß, einer Kleinen Trommel ganz normal vor dem Spieler und zusätzlich noch einem einzelnen Becken, an einer Art Galgen aufgehängt, ist seit etwa 1920 Tanzmusik gemacht worden.

Heute gibt es für solch ein kombiniertes Schlagzeug einen neuen Namen: Man spricht vom Drumset – und man hört einen völlig veränderten Klang. Hier ist im Laufe einer fünfzigjährigen Entwicklung ein ganz neues Instrument entstanden, ein Instrument, auf dem man mit den Händen und zugleich mit den Füßen spielt, wie auf der Orgel.

Vom Dixieland bis zum Free-Jazz hat dieses Instrument den gleichmäßigen „beat" beigetragen, und die Entwicklung der Rock- und Pop-Musik von den Beatles über Abba bis heute wäre ohne Drumset ganz undenkbar.

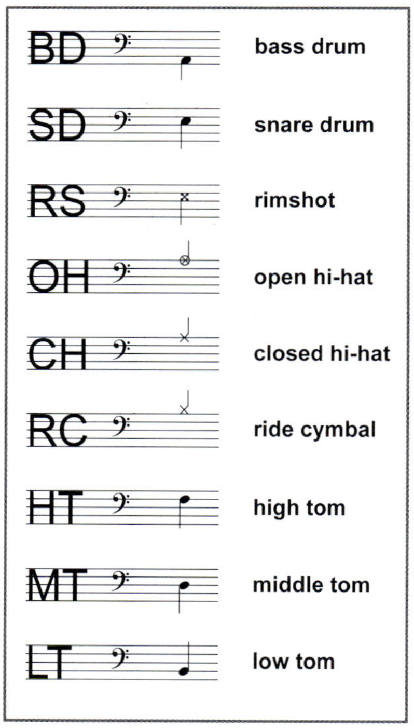

Notation des Drumset-Instrumentariums

Drumset

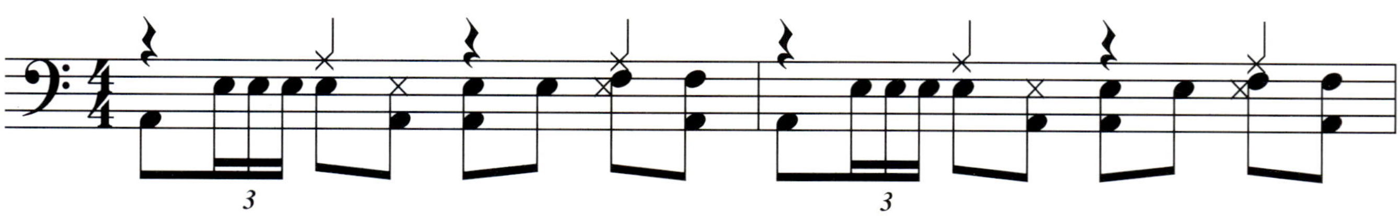

Grundrhythmus einer Rumba

Instrumente, Schlägel, Spielweisen

Am Ende des Abschnitts „Die Schlagzeug-Gruppe" ist von einem Instrument die Rede, das spieltechnisch zusammengewachsen ist, und von „Teil-Instrumenten", die in das „Gesamt-Instrument" hineinwachsen. Beim Lesen solcher Beschreibungen kommt man ziemlich automatisch zu dem Schluss: Wer Schlagzeug spielen will, der muss über eine große Halle verfügen, in der all diese Instrumente aufgestellt sind! Dem ist (glücklicherweise) nicht so, denn gerade spieltechnisch sind die „Teil-Instrumente" so zusammengewachsen, dass man sich beim Üben auf eine Auswahl daraus beschränken kann.

Es geht darum, die Spieltechnik des Schlagzeugs (dazu gehört ganz besonders das Gefühl für den Klang des Schlaginstruments) zu erlernen und zu entwickeln, diese Technik dann nach und nach zu erweitern (auch auf Schlaginstrumenten, die einem nicht ständig zur Verfügung stehen), um sie dann jederzeit anwenden zu können (auch auf Schlaginstrumenten, die einem nur selten begegnen).

Die Tradition, dieses umfangreiche Instrumentarium unter einem Namen, nämlich „Schlagzeug", zusammenzufassen, hat also durchaus ihren Sinn. In Süddeutschland und Österreich sagt man übrigens „Schlagwerk".

Bei Gitarren, Geigen oder Kontrabässen schwingen die Saiten. Eine solche Saite lässt einen leisen Ton hören, wenn man

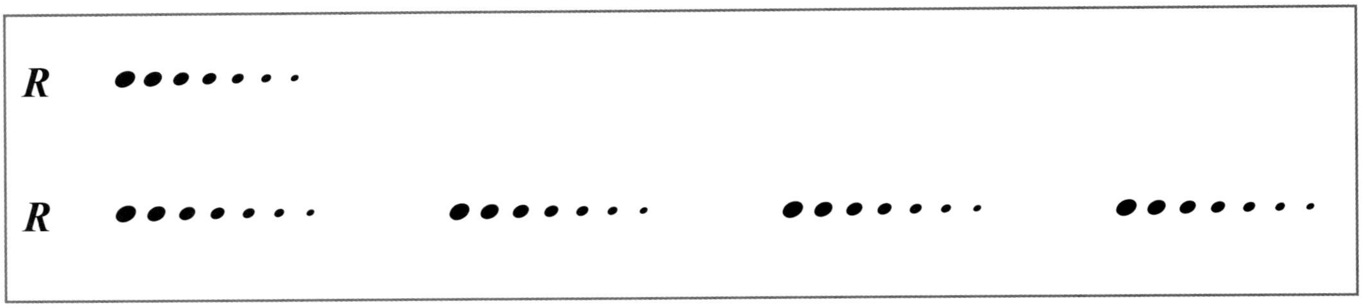

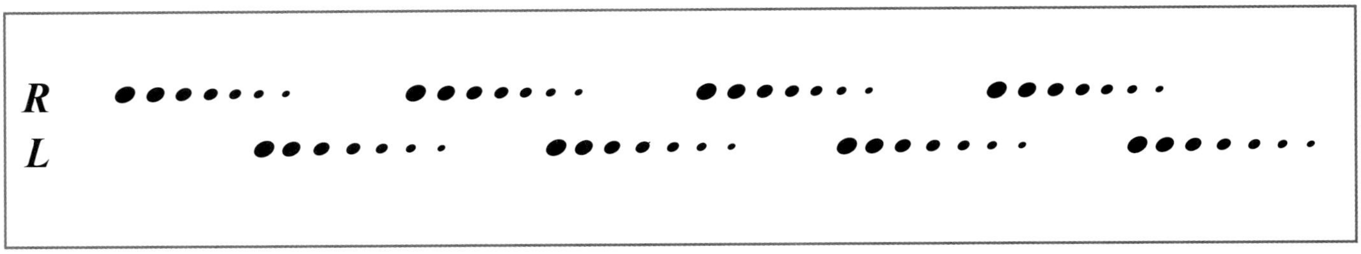

mit dem Finger daran zupft. Die Saite muss ziemlich straff gespannt sein, damit es funktioniert, und für diese straffe Spannung ist eine Schraub-Mechanik eingebaut. Es genügt leider nicht, die Saite einfach festzuknoten.

Bei Trommeln und Pauken soll eine ganze Membran schwingen, und dafür braucht man eine kreisrunde feste Kante, auf der sie mit ihrem Rand aufliegt. Diese feste Kante liefert bei den Pauken der Kessel (mit gewölbtem Boden), bei den Trommeln ein kleinerer „Kessel" (ohne Boden), und darüber gespannt wird eine Folie: heutzutage eine spezielle Plastikfolie, früher aber eine dünn geschabte Tierhaut (etwa wie Pergament). Man spricht heute noch vom Trommelfell und Paukenfell, und in vielen Orchestern werden auf den Pauken auch heute noch richtige Kalbfelle verwendet.

Die Kleine Trommel hat sogar noch ein zweites Fell, das über die offene Unterseite des Kessels gespannt ist, mit den Klängen des „Schlagfells" mitschwingt und diese Klänge so verändert, dass man keine genaue Tonhöhe wahrnimmt.. Die Hände halten und führen dabei die Trommelstöcke so, dass Mittelglied und Nagelglied der beiden Zeigefinger (von) unten leicht gegen die Trommelstöcke drücken, etwa wie zwei weiche Schaumgummi-Polster.

Wenn die Stockspitze nach einem Schlag vom Trommelfell abprallt, so kehrt sie, durch leichten Druck eines solchen Polsters, sofort zum Fell zurück, prallt wieder ab, kehrt wieder zurück. Der Stock erzeugt damit sechs oder sieben Schläge ganz schnell nacheinander. Der schnurrende Klang, der sich dadurch ergibt, kann vielleicht auch im Bild (Notenbeispiele oben) dargestellt werden: Nur einmal ausgeführt (oben), von der rechten Hand mehrmals nacheinander gespielt (Mitte) und dann in schnellem Wechsel von rechter und linker Hand (unten). Wenn dieser Wechsel gut gelingt, kann der Hörer die Klänge der rechten und linken Hand nicht mehr unterscheiden und hört den so entstehenden Trommelwirbel, der durch die mitschwingenden Saiten des unteren Felles einen nicht nur schnurrenden, sondern auch rauschenden Klang bekommt.

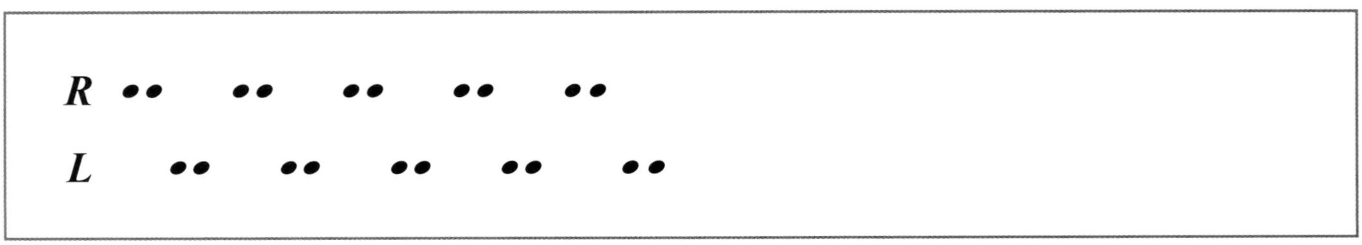

Führung der Trommelstöcke

Wer diese Technik gut beherrscht, kann den Wirbel dann auch – mit ähnlicher Finger-Feder-Technik – in einer sehr „offenen" Form ausführen (mit jeweils zwei Anschlägen rechts, links, rechts ...). (Vgl. Notenbeispiel S. 186 ganz unten.) Bei leisem Spiel (und beim dichteren Wirbel) liegt die Hauptarbeit bei Daumen und Zeigefinger; die anderen Finger der Hände sind dann oft über lange Strecken gar nicht beteiligt. Bei lautem Spiel und sehr schnellen Schlagfolgen müssen dann aber alle Finger kräftig (und schnell) mithelfen.

Die Felle der Pauken verhalten sich wie die Saiten von Gitarre oder Violine: Sind sie stark angespannt, so hört man einen ziemlich hohen Ton, sind sie etwas lockerer, so wird der Ton tiefer. Die Spannung der Felle kann man verändern, passend einrichten und somit die Pauken auf bestimmte Töne einstimmen: durch Drehen mehrerer Schrauben, Drehen einer Kurbel oder durch Treten eines Pedals (es gibt die verschiedensten Systeme). Vor jedem Konzert, vor jeder Orchesterprobe und auch vor Beginn des Übens kleiner Paukenstücke muss also erst einmal gestimmt werden. Das nächste Stück verlangt dann vielleicht wieder andere Töne.

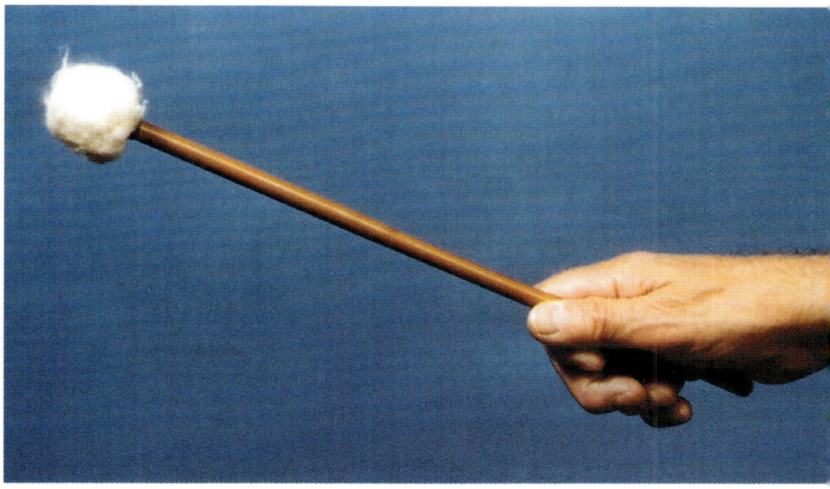

Führung der Paukenschlägel

Es ist zweckmäßig, die Paukenschlägel genau so zu halten und zu führen wie die Trommelstöcke. Die Hauptarbeit leisten Daumen und Zeigefinger, und erst bei lauten und schnellen Schlagfolgen werden die anderen Finger zu Hilfe genommen. Besonders der Paukenwirbel wird durch schnellen Wechsel von rechter und linker Hand erzeugt. Das bei den Trommelstöcken beschriebene „Mehrfach-Anschlagen" ist mit Paukenschlägeln leider nicht möglich. Charakteristisch für die Spieltechnik der Pauke sind die großen Entfernungen zwischen den zwei (oder vier) Anschlagstellen. Während die Hände sich für die Schläge auf- und abbewegen, müssen die Arme mit horizontalen, weiträumigen Bewegungen den jeweiligen „Transport zum Schlagfleck" übernehmen.

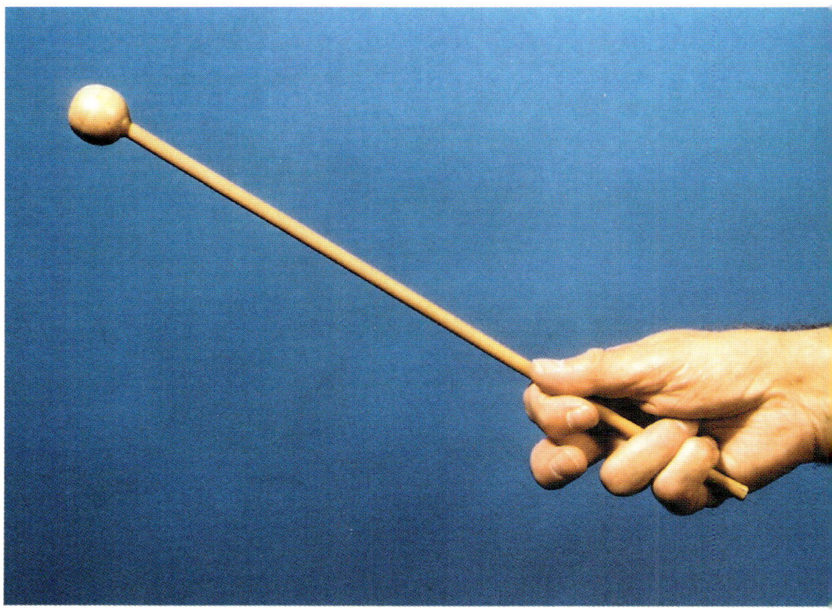

Führung der Mallet-Schlägel

Genau das Gegenteil gilt für die Mallet-Instrumente. Hier liegen die Tasten sehr eng nebeneinander, und sehr kleine Seitenbewegungen der Arme müssen sicherstellen, dass die richtige Taste getroffen wird. Die Haltung der Schlägel ändert sich hier geringfügig gegenüber Trommel und Pauke: Daumen und Zeigefinger halten wie gewohnt den Stiel des Schlägels, der viel dünner ist als der Trommelstock. Unter der Handfläche aber schließen sich Ringfinger und kleiner Finger um den Schlägel, und nur der Mittelfinger bleibt ganz locker.

Notenbeispiel

aus: Christoph Caskel: Etüde für 4 Pauken

Instrumentenwunsch, Begabung, Alter

In manchen Veröffentlichungen kann man lesen, gerade die besonders munteren, bewegungshungrigen Kinder hätten die idealen Voraussetzungen zum Schlagzeugspiel. Das klingt recht einleuchtend, muss aber durchaus nicht immer zutreffen. Oft genug trifft man das sehr ruhige, fast introvertierte Kind, das plötzlich mit Trommel oder Drumset *sein* Instrument entdeckt hat und seinen Wunsch mit großer Zähigkeit durchsetzt. Patentrezepte gibt es hier also nicht. Umso wichtiger ist es, alle Probier- und Beratungsmöglichkeiten zu nutzen, wie sie in der Einleitung dieses Buches ausführlich beschrieben sind.

Auch die körperliche Eignung wird man nur durch Ausprobieren überprüfen können: Manchmal entwickeln etwas steif wirkende Kinder am Schlagzeug eine erstaunliche Beweglichkeit in Hand- und Schultergelenken, während der gewandte Fußballspieler am Schlagzeug sonderbar gehemmt wirkt. Wichtig ist aber nicht nur die Beweglichkeit der Hände (die für schnelle Schlagbewegungen sicher Voraussetzung ist), sondern auch die Gewandtheit der Finger, mit denen Stöcke und Schlägel gehalten und gesteuert werden.

Für die eigentliche musikalische Begabung wird jeder Fachlehrer seine Test-Methode haben; er wird dabei berücksichtigen, dass musikalische Fähigkeiten sich oft im Laufe des Unterrichts erst entwickeln. Als günstiges Alter für den Unterrichtsbeginn wird meist das 8. bis 10. Lebensjahr empfohlen; dies ist sicher richtig, und nur in seltenen Ausnahmefällen ist ein früherer Unterrichtsbeginn sinnvoll.

Die Beantwortung der Frage nach Privatunterricht oder Musikschule wird sich oft nach den örtlichen Gegebenheiten richten müssen. Beim Schlagzeug aber bietet eben die Musikschule oft die Möglichkeit, im Laufe des Unterrichts das ganze Instrumentarium des Schlagzeugs kennen zu lernen und auszuprobieren. Schon zu Beginn des Unterrichts sollte aber geklärt werden: Was soll gelernt werden? In einer Welt, in der Rock-Musik aus jedem vorüberfahrenden Auto zu hören ist, lautet die Antwort meist: Drumset. Manche Kinder aber haben zuerst nur eine vage Vorstellung, von „Trommeln, Klopfen, Rhythmus", sie können also mit der Trommel beginnen, um dann im Laufe des Unterrichts zu sehen, wohin die Reise geht.

afrikanische Rassel

Schlagzeug-Unterricht

Die ersten Unterrichtsstunden müssen nicht sofort zu ganz intensiver Arbeit führen. Es muss nicht sein, dass die Notenschrift, die richtige Stockhaltung, die richtige Körperhaltung sofort in Angriff genommen werden. Stattdessen sollte man die Instrumente gründlich kennen lernen: Wie klingen verschiedene Becken, wie klingen verschiedene Trommeln, wie wird das Drumset aufgestellt, wie arbeiten die Fußpedale? All dies braucht seine Zeit. Bei dieser Gelegenheit sollten Lehrer und Schüler auch gemeinsam ausprobieren, welche Stöcke mit welcher Länge, welchem Gewicht, besonders aber mit welcher Dicke (!) für die Hände der Schülerin oder des Schülers am günstigsten sind.

Man kann aber auch schon Musik machen: Einfache Rhythmen ausprobieren, vor- und nachspielen, Klang-Landschaften aufbauen. All diese ersten Musikerfahrungen sind wichtig, und man sollte ihnen genügend Zeit einräumen. Gerade beim Schlagzeug aber kommt recht bald der Zeitpunkt, bei dem auch das Wiederholen, das Erinnern immer wichtiger wird, und dann geht es nicht mehr ohne Notenschrift.

Der Einstieg in die Notenschrift ist beim Schlagzeug besonders leicht: Man kann sich zuerst auf den Rhythmus konzentrieren; die Tonhöhen, die bei Klavier oder Flöte so wichtig sind, spielen noch gar keine Rolle. Man muss also nicht verfolgen, wie die Töne herauf- und heruntergehen. Auch die beliebten Rechenkünste (diese Note hat vier Schläge, diese hier ist halb so lang, also hat sie zwei ...) können für längere Zeit vernachlässigt werden. Für den Trommler genügt zuerst:

Bei ♩ macht die Hand einen Schlag,

bei 𝄽 macht die Hand nichts.

„Rechte Hand" „Rechter Fuß"

Dies können übrigens sehr kleine Kinder intellektuell schon erfassen, eine Folge von Schlägen und Pausen schön gleichmäßig abliefern können sie allerdings noch nicht.

Viele Schulwerke und Notenhefte für den Unterricht an Trommel und Drumset (besonders die aus den USA) gehen schon von diesem sehr einfachen Modell der Notenschrift aus, das Verfahren dürfte sich in den nächsten Jahren allgemein durchsetzen.

Für die Spieltechnik genügt es zu Anfang, wenn die Kinder zwischendurch immer wieder das Nachprallen des Stockes erproben. Man muss also „trrrrrrr" machen, um so das spätere Training des Wirbels vorzubereiten. Mit dieser Übung wird auch die richtige Stockhaltung gefestigt und gesichert. Für das Drumset-Spiel aber kommen nun auch die Füße dazu. Das kann zuerst ganz einfach ablaufen (siehe Notenbeispiel S. 192) und später etwas verändert werden (siehe unten).

An diese Vorgänge muss man sich aber später erinnern (dann geht es also nicht ganz ohne Notenschrift), und sie sollen nach einiger Zeit schon fast automatisch ablaufen. Dafür muss man sie oft wiederholen, also üben.

„Rechte Hand" „Rechter Fuß"

Regelmäßiges Üben und erstes Zusammenspiel

Wenn Fertigkeiten gelernt und später „gekonnt" werden sollen, so geht dies nur durch Wiederholungen der Bewegungsabläufe – Wiederholungen, bei denen das Gelernte so gründlich verankert wird, dass die Bewegungen immer natürlicher, selbstverständlicher, effektiver und eben „gekonnter" ablaufen. Die Zeitabstände, in denen wiederholt werden muss, sind aber, je nach Unterrichtsstoff, ganz verschieden:

Wenn junge Leute in einen Kurs für Gesellschaftstanz gehen (etwa jeden Donnerstagabend von 18–20 Uhr), dann werden sie die gelernten Bewegungsfolgen nicht unbedingt zu Hause auch noch üben. Und doch können wir davon ausgehen, dass die meisten von ihnen am Ende des Grundkurses einen (vielleicht noch etwas ungelenken) Foxtrot oder Walzer schon tanzen können.

Die Jugendgruppe eines Sportvereins wird sich vielleicht zweimal pro Woche zum Training treffen, und auch dies dürfte in vielen Fällen eine deutlich messbare Leistungssteigerung hervorbringen. Beim Erlernen eines Musikinstruments aber müssen die Wiederholungen in noch kürzeren Abständen aufeinander folgen, und daran denken wir, wenn wir vom Üben sprechen. Es muss ja bei den jüngsten Schülern noch nicht unbedingt ein tägliches Üben sein.

Muss man Schlagzeug denn auch üben? Dies ist eine gar nicht so selten gestellte Frage. Es ist auch eine durchaus nahe liegende Frage, denn Vorgänge, die mit „Schlagen" verbunden sind, kommen im Alltag sehr häufig vor (Befestigen durch Hämmern, Lockern durch Hämmern, Prüfen durch Klopfen ...), und das Schlagen auf Trommeln kann dann doch eigentlich nicht viel schwieriger sein. Es wird dabei vergessen, dass die Hände beim Schlagzeugspiel sehr viele Bewegungen ausführen, die im Alltag nicht vorkommen. Schon das Abwechseln rechts-links-rechts-links ist uns ganz fremd. Unsere Beine machen es beim Gehen immer wieder, unsere Hände machen es im Alltag fast nie.

Das Üben der Anfänger soll zuerst nur ein einfaches Wiederholen sein: Das neue Stück, den neuen Rhythmus zweimal durchspielen (und das alte Stück am besten auch gleich noch einmal), das genügt am Anfang durchaus.

Notenbeispiele

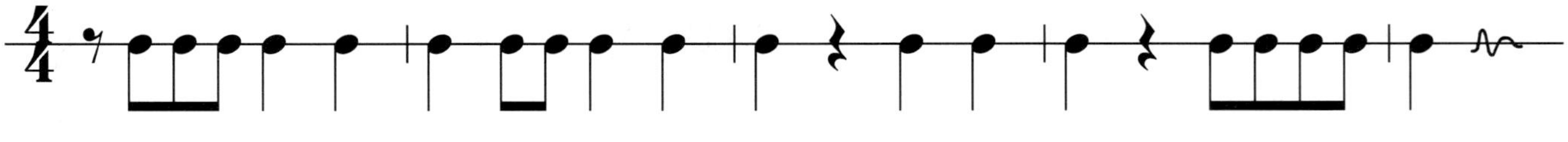

Dabei ist natürlich das Interesse der Eltern besonders wichtig. Eine Bemerkung wie „Das hast du neu gelernt? Klingt ja toll!" ist die beste Motivation, und wenn Onkel und Tante auch noch ab und zu zuhören, ist es noch besser.

Die ersten kleinen Stücke „nach Noten" wird man wohl ziemlich langsam spielen. Das hat zur Folge, dass man diese Stücke bald auswendig kann, und das ist ja auch gut so. Zur Einübung der Notenschrift gehört aber unbedingt, dass nicht nur bestimmte Stücke eingeübt werden, sondern dass das Lesen erlernt wird. (Hier soll also eine bestimmte Fertigkeit immer sicherer beherrscht werden.) Das ist nur möglich durch häufige Wiederholung – und zwar nicht Wiederholung bestimmter Stücke, sondern Wiederholung des Lesevorgangs!

Wenn erst wenige Noten- und Pausenzeichen bekannt und kleine Stücke ausprobiert worden sind, die etwa so aussehen wie unser oberes Notenbeispiel auf S. 194, dann sollten in den nächsten Unterrichtsstunden noch mindestens acht bis zehn (wenn nicht noch mehr) weitere Stücke vorgenommen werden, die nur aus diesen Elementen bestehen. (Natürlich soll nicht der gesamte Unterricht diesem Lese-Training gewidmet werden, ein angemessener Anteil jeder Unterrichtsstunde sollte aber ganz bewusst dafür reserviert werden.) Man braucht also viel Stoff, und wenn der Schlagzeuglehrer in seinem Unterricht mehrere Schlagzeugschulen und Notenhefte parallel verwendet, um immer genügend Beispiele des gerade erreichten Schwierigkeitsgrades vorlegen zu können, dann ist das durchaus sinnvoll.

Nicht selten wird angenommen, erst für ältere Schülerinnen und Schüler, etwa ab dem 13. oder 14. Lebensjahr, sei es sinnvoll, nun auch einmal ein Xylophon auszuprobieren. Es hat sich aber oft gezeigt, dass geschickte Lehrer auch mit Jüngeren (etwa Acht- oder Neunjährigen) schon auf Mallet-Instrumenten musizieren können, wobei die ersten kleinen Stücke, vom Lehrer vorgespielt, einfach auswendig gelernt werden. Das geht bei kleinen Melodien wie etwa auf S.194 (unteres Notenbeispiel) sehr gut und ganz ohne Notenlesen.

Hier sollte von Anfang an auf gute Körperhaltung geachtet werden: Viele Xylophone und Marimbaphone werden heute höhenverstellbar gebaut, meist aber lassen sie sich für Kinder nicht niedrig genug stellen. Bitte also nicht wundern, wenn auf den Fußboden des Unterrichtsraumes ein Brett gelegt wird, um das Kind daraufzustellen. (Notfalls sogar mehrere Bretter aufeinander; 150 x 40 cm, 20 mm stark, aus dem Baumarkt.)

Das Auswendig-Spielen kann ruhig noch lange beibehalten werden, zuerst mit noch sehr einfachen Stücken, später auch mit schnell und fließend ablaufenden Melodien (2 Notenbeispiele S. 197 oben).

Electronic Drums

Jedes Musikinstrument kann „solo" (also ganz für sich allein) gespielt werden, und jeder, der das Spiel auf einem Musikinstrument erlernt, sollte genügend Zeit finden, den Klang seines Instruments ganz für sich allein (und mit viel Ruhe) zu erproben. Möglichst bald aber sollte sich auch die Erfahrung ergeben, wie das eigene Instrument den Klang eines ganzen Musik-Ensembles mitgestaltet: Das geht in einer Bigband (etwa 12–18 Band-Mitglieder) oder in einem Orchester (etwa 20, 30 oder noch mehr Spielerinnen und Spieler), aber ebenso gut auch schon in einer Gruppe von drei oder vier Spielern.

Auch die Anfänger sollten ab und zu schon in einem Schlagzeug-Ensemble (drei bis sechs Spieler) zusammenwirken. Es gibt ganz bezaubernde, leichte und doch schon musikalisch wirkungsvolle Stücke – ganz ohne großen Aufwand an Instrumenten – etwa: für vier Trommeln; für Trommel, Drumset und ein hängendes Becken; sogar für vier Bälle.

Von unseren jüngsten Anfängern wurde oben gesagt, beim Üben genüge erst einmal ein Wiederholen – ein Wiederholen von Stücken, die man eigentlich schon kann. Dabei wird es aber nicht allzulange bleiben. Ziemlich bald ist man nämlich bei Stücken, die man eigentlich kann, wäre da nicht der eine Takt, bei dem es „hakt". Diesen Takt muss man kurzerhand als eine „Spezialübung" behandeln: Man muss ihn aus dem Zusammenhang herausnehmen, ganz alleine spielen, oft wiederholen, bis er so vertraut ist, dass es eben nicht mehr hakt. Wenn alles klappt, dann hat man ein doppeltes Erfolgserlebnis: Man kann diesen Takt, und man kann das ganze Stück gut spielen!

Es wird hier deutlich, dass der Zeitaufwand für das Üben sehr schnell größer werden wird. Das gilt besonders für das Drumset mit seinen Anforderungen an Koordination von Händen und Füßen. Dafür müssen auch die Teilfertigkeiten, besonders die der Hände, bewusst trainiert werden. Der Schlagzeuglehrer wird also einen Teil des Unterrichts ganz für die Trommel reservieren, sodass mit Steigerung der Lesefähigkeit ebenso wie mit Vorschlags- und Wirbelübungen eine solide Basis für das Drumset-Spiel gelegt werden kann (2 Notenbeispiele S. 197 unten).

Beim Trommel- und Drumset-Üben sollte man übrigens auf keinen Fall vergessen, Gehörschutz zu benutzen. Will man aber nicht nur die eigenen, sondern auch die Ohren der Nachbarn schonen, dann gibt es dafür das Übeböckchen, heute allgemein „practice pad" genannt, auf dem man fast geräuschlos trommeln kann, ein für jeden jungen Schlagzeuger ganz wichtiges Gerät. Auf dieses sollte man nicht verzichten.

Fleißiges Drumset-Üben soll aber auf die Dauer nicht ohne die zugehörige Musik ablaufen. Das heißt also: CD einlegen, Kopfhörer aufsetzen, mit der Musik mitspielen! Mit solcher Spielerfahrung ist der jugendliche Drummer sicher bald in der Lage, in seine erste richtige Band einzusteigen. Auch sonst ist das Musikhören wichtig. Ist der erste Bossa-nova-Rhythmus fällig, dann muss man solche Rhythmen auch mehrmals gehört haben.

Spielmöglichkeiten für junge Schlagzeugerinnen und Schlagzeuger gibt es aber nicht nur in der Band. In vielen Städten sind Musikvereine mit ihrem Blasorchester aktiv, und in solchen Blasorchestern können auch die Jüngeren oft schon mitwirken. Übrigens: Das Blasorchester heißt zwar so, hat aber neben den Blasinstrumenten (Flöten, Klarinetten, Trompeten usw.) immer auch eine Schlagzeuggruppe mit drei oder vier Spielern.

Auch in Schulorchestern wird immer wieder ein Pauker gebraucht, selbst wenn die Zahl der Spieler nicht so groß ist wie in einem ausgewachsenen Sinfonieorchester. Wie man dabei die Musik verfolgt und wie man im richtigen Moment einsetzt, kann man gut mit Lautsprecher und CD einüben, und auch eine reine Hörstunde kann dafür sehr nützlich sein.

Notenbeispiele

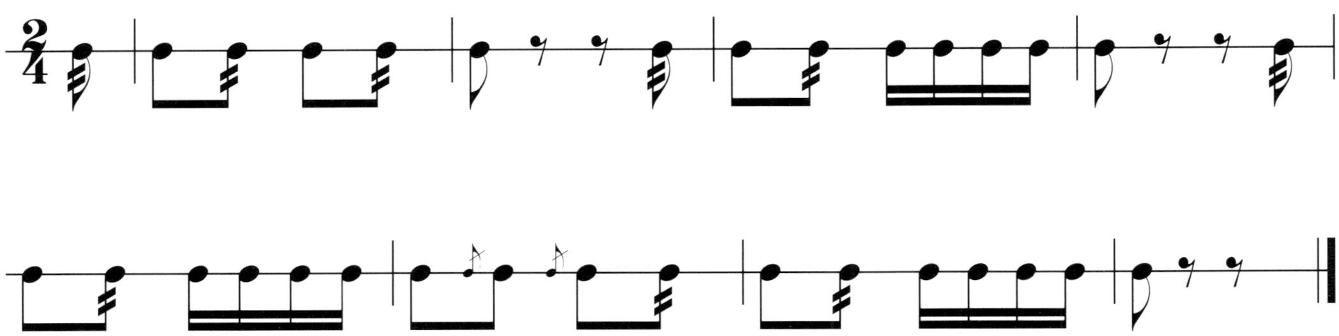

Hörempfehlungen

Lange Zeit gehörte das Schlagzeug zu den Instrumenten, die man – wie Tuba oder Kontrabass – nur selten „solo", meist aber in einem größeren Ensemble hörte. In den letzten vierzig Jahren hat sich das geändert; inzwischen gibt es eine Fülle von Werken für die verschiedensten Schlaginstrumente solo, die auch alle in sehr guten CD-Aufnahmen vorliegen. Hier nur ein kleine Auswahl:

Johann Sebastian Bach:
Suiten für Violoncello, in der Fassung für Marimba solo

George Crumb:
Music for a summer evening (2 Klaviere, 2 Schlagzeuger)

Siegfried Fink:
Trommel-Suite (Kleine Trommel solo)

Mark Glentworth:
Blues for Gilbert (Vibraphon solo)

André Jolivet:
Suite en concert (Soloflöte, 4 Schlagzeuger)

Claire Omar Musser:
Etüden (Marimba solo)

Martin Christoph Redel:
Traumtanz (Schlagzeug und Orchester)

Gordon Stout:
Two Mexican Dances (Marimba solo)

Kauf, Gebraucht-Kauf, Ausleihe der wichtigsten Schlaginstrumente (samt Zubehör)

Die Trommel

Die Trommel (genau heißt es: „Die Kleine Trommel"), heute auch mit ihrem englischen Namen als „snare drum" bezeichnet:

- Durchmesser meist ca. 38 cm
- ein „Fell" oben (das Schlag-Fell), ein Fell unten (das Resonanzfell), beide Felle heute nicht mehr aus Tierhaut, sondern aus Kunststoff-Folie
- jeweils acht oder zehn Schrauben zum Anspannen der Felle
- unter dem Resonanzfell die Saiten, eigentlich „Schnarr-Saiten" (heute meist englisch: „the snares"), die gleichmäßig am Resonanzfell anliegen müssen
- seitlich ein kleiner Hebel: In der einen Hebelstellung sind die Saiten so gelockert, dass sie nicht mehr am Fell anliegen (wird manchmal als besondere Klangfarbe und zum Üben benötigt), in der anderen Stellung sind die Saiten wieder straff am Fell.
- seitlich auch eine kleine Stellschraube (um die Saiten straffer zu ziehen oder zu lockern)

Die Trommelfelle müssen sich straff anspannen lassen (prüfen mit „trrrrrr"); dies geht bei alten Fellen meist nicht mehr. Bei Gebraucht-Kauf also ein preiswertes Instrument kaufen – und zwei neue Felle dazu.

Der Trommelständer muss in der Höhe verstellbar sein. Wichtiger noch: Er muss sich tief genug stellen

Kleine Trommel (snare drum)

lassen! Viele Ständer sind etwas zu hoch, sodass der Schüler mit leicht hochgezogenen Schultern spielt.

Der Drummersitz muss ebenfalls in der Höhe verstellbar sein. Wichtig ist, dass er sich hoch genug stellen lässt! Viele Jugendliche haben mit 13 oder 14 Jahren schon sehr lange Arme. Sollen beim Trommeln die Hände nicht ständig an die Oberschenkel stoßen, so ist dies nur möglich bei relativ hohem Sitzen, sodass die Oberschenkel leicht geneigt sind.

Die Trommelstöcke sollte man erst kaufen, wenn Lehrerin oder Lehrer die richtige Größe (für die Hand passend) ermittelt haben.

Sticks

Jazzbesen

Drumset

Ein Drumset wird heute oft in drei Teilen verkauft. Es sind:

- die Fellinstrumente (snare-drum, bass-drum, tomtoms)
- die Becken
- Ständer, Hi-Hat-Maschine etc. (hardware)

Die Becken sollten von besonders guter Qualität sein, und ihr Klang muss dem Spieler Freude machen. Daher gilt immer: An den Becken nicht sparen.

Das practice pad sollte alle Trommeltechniken ermöglichen, auch das Nachfedern des Stockes („trrrrrrr"). Ältere Gummi-pads taten dies nicht, man musste ein „spannbares" pad mit einem richtigen kleinen Trommelfell kaufen. Heute gibt es aber auch Vollgummi-pads mit gutem „bounce".

Gehörschutz, Ohrenschutz gibt es in jedem Musikgeschäft, jeder Apotheke, jeder Drogerie, sogar im Baumarkt (für Sägearbeiten etc.).

Klaus Heider

In der Werkstatt

Palisander aus Brasilien, Pao-Rosa – Holz aus Afrika, Birken- und Pappelholz aus Deutschland, EP-Schlagfelle aus Amerika, Kalbsfelle aus Deutschland, Bronze- und Messingscheiben aus der Türkei und Italien, Resonanzkästen für Stabspiele aus Russland und Tschechien, Metallbeschlagteile und Stative aus Taiwan und China ... wahrlich eine world wide music – und die Liste der Materialien ließe sich noch beliebig fortsetzen.

Als größte Familie in allen Ländern der Welt hat das Schlagzeuginstrumentarium eine kaum darzustellende Vielfalt aufzuweisen, entsprechend unterschiedlich sind auch heute noch die Herstellungsverfahren der Fell-, Metall- und Holzklinger. Die Palette reicht von kleinen Familienbetrieben vor allem in Afrika und Südamerika, von wo aus ein großer Teil der Perkussionsinstrumente auf den europäischen Markt gelangt, bis hin zu hochmodernen Industrieanlagen von Sonor, Yamaha und Pearl.

Daneben gibt es kaum einen professionellen Schlagzeuger, der sich nicht selbst ein Instrumentarium aus diversen Teilen für besondere Effekte zusammenbaut. Vor allem in der zeitgenössischen Musik bringt man Klangerzeuger aus Metall, Glas, Kunststoff und anderen Materialien zum Einsatz, um den Reiz des Ungewöhnlichen für Auge und Ohr zu erhöhen. So werden auch normale Gebrauchsgegenstände zum „Klingen“ gebracht,

Große Trommeln, Pauke, Kleine Trommeln, Becken (von links)

vom Stoffkissen über einen Metallkanister bis hin zum Holzklotz, der mit der Axt vor dem staunenden Publikum in Stücke zerhauen wird.

Viele Trommeln, wie z. B. die afrikanischen djembe und dondo, denen der Spieler mit seinen Händen unterschiedliche Töne entlockt, werden noch wie zu Urzeiten hergestellt. Über einen ausgehöhlten Baumstamm, der je nach Modell unter den Händen des Schnitzers eine besondere Form erhält, wird ein gegerbtes Ziegen- oder Kalbsfell gespannt. Die kreuzweise nach unten gezogenen Schnüre geben dem Fell nicht nur den nötigen Halt, sondern lassen sich durch eingearbeitete Knoten oder Schlaufen in ihrer Spannung verstellen.

Eine europäische Variante ist die Landsknechtstrommel, die ein Resonanzfell besitzt und in moderner Bauform mit metallenen Beschlagteilen, Spannreifen und Plastikfellen in vielen Tambourcorps und Spielmannszügen zu finden ist. Wo man keine tropischen Harthölzer verwendet, leimt man den Klangkörper der handelsüblichen Congas und Bongos aus zugeschnittenen Segmenten zusammen. Bei Modellserien im unteren Preisbereich wird der gesamte Kessel gleich aus Fiberglas in Schichtbauweise hergestellt und entsprechend lackiert.

Da Trommeln für Drumsets in großer Stückzahl gefertigt werden, kommen heute ausschließlich CNC-gesteuerte Metall-

Formung eines Kessels

Montage

und Holzbearbeitungsmaschinen zum Einsatz. Damit ist nicht nur eine hohe Präzision, sondern auch ein schnellerer Modellwechsel gewährleistet. Abgelagerte und trockene Paneele von heimischen Hölzern (Ahorn, Birke, Pappel) erhalten in der Schreinerei ihren Zuschnitt. Nach Verleimung der einzelnen Holzlagen (je nach Modell bis zu zwölf Schichten) wird der Kessel unter Hitze in einer Presse geformt. Dieser Vorgang dauert ca. 15 Minuten, die Trockenzeit allerdings erheblich länger.

Dann gibt der Schreiner dem Holz innen und außen den nötigen Feinschliff und schrägt die Ränder in einer Fräse auf 45° an, um dem Fell eine optimale Schwingung zu ermöglichen. Da die Optik bei dem umfangreichen Trommelsortiment eine wichtige Rolle spielt, wird großer Wert auf die Gestaltung der Außenhaut gelegt. Das geht von der Beschichtung mit farbigen Kunstfolien bis hin zu aufwändigen Lackierungen. Hierbei trägt man bis zu fünf Lackschichten auf, poliert und schleift immer wieder, um ein brillantes und widerstandsfähiges Finish zu erreichen.

Danach können alle Beschlagteile wie Böckchen und Spannschrauben, welche andere Hersteller liefern, montiert und die Felle mit Hilfe von Spannreifen aufgezogen werden. Als Bespannung dienen präparierte und auf Reifen aufgezogene Natur- oder Kunststoff-Felle. Ein besonderer Arbeitsgang ist das Einpassen der Dämpfer, die von außen eingestellt werden können, und das Einlegen der Spiralfedern (sound-wire) bei den kleinen Trommeln.

Die Anfertigung von Metallkesseln für snare und Tom-Tom benötigt den Einsatz von computergesteuerten Drehbänken, die aus Stahl oder Messing den Rohling und auch die Spannreifen ziehen. Modelle der unteren Preisgruppen werden aus gestanztem Metall gebogen und verschweißt. Vor der Komplettierung mit allen anderen Teilen wird der Kessel poliert und mit einem Schutzlack versehen. Bei der Endkontrolle stimmt der Intonateur das Schlagfell mit einem Oszillographen auf die vorgesehene Tonhöhe.

Da die Kesselpauken aus getriebenem Kupfer kaum noch erschwinglich sind und nur von großen Sinfonieorchestern angeschafft werden, stellt man heute für kleinere Spielgruppen den Klangkörper aus Acrylharz oder Fiberglas her. Auch wird die komplizierte und aufwändige Pedalmechanik durch eine Zentralgewindevorrichtung ersetzt, welche die Position der Spannschrauben verändert und damit das Fell auf die erforderliche Tonhöhe einstellt.

Die Anfertigung der Metallidiophone unterscheidet sich erheblich, je nachdem ob die Teile gegossen, getrieben oder gestanzt werden. Nach wie vor entstehen in Handarbeit hochwertige Cymbals, Gongs und Tamtams im Gussverfahren und werden in langwierigen Arbeitsgängen gehämmert und immer wieder auf ihren Klang überprüft. Bei den Standardmodellen erhalten die industriegefertigten Rohlinge (Ronden) aus Messing oder Bronzelegierungen in der Maschinenpresse ihre Grundform. Danach treibt der Schmied mit dem Hammer das Metall so lange, bis die Scheibe die notwendige Wandstärke aufweist. Diese richtet sich nach Modell und Klangcharakter (heavy, medium, high). Auf der Drehbank wird das Cymbal abgezogen, wodurch die Tonrillen entstehen. Am Schluss steht die entsprechende Oberflächenveredelung durch Polieren oder Lackieren. Manche Firmen verzichten auf jegliche Art der Endbehandlung, um den natürlichen Alterungsprozess des Metalls nicht aufzuhalten.

Während die Klangplatten der billigen Glockenspiele auf die genaue Tonhöhe gestanzt werden, „stimmt" ein Intonateur die Aluminiumplatten der großen Metallophone und Vibraphone mit Fräse und Oszillograph. So kann z.B. die Feinabstimmung der Röhrenglocken, die zum Schlagwerk eines Sinfonieorchesters gehören, bis zu sechs Wochen betragen, ehe sie endgültig in das Rahmengestell gehängt werden. Alle anderen Kleinteile wie Triangel, Schellenkranz, Agogo Bells und Cowbell werden maschinell in Serie angefertigt.

Nach einem ähnlichen Verfahren wie die Metallklangplatten werden auch die Klangstäbe der Xylophone aus Palisanderholz in der Maschine gehobelt und auf die

Intonation mittels Oszillograph

Stanzen der Metallplatten für Glockenspiele

Herstellung von Klangstäben

richtige Länge zugeschnitten, die untere Resonanzwölbung ausgefräst und in einem längeren Arbeitsgang mit dem Bandschleifer auf die richtige Tonhöhe gebracht. Dann erst legt ein Arbeiter die Klangstäbe auf die Haltezapfen der vorbereiteten Resonanzkästen.

Die „kleinen" Perkussionsinstrumente wie Tempelblocks, Kastagnetten, Claves, Schüttelrohre, Maracas, Cabasa, Guiro

Auflegen der Klangstäbe

usw. werden entweder aus ihren Ursprungsländern direkt importiert oder mit neuen Materialien unter Einsatz moderner Maschinen hergestellt. So sind mittlerweile auch tropische Hölzer und Kalebassen durch Fiberglas und Palisono, einen Klangstab aus Kunststoff, ersetzt worden – wahrlich eine world wide music.

Feinabstimmung der Klangstäbe

Intonation der Klangstäbe

Das Perkussionsinstrumentarium

Djembe – traditionell (links) und modern

Handtrommel, Schellenkranz und Tambourin

Agogo Bells

Congas

Triangel

Claves

Schüttelrohre

Cowbells

Bongos

Congas

Maracas

Cabasa

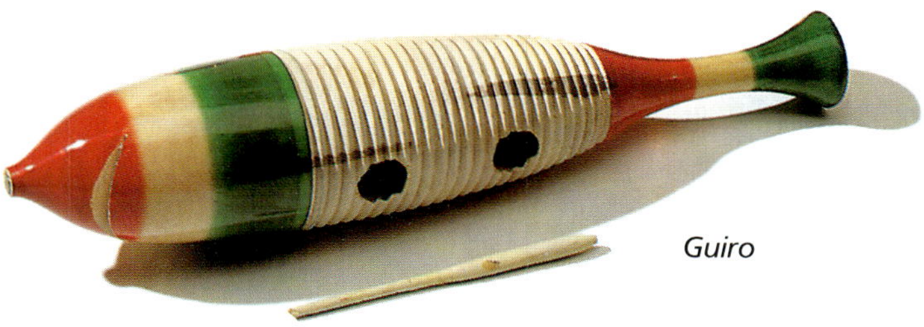

Guiro

Tempelblocks

Gong

Kongress

Monika Twelsiek

Tasteninstrumente

Das Klavier

Einleitung

Ein Möbel ist es zunächst, das Klavier: eine Glamour-Schönheit im Konzertsaal – unbeachtet in der Kneipenecke. Verführerisch glänzend fordert es zum Spiel auf; gezeichnet von Kratzern, erzählt es Geschichten von denen, die sich auf das Spiel eingelassen haben. War es das Wunderkind, der gefeierte Pianist, war es das Kind von nebenan, das immer wieder sein Lieblingsstück klimpert?

Das Klavier steht gern im Mittelpunkt. Und es ist oft Mittelpunkt: in Gedichten, Romanen, Filmen. Weit mehr als nur ein Möbelstück wird es zum Symbol für den ganz eigenen Erlebnisraum, der eine Abgrenzung zur Außenwelt möglich macht. Wenn die stumme Heldin im Film „Das Piano" in der nahezu surrealen Anfangsszene am Strand Klavier spielt, so setzt sie sich damit über alle Erwartungen ihrer Umgebung hinweg. Die Weichen für die Dramatik des Films sind gestellt.

Klavier

Das Klavier: ein „Tastenbrett", so übersetzt es nüchtern das Lexikon. Die Tasten, dieses faszinierende Schwarz-Weiß-Gelände, fordern zum Abenteuer auf. Zum Spielplatz werden sie für die Jüngsten: springen, wippen, schaukeln kann man dort mit Fingern, Fäusten, mit dem ganzen Arm; man kann Trimmpfade durchwandern, in Dschungel eintauchen, Experimente machen mit dem eigenen Körper, mit allen Sinnen. Dasselbe Schwarz-Weiß-Gelände – später wird es zum kunstvollen Glasperlenspiel, zum mathematischen Rätsel, zur schönsten Seelenlandschaft.

Es fällt leicht, auf dem „Tastenbrett" Töne hervorzubringen; bereitwillig, beinahe vorlaut bietet es sich an, nicht wie andere Instrumente, die sich kratzend und quietschend wehren oder gar ganz stumm bleiben. Und doch erweist es sich als spröde und verletzbar, wenn man versucht, es zum Singen zu bringen. Die Arbeit am Ton dauert ein Leben lang.

Das „Piano-forte" – so heißt das Klavier auch – bezeichnet ein Instrument, auf dem man „leise" und „laut" spielen kann. Einen „Schwachstarktastenkasten" nennt es Beethoven. Dies ist die konsequente Übersetzung des rührend komischen Versuchs, die unermesslichen Möglichkeiten des Instruments mit zwei Eigenschaften „festzuklopfen".

Das Klavier ist „Schlag"- und „Seelen"-Instrument. Es verkörpert hundert Instrumente in sich und ist doch eins. Es genügt sich selbst und wird doch zum Ort der Begegnung, sei es im klassischen Klaviertrio oder in der Jazzband. Seine Ausdruckspalette ist so vielfältig, wie es Menschen gibt, die sie lebendig werden lassen.

Flügel

Virginal

Das Clavichord, aus der antiken Urform des Monochords hervorgegangen, bringt den Ton durch eine auf der Taste angebrachte „Tangente" hervor, die das Saitenpaar abteilt und gleichzeitig anschlägt.

Das Hammerklavier erzeugt seinen Klang durch Anschlagen der Saite mit Hämmerchen, deren Köpfe zunächst mit Leder, später mit Filz bezogen waren. Es ist der Vorläufer unseres heutigen Klaviers.

Die Geburtsstunde unseres Klaviers schlug um 1700, als der florentinische Hofcembalobauer Bartolomeo Cristofori (1655–1731) seinem Gönner Prinz Ferdinando de' Medici ein genial konstruiertes neues Instrument vorstellen konnte. Er nannte es – in Anlehnung an das Cembalo – „Arpicimbalo di nuova inventione, che fa il piano, e il forte" und gebrauchte damit erstmalig die Bezeichnung „Pianoforte", um die klanglichen Differenzierungsmöglichkeiten seines Instruments deutlich zu machen.

Die Geschichte des Klaviers

„Ein Klavier ist kein Klavier ist kein Klavier", schreibt Dieter Hildebrand in seinem ebenso unterhaltsamen wie kenntnisreichen Roman „Pianoforte". Tatsächlich ist der Begriff „Clavier" schillernd und verwirrend, bezeichnete er doch ursprünglich jede Art von Tasteninstrument. Entstanden ist er aus dem lateinischen Wort „clavis", das „Schlüssel" bedeutet und noch heute im englischen „Keyboard" enthalten ist. Als „Clavis" bezeichnet die mittelalterliche Buchstaben-Notenschrift auch die Tonhöhe. Da man die Tonnamen – wie noch heute manchmal bei Spielzeugklavieren – auf die Tasten schrieb, wurde der Begriff auf die Tasten übertragen.

Zur Zeit Johann Sebastian Bachs (1685–1750) waren vor allem drei Tasteninstrumente gebräuchlich:

- das Cembalo als Konzertinstrument der adligen Öffentlichkeit
- das Clavichord als Hausmusik-, Unterrichts- und Reiseinstrument
- das Hammerklavier, das moderne Instrument, dem schließlich die Zukunft gehörte

Das Cembalo gehört zu den Kielklavieren, bei denen die Saiten durch einen Federkiel gezupft oder angerissen werden. Dieselbe Tonerzeugung findet man beim Virginal und beim Spinett.

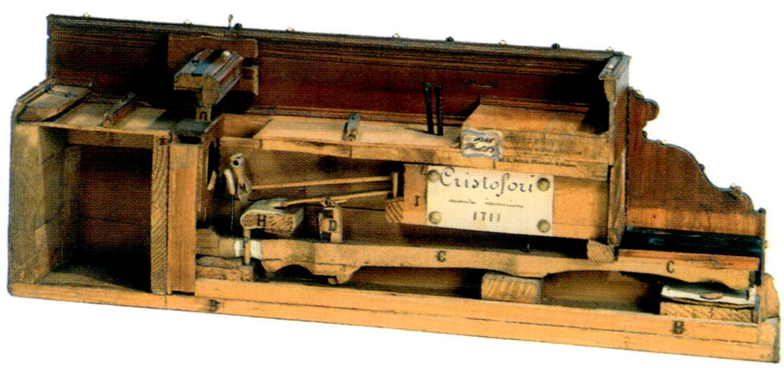

Erstes Modell einer Hammermechanik (1711) von Bartolomeo Cristofori

Die Erfindung kam nicht aus dem Nichts: Vorläufer waren Cembali, die neben ihrer Zupfvorrichtung ein Register besaßen, dessen Klang durch den Anschlag der Saiten mit Holzteilchen erreicht wurde, und Hackbretter, deren Saiten ursprünglich mit Klöppeln per Hand, später aber auch mechanisch mittels einer Tastatur angeschlagen wurden. Diese Hackbretter müssen auf die Konzertbesucher einen überwältigenden Eindruck gemacht haben, denn ihr Klang wird als „ein ungeheuerliches Sausen und Brausen" beschrieben.

Durch Tourneen der Musiker wurde Christoforis Hammerflügel bald auch nördlich der Alpen bekannt. Gottfried Silbermann (1683–1753), der geniale Orgelbauer, verfeinerte und verbesserte das Modell, und Johann Sebastian Bach improvisierte während seines Besuchs bei Friedrich II. in Potsdam 1747 auf einem solchen Instrument. Durch die Erweiterung des Tonumfangs auf fünf Oktaven, durch eine Vorrichtung der Dämpfungsaufhebung mit Handhebeln (Vorläufer des späteren rechten Pedals) und durch die Verstärkung von Gehäuse und Resonanzboden veränderte sich das Klangbild des Hammerklaviers. Der Klang wurde voller und brillanter, der Grundstein für das Klavier als solistisches Konzertinstrument war gelegt.

Zentren des Klavierbaus bildeten sich in Wien (Nanette und Andreas Stein, Johann Baptist Streicher, Anton Walter, Joseph Brodmann, Conrad Graf, Ignaz Bösendorfer) und in London, wo man schon Ende des 18. Jahrhunderts begann, Hammerklaviere mit Maschinen zu produzieren. Im Jahre 1817 schickte der Londoner Klavierfabrikant Broadwood ein Klavier auf die Reise, um es dem schon fast ertaubten Ludwig van Beethoven (1770–1827) zum Geschenk zu machen. Beethoven bedankte sich mit überschwänglichen Worten:

„Mein sehr lieber Freund Broadwood! Noch nie habe ich ein größeres Vergnügen erlebt als es mir ihre Ankündigung dieses Pianos gemacht hat, mit dessen Geschenk Sie mich beehren. Ich werde es als einen Altar ansehen, auf dem ich die schönsten Opfergaben meines Geistes dem göttlichen Apoll darbringe."

Hackbrett

Cembalo

Der Unterschied zwischen Wiener und Englischer Mechanik ist nicht nur ein baulicher, sondern hat Folgen für Anschlagstechnik und Klangästhetik, wie überhaupt Instrumentenbau, Spieltechnik und Kunstanschauung sich im ständigen Wechselspiel gegenseitig bedingen. Denn jedes Instrument – wie jeder Spieler, wie jedes Musikstück – hat seinen eigenen Charakter. Erst in der gelungenen Begegnung von Mensch, Instrument und Musik wird Kunst zum Erlebnis.

Der französische Klavierbau brachte zwei bedeutende Neuerungen: Der aus Straßburg stammende Sébastien Érard (1752–1831) präsentierte neben der Einführung des dreichörigen Saitenbezugs die Klavier-Mechanik mit doppelter Auslösung, die schnelle Tonwiederholungen erlaubte und Grundlage der neuen Flügelmechanik wurde. Johann Heinrich Pape (1789–1875), dessen Instrumente von Frankreich aus nach ganz Europa und in die USA exportiert wurden, bezog als Erster die Hammerköpfe nicht mehr mit

zweimanualiges Cembalo

länger Privileg der oberen Gesellschaftskreise. Die Klavierindustrie erlebte einen beispiellosen Boom, die meisten noch heute existierenden Firmen haben ihre Wurzeln in dieser Zeit. Die bekannteste unter ihnen ist die von Heinrich Steinweg in New York gegründete Firma Steinway & Sons. Zu nennen sind auch die deutschen Firmen Bechstein, Blüthner, Feurich, Förster, Grotrian-Steinweg, Ibach, Pfeiffer, Sauter, Schiedmayer, Schimmel, Seiler, Steingraeber.

In jüngster Zeit sind Klaviere und Flügel durch neue Materialien vielfältig gestylt und in ihrer Mechanik und Akustik optimiert worden. Seit den 1970er Jahren gibt es eine neue Generation von elektronischen Instrumenten: Hammerflügel mit MIDI-Einrichtung, Instrumente mit „PianoDisc" (Speicherung von

Virginal

Leder, sondern mit Filz, der dauerhafter und leichter zu intonieren war. Er war es auch, der mit seinem „piano console" den Vorläufer unserer heutigen Kleinklaviere entwickelte. In Philadelphia und Boston, den Zentren des amerikanischen Klavierbaus, verbesserte man – in englischer Tradition – Stimmhaltung und Klangvolumen durch die Einführung des kreuzsaitigen Bezugs und des Gussrahmens.

Seit Beginn des 19. Jahrhunderts tritt das Hammerklavier als Instrument der Virtuosen in den Konzertsälen, der Künstler in den Salons, der Höheren Töchter im bürgerlichen Wohnzimmer einen beispiellosen Siegeszug an. Das Musizieren war nicht

Klavierstücken), „Silent Pianos" (Klaviere mit Stummschaltung) und Digitalklaviere mit elektronisch gesampelten Klängen, die nicht die Seele und Ausstrahlung eines akustischen Klaviers besitzen, im praktischen Gebrauch aber auch ihre Vorteile haben: Man kann – mit Kopfhörern – Tag und Nacht auf ihnen spielen, hat die Wahl zwischen unterschiedlichen Klangregistern und kann das eigene Spiel speichern. Eins steht fest: Das Klavier ist nach wie vor bei Kindern, Jugendlichen und Erwachsenen das beliebteste aller Instrumente. Von seiner Faszination hat es seit seiner Erfindung vor dreihundert Jahren nichts verloren.

Spinett

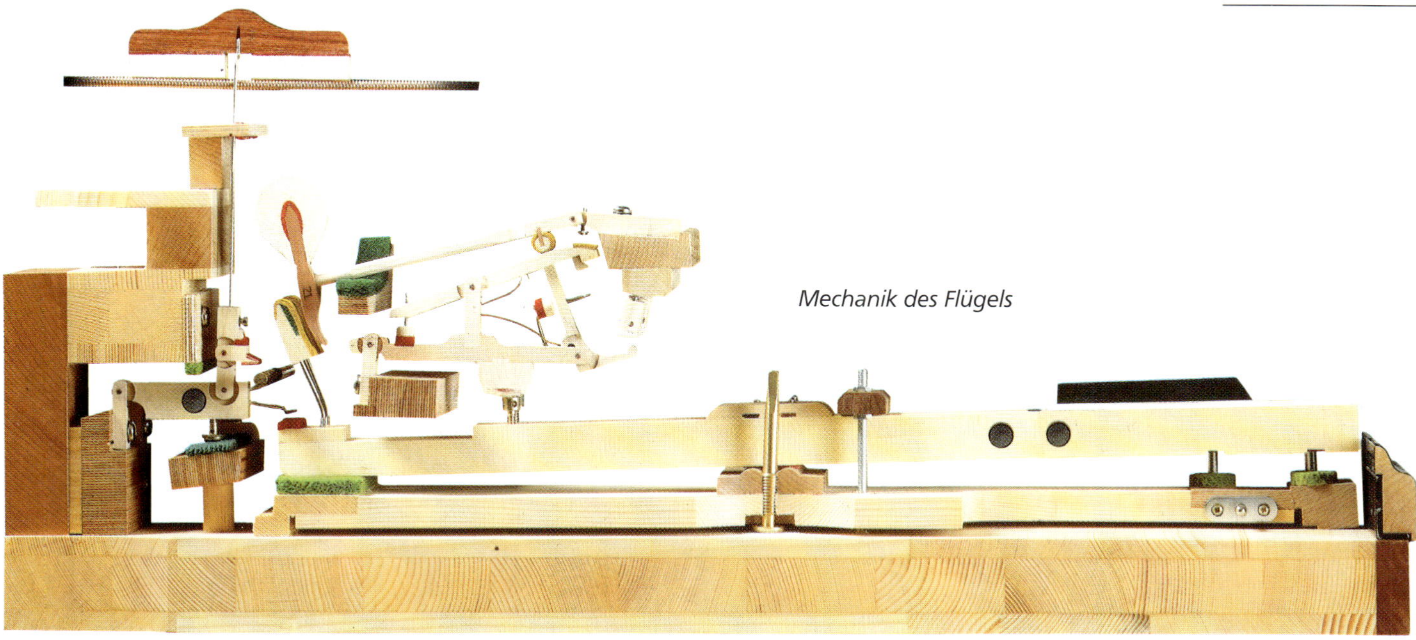

Mechanik des Flügels

Das Instrument

Der Umfang der Klaviatur des modernen Flügels und Klaviers reicht normalerweise vom Subkontra A bis zum fünfgestrichenen c, umfasst also mehr als sieben Oktaven. Die weißen Tasten waren früher mit Elfenbein belegt, die schwarzen wurden aus Ebenholz gefertigt; beide Materialien werden aber heute durch Kunststoffe ersetzt. Über die Tasten kommuniziert der Klavierspieler – fühlend, hörend, sehen, denkend – mit seinem Instrument und schafft seine ganz eigenen klanglichen Welten.

Jede Nuance der Tastenbewegungen überträgt ein ausgeklügeltes Hebelsystem auf die Hammerköpfe. Diese versetzen die – beim Flügel liegenden, im Klavier aufrecht stehenden – Saiten durch ihren Aufprall in Schwingung. Die Saitenschwingung wird über den Steg an den Resonanzboden – bei Pedalgebrauch auch an die anderen resonanzfähigen Saiten – weitergegeben, und es erklingt ein „Ton", der physikalisch gesehen aus einem Grundton und vielen einzelnen Obertönen besteht. Intensität und Anzahl der mitschwingenden Obertöne bestimmen den unverwechselbaren Klang eines Instruments.

Mechanik des Klaviers

Beim Anschlagen der Taste hebt sich ein Dämpfer von der Saite, der sie nach dem Loslassen am Weiterschwingen hindert. Tritt man aber das rechte Pedal, so werden alle Dämpfer von den Saiten abgehoben, die dann gemeinsam ungehindert schwingen können – ein Effekt, der alle klavierspielenden Kinder fasziniert! Das linke Pedal verkürzt beim Klavier den Weg des Hammers, indem es die Hammerleiste an die Saiten heranrückt, der Ton wird leiser. Denselben Effekt erreicht der Flügel durch die „Verschiebung": Mit dem linken Pedal wird die gesamte Mechanik ein Stück nach rechts verschoben, so dass von den dreichörigen Saiten nur zwei schwingen und von den zweichörigen nur eine. Ein bei neueren Klavieren häufig anzutreffendes drittes Pedal erlaubt eine Verringerung der Lautstärke durch Einschieben eines Filzstreifens zwischen Hammer und Saitenbezug (Moderator). Das dritte Pedal einiger Flügel ist ein „Tonhaltepedal": Nur die Dämpfer bestimmter Saiten bleiben gehoben, und diese können unabhängig vom fortlaufenden Spiel auf den Tasten weiterschwingen.

3 Pedale eines Flügels

Die heutige Flügelmechanik mit ihren 5500 Einzelteilen ist ein Wunderwerk an technischer Präzision, immer aber auch individuelles Ergebnis des Auges, des Ohrs, der künstlerischen Hand des Klavierbauers. Der unverwechselbare Klang jedes Instruments wird einerseits durch eine ausgeklügelte Mechanik, andererseits durch die Auswahl edelster Materialien erreicht.

So gelten z.B. für die Saiten höchste Anforderungen: Sie sollen einen edlen Klang haben, bruchfest sein und die Stimmung halten, dürfen also weder zu hart und steif noch zu weich sein. Als Material wird heute ausschließlich Gussstahl verwendet. Da sich die Saitenlänge von Oktave zu Oktave theoretisch verdoppeln müsste, werden die Basssaiten zur Vermeidung

Besaitung eines Flügels

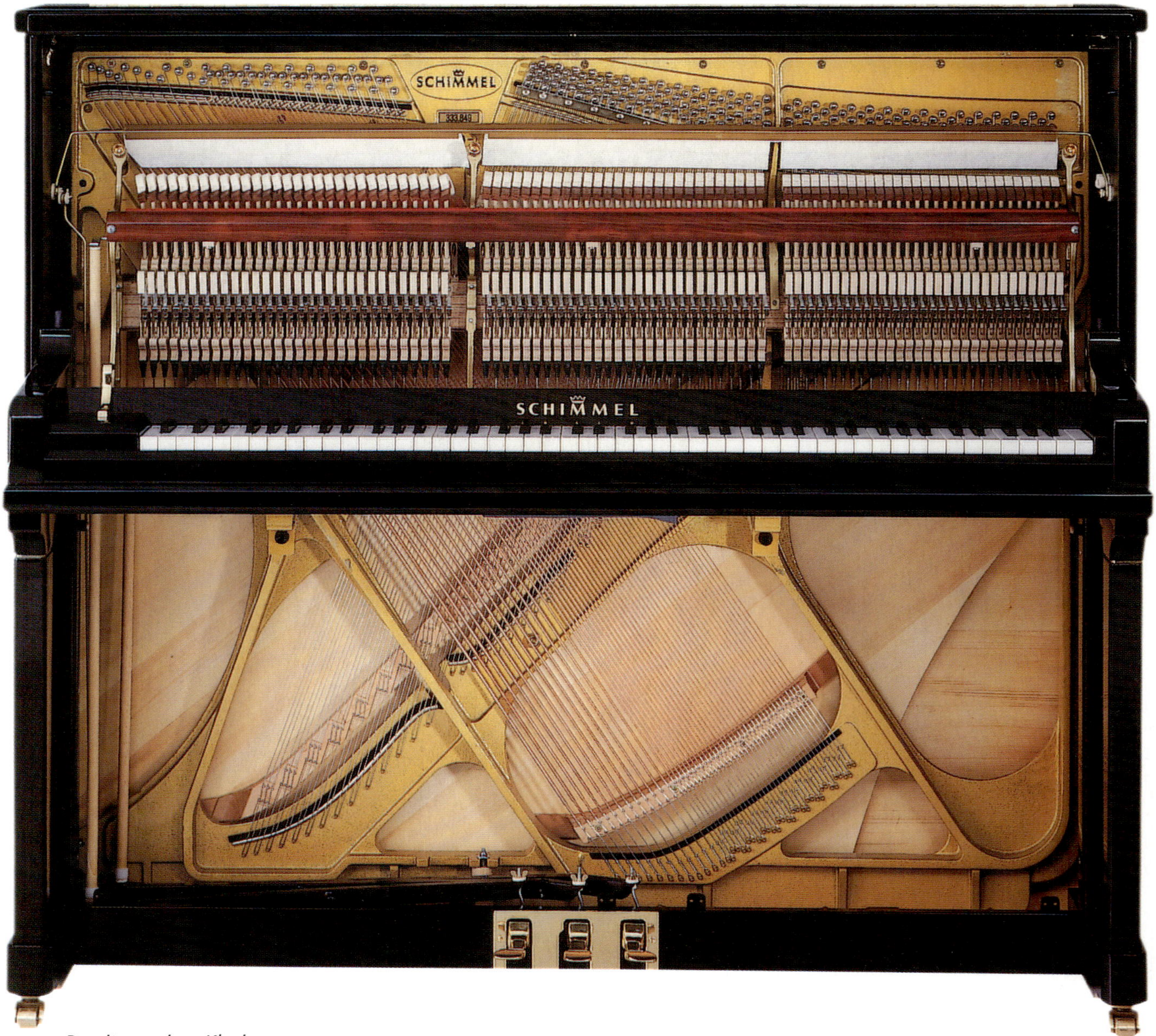

Besaitung eines Klaviers

überdimensionaler Maße verkürzt und zur Erhöhung des Gewichts umsponnen. Die zwischen 15.000 und 20.000 kg liegende Spannung des Saitenbezuges nimmt ein gegossener Eisenrahmen auf.

Der Resonanzboden hat die schwierige Aufgabe, die zwischen etwa 27 und 6000 Hertz liegenden Saitenschwingungen zu verstärken, ohne selbst Eigenresonanz zu entwickeln. Er wird aus sieben bis neun Millimeter starkem astreinem Holz von Bergfichten hergestellt, die nur in Höhenlagen zwischen 800 und 1800 Metern wachsen. Sorgfältig ausgewählt und zunächst natürlich, dann in kunstvollem Verfahren jahrelang getrocknet, wird aus vier bis fünf Kubikmetern nur ein Kubikmeter Resonanzholz gewonnen. Je nach Geschmack fertigt man die Gehäuse der Instrumente aus unterschiedlichen hochwertigen Hölzern. Verwendet werden beispielsweise Ahorn, Buche, Eiche, Esche, Fichte, Kirsche, Linde und Ulme.

Je nach Qualität sind die Instrumente unterschiedlich teuer. Ein Klavier bekommt man ab ca. 2500 €, die Preise der Spitzenflügel liegen bei über 50.000 €, viele Klavierhändler bieten aber flexible Leasingverträge an.

Klaviermusik – Hörempfehlungen

Das Klavier ist ein universelles Instrument. Unermesslich reich ist seine Literatur in ihrer Bedeutung und Qualität, in ihrer stilistischen Breite und Vielfalt. Es gibt „alte" und „avantgardistische", „klassische" und „jazzige", „romantische" und „technische" Klaviermusik – zur Unterhaltung, zum Tanzen, zum Nachdenken, zum Träumen. Klaviermusik gibt es für einen Spieler, aber auch für zwei, drei oder sogar vier an einem Instrument. Man kann an mehreren Klavieren oder in unterschiedlichen Kombinationen mit allen anderen Instrumenten musizieren. Im „Klavierkonzert" tritt das Klavier als Soloinstrument dem Orchester gegenüber. Wie kein anderes Instrument hat es die abendländische Musikgeschichte seit Johann Sebastian Bach nachhaltig geprägt.

Eine Zeitreise durch die Geschichte der Klaviermusik führt von Bachs „Wohltemperiertem Klavier" und seinen „Goldberg-Variationen" über Scarlattis Feuerwerke kapriziöser Virtuosität zu den drei großen Wiener Klassikern Haydn, Mozart und Beethoven. Mozarts Rondo „Alla turca", Beethovens Klavierstück „Für Elise", seine „Pathétique", die „Mondschein-Sonate" (Notenbeispiel S. 223 oben) gehören zu den Traumstücken aller Klavierspieler.

Im 19. Jahrhundert, in der Epoche der Romantik, erfährt das Klavier dann seine höchste Wertschätzung. Wir erleben die lyrische Stimmung der Nocturnes von Chopin, der Intermezzi von Brahms, die Innerlichkeit von Schuberts „Moments musicaux", Schumanns „Kinderszenen", die Melodienseligkeit der „Lieder ohne Worte" von Mendelssohn. Gleichzeitig berauschen wir uns an der brillanten Virtuosität der Etüden Liszts und Chopins. Der russische Komponist Rachmaninoff erobert mit seinem Klavierkonzert und dem berühmten Prélude in cis-Moll die Konzertsäle und die Herzen der Zuhörer.

Die Musik des 20. Jahrhunderts ist geprägt durch unterschiedlichste Strömungen, die sich auseinander entwickeln und sich gegenseitig durchdringen. Eine bisher nicht gekannte

Mobilität, die Vernetzung durch die Medien, die permanente Möglichkeit der Information und Kommunikation führen zu einem explosiven Austausch der Stile und Kulturen.

Inspiriert von exotischer Musik schaffen Claude Debussy und Maurice Ravel ihre schillernden Klanggemälde. Impressionistischen Bildern ihrer Epoche ähnlich, verweisen sie auf die Etüden György Ligetis, nehmen Prinzipien der „Minimal Music" voraus. Eric Satie, enfant terrible seiner Zeit, schreibt Klavierstücke, die provozieren, indem sie sich jeder Hörerwartung verweigern. Bartók, Strawinsky, Prokofieff, Hindemith entdecken das Klavier als Rhythmus- und Schlaginstrument und bereichern ihre Musik mit den Elementen des Jazz.

Die Lust am Experiment, am ungewöhnlichen Klang, an der aufregenden Performance bestimmt die Werke von Charles Ives, Henry Cowell und John Cage. Cage „präpariert" das Klavier mit Schrauben, Gummikeilen, Filzstreifen, um ihm „Unerhörtes" zu entlocken. Neue Spielarten werden entdeckt: das Zupfen und Anschlagen der Saiten im Instrument, die Erzeugung von „Tontrauben" mit der Faust, der Handfläche, dem Ellbogen, das „Glissando", bei dem die Fingernägel oder Schlegel über Tasten oder Saiten gleiten, das Schlagen auf dem Korpus, Spielarten, die Kinder begeistern, weil sie Tabus brechen, mit Körper und Instrument spielerisch experimentieren.

Durch den Free Jazz kommt die Improvisation zu neuer Blüte. Werke bilden sich im Moment ihrer Aufführung, Interpret und Komponist werden eins, die Grenzen zwischen „klassischer" und „populärer" Musik lösen sich auf. George Gershwin und Cole Porter, „Klassiker" des Jazz, schreiben mit ihren Songs Klavier-Geschichte. Oscar Peterson, Herbie Hancock, Chick Corea sind Komponisten und Interpreten in einer Person. Keith Jarrett, der virtuose Pianist des Free Jazz, spielt außer Klavier auch Orgel, Vibraphon und Sopransaxophon, neben Jazz spielt er auch Klassik: Bachs „Goldberg-Variationen" auf dem Cembalo.

Notenbeispiele

aus: Leopold Mozart (1719–1787): Notenbüchlein für Wolfgang, Bourrée

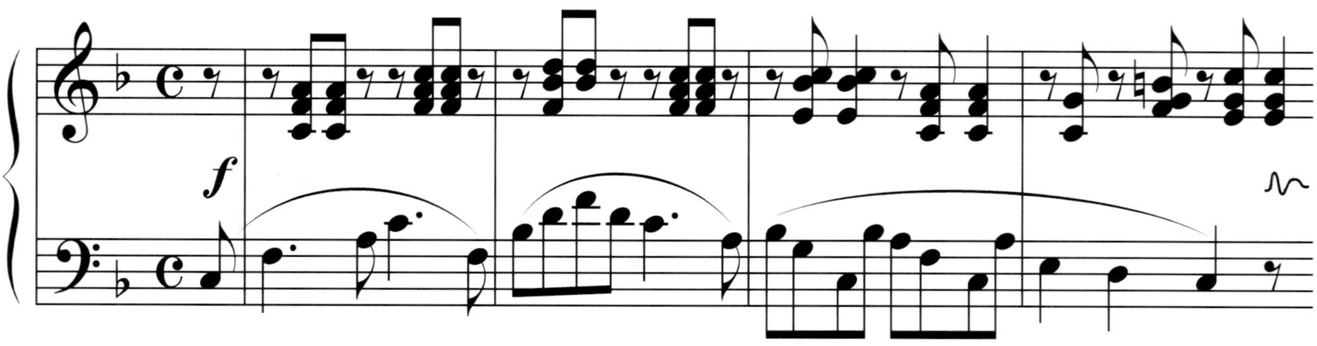

aus: Robert Schumann (1810–1856): Fröhlicher Landmann, von der Arbeit zurückkehrend (aus: Album für die Jugend, op. 68)

aus: Ludwig van Beethoven (1770–1827): Sonata quasi una Fantasia, op. 27, Nr. 2, Adagio sostenuto

aus: Ludwig van Beethoven (1770–1827): Sonate, op. 111 c-Moll, 1. Satz, Maestoso

Musik für Kinder

Das Klavier ist ein Kinderinstrument. Für kein anderes Instrument gibt es so viele genial komponierte leicht spielbare Stücke wie für das Klavier. Viele Komponisten, die gleichzeitig Eltern und leidenschaftliche Pädagogen waren, schrieben Kinderstücke, die ihren Meisterwerken ebenbürtig waren.

„Eine cantable Art im Spielen zu erlangen und darneben einen starcken Vorschmack von der Composition zu überkommen", ist das erklärte Ziel in Johann Sebastian Bachs Inventionen und Sinfonien. Die „Liebhaber" und „Lehrbegierigen", an die er sich richtete, waren zunächst seine eigenen Söhne. 1720 legte er für den zehnjährigen Wilhelm Friedemann ein „Klavierbüchlein" an. Leopold Mozart unterrichtete beide Kinder und schrieb für Wolfgang und für Nannerl je ein Notenbuch. Anlass für Robert Schumanns „Album für die Jugend" war der Geburtstag seiner Tochter Marie. Von Claude Debussy schließlich stammt die schönste Widmung an seine Tochter. Seinen Klavierzyklus „Children's Corner" eröffnet er mit den Worten: „Für meine liebe kleine Chouchou, mit den zärtlichsten Entschuldigungen ihres Vaters für das, was folgen wird …"

Ob Tschaikowskys „Jugendalbum", Bartóks „Für Kinder" oder Prokofieffs „Musiques d'enfants", ob Casellas „Pezzi infantili", Schostakowitschs „Erlebnisse eines Tages" oder Chick Coreas „Children's Songs" – Klavierstücke für Kinder und Jugendliche, die die Fantasie anregen und Lust zum Spielen machen, gibt es in unerschöpflicher Fülle.

Klavierunterricht

In jedem Kinde liegt eine wunderbare Tiefe
(Robert Schumann)

Die Geschichte des Klaviers ist gleichzeitig eine Geschichte der Klavierpädagogik. Das Nachdenken über die Vermittlung des Klavierspiels setzt fast zeitgleich mit der Erfindung des Instruments ein: Schon 1753 erschien mit Carl Philipp Emanuel Bachs „Versuch über die wahre Art, das Clavier zu spielen" die erste Klavierschule mit Erkenntnissen von überraschender Aktualität. Ihr folgte eine Vielzahl methodischer Werke.

Allein Carl Czerny (1791–1857), Schüler Beethovens und Lehrer Liszts, einer der fleißigsten unter den Klavierpädagogen, hinterließ über tausend Werke, darunter zahllose Etüden und Übungen für das Klavier. „Sisyphus des Klaviers", „Butler der Virtuosität", „ein richtiges Tintenfass" hat man ihn genannt. Berauscht von der Masse seines Schaffens habe er mit seelenlosen Passagen und Kadenzen den Stoff geschaffen, um Generationen von Schülern in „Einzelhaft" das Klavierspiel zu verleiden. Der Glaube, durch stundenlanges Üben und unzählige mechanische Wiederholungen sei eine technische Geläufigkeit zu erreichen, durch die sich die künstlerische Aussage schließlich schon einstellen werde, prägte das ganze 19. Jahrhundert und hält sich bis in die Pädagogik unserer Zeit.

Jede Pädagogik ist in ihren Methoden und Inhalten Spiegelbild ihrer Epoche. Im 19. Jahrhundert, dem Zeitalter der Industrialisierung, galt vielen der perfekt funktionierende Mensch als Ideal, Kinder sah man als „unfertige Erwachsene", die möglichst schnell alles Kindliche verlieren, domestiziert und dressiert werden sollten. Zur gleichen Zeit entstanden aber – beeinflusst durch die Schriften Jean-Jacques Rousseaus und Jean Pauls – ganzheitliche Erziehungskonzepte, die uns heute modern anmuten.

Ein zeitgemäßer Klavierunterricht trägt allen Facetten des Instrumentalspiels Rechnung, er ist farbig, offen und voller Fantasie. Moderne Klavierschulen sprechen das Kind mit seinen wachen Sinnen an, fördern Fähigkeiten, in denen Kinder Erwachsenen überlegen sind: Bewegungslust, Beobachtungsfähigkeit, bildhaftes Denken, Kreativität.

Das Klavier wird von Anfang an als Ganzes „erobert", es ist „Spielzeug", Experimentierfeld, Abenteuerlandschaft. Klang- und Bewegungsspiele bereiten die pianistische Technik behutsam vor. Die ersten Tongeschichten, Lieder und Stückchen lernt man – wie die Sprache – über das Gehör (zu den meisten Klavierschulen gibt es inzwischen eine CD), erst später bestätigt die Notenschrift das bereits „Erhörte" und am Instrument Erfahrene. Neue Formen der Notation, wie Grafiken und Tastenbilder, erleichtern das Lernen.

Improvisieren und Komponieren gehören selbstverständlich zum Unterricht: Tiere, Erlebnisse, Gespräche können wunderbar in Musik umgesetzt werden, im selbst Erfundenen gibt es keine „Fehler". Moderne Klavierschulen enthalten neben Stücken und Liedern auch Texte, Bilder, Aufgaben zum Weiterdenken und Weiterspielen. Es gibt Quizfragen und Tüftelspiele, um musikalische Begriffe zu erlernen, um zu verstehen, wie kunstvoll Musik „gemacht" ist, um zu begreifen, was man greift.

Die Aufgaben sind abwechslungsreich und vielfältig: auditiv, motorisch, visuell, intellektuell. In die Auswahl der Musik werden alle Stilrichtungen einbezogen. Es gibt Werke der Alten und Neuen Musik, Lieder und Stücke anderer Länder und Kulturen, selbstverständlich auch Jazz, Rock, Pop. Von Anfang an ist es möglich, mit dem Lehrer, mit den Mitschülern am Klavier vier- bis sechshändig oder mit anderen Instrumenten zusammenzuspielen. Neben dem traditionellen Einzelunterricht bieten viele Lehrer alternativ oder zusätzlich Gruppenstunden an. Die Eltern werden als Unterrichtspartner einbezogen. Einige Klavierschulen enthalten Elterninformationen, wichtiger noch ist der Austausch mit der Lehrerin oder dem Lehrer.

Praktische Tipps

Muss mein Kind Noten lesen können, wenn es mit dem Klavierspiel beginnt? Kann ich mit 60 Jahren noch Klavierspielen lernen? Wie kann ich als Vater/Mutter mein Kind zu Hause beim Üben unterstützen? Ist mein Kind überhaupt begabt? Viele Fragen stellen sich vor Aufnahme des Unterrichts. Einige Antworten seien hier gegeben:

Klavierunterricht wird von kommunalen und privaten Musikschulen und von Privatmusiklehrern angeboten. Die Gebühren werden pro Unterrichtsstunde oder pauschal für einen bestimmten Zeitraum festgesetzt und schwanken nach Marktlage, Ausbildung und Renommee des Lehrers sehr stark. Zu den Unterrichtsgebühren kommen der Anschaffungs- oder Mietpreis für das Klavier, die Kosten für die Stimmungen und den Erwerb von Noten und Unterrichtsmaterialien.

Klavierunterricht ist für Kinder und für erwachsene Anfänger und Wiedereinsteiger möglich. Die meisten Kinder beginnen den Klavierunterricht im sechsten bis zehnten Lebensjahr. Ein früherer Beginn ist nur bei erkennbarer Begabung und Betreuung im Elternhaus zu empfehlen, ein „zu spät" gibt es nicht.

Entscheidender als das „mathematische" Alter ist die Wahl des „richtigen Zeitpunkts": Das Kind sollte geistig und emotional zum Instrumentalunterricht bereit sein, sich konzentrieren können und „sein Instrument" gefunden haben. Spezielle körperliche Voraussetzungen sind zunächst beim Klavierspiel nicht notwendig. Die intellektuelle, emotionale, physiologische „Begabung" für das Instrumentalspiel ist ein so komplexes Phänomen, dass sie am Anfang nicht umfassend beurteilt werden kann. Jede einzelne Komponente ist veränder- und entwickelbar; Eigenschaften wie Fleiß, Durchhaltevermögen, Ehrgeiz, Unterstützung durch die Umgebung spielen für den Erfolg eine entscheidende Rolle.

Nur, was im Kopf und im Herzen ist, kann man auch auf die Tasten bringen. Kinder, die (mit ihren Eltern) singen und tanzen, die Konzerte und Theater besuchen, die Geschichten und Musikstücke hören, haben große Chancen, begeisterte Klavierschüler zu werden.

Ein – gut gestimmtes – Klavier, möglichst zu Hause, ist Voraussetzung des Unterrichts. Kleine Kinder brauchen eine feste Unterlage, die den Füßen Halt gibt. Der Spiel- und Lernplatz „Klavier" sollte so gestaltet sein, dass sich das Kind gern dort aufhält und nicht durch Telefon, Fernseher oder andere Dinge abgelenkt wird.

Erfolge – und nur die machen Lust zum Weitermachen – stellen sich nur durch regelmäßiges Probieren ein. Mit größtem Eifer und höchster Konzentration „üben" Kinder, einen Turm zu bauen, einen Fisch zu fangen, Rad zu fahren. Das „Üben" eines Musikinstruments ist vergleichbar, wenn kleine Fortschritte als großer Gewinn erlebt werden.

Das Erlernen eines Instruments braucht viel Zeit. Kinder, die einen Terminkalender wie Manager haben und von einem Freizeitangebot zum anderen hetzen, finden keine Ruhe und Konzentration zum Üben. Familien, die an jedem Wochenende und in allen Ferien verreisen, sollten den Entschluss zum Klavierunterricht noch einmal überdenken, denn ein Klavier kann man nicht – wie andere Instrumente – mitnehmen.

Eltern sind die wichtigsten Vorbilder ihrer Kinder. Mütter und Väter, denen Musik selbst etwas bedeutet, die dem Kind beim Spielen zuhören, bewirken mehr als der beste Instrumentallehrer. Der Lehrer erlebt das Kind einmal pro Woche, die Eltern erziehen es jeden Tag. Vor allem bei jüngeren Kindern ist eine liebevolle Begleitung zu Hause wichtig. Nichts ist so ermutigend wie Lob, nichts so ansteckend wie Begeisterung!

Knopf-Akkordeon

Das Akkordeon

Einleitung

„Es ist mobil und in der Lage, Töne allerorten zu geben, bei Landpartien, auf dem Schiff, im Schützengraben, im Ball- und Konzertsaal. Es ist pflegeleicht, benutzerfreundlich, jederzeit bereit, ohne Ein- und Nachstimmprozeduren und komfortabel auch über lange Dauern zu spielen. Es ist funktionell und effizient, indem auf kleinem Volumen proportional viele Töne in beträchtlicher Lautstärke für horizontale wie vertikale Tonverbindungen zur Verfügung stehen. In seiner Warenästhetik ist es divers, dekorativ, in seinen jeweils neuesten Ausprägungen modisch und in seiner Technik auf der Höhe der Zeit."

Mit dieser durchaus pragmatischen Beschreibung warb ein Akkordeonhersteller schon vor langer Zeit für sein Instrument. Tatsächlich sind Mobilität und Flexibilität wesentliche Merkmale des Akkordeons:

Man findet es in regional unterschiedlichen Formen, mit Mollpräferenz (russisch), mit Hinzufügung eigentümlicher Mehrklänge (bourdon de Bruxelles), mit Bevorzugung der Höhen (Saratovskaja) oder der Tiefen (Steirische Harmonika). Zu seinem Repertoire gehören nahezu alle musikalischen Genres: Lied, Tanz, Opernparaphrase, Marsch, Choral, Hymne, Melodien entfernter Völker und Bearbeitungen klassischer Meisterwerke. Das Akkordeon ist ein Instrument der Unterhaltung, das „Klavier des kleinen Mannes", von Liebhabern und Autodidakten gespielt, hat sich aber mit seiner nuancenreichen, expressiven Ton-

Akkordeon

Bandoneon

qualität auch als professionelles Konzertinstrument emanzipiert. In der Neuen Musik, der Improvisation, in Verbindung mit Live-Elektronik spielt es eine bedeutende Rolle.

Das Ensemble-Repertoire umfasst Werke für Akkordeon-Duo bis zum -Quintett, Kompositionen für Akkordeon in Verbindung mit allen möglichen anderen Instrumenten, Werke für Akkordeon und Orchester. Das Bandoneon, ein chromatisches Akkordeon in vier- bis achteckiger Form, findet man im Schrammel-Quartett Wiener Besetzung, im Tyroler Quintett und in der Tangokapelle. Akkordeon und Bandoneon sind die Instrumente der französischen Musette-Musik wie des argentinischen „Tango Nuevo".

Blasinstrument. Um es schließlich von den mit dem Mund angeblasenen Orchesterinstrumenten zu unterscheiden, rechnet man es auch – wie das Bandoneon und die Konzertina – zu den Harmonikainstrumenten.

Der Klang des Akkordeons entsteht, indem Metallzungen durch einen Handblasebalg in Schwingung versetzt werden. Durch Druck einer Taste können beim Ziehen oder Zusammendrücken des Blasebalgs entweder ein Ton (gleichtöniges Akkordeon) oder zwei verschiedene Töne (wechseltöniges Akkordeon) erklingen. Die Diskant-Seite mit einem Tonumfang vom kleinen f bis zum dreigestrichenen a ist mehrchörig. Die Bass-Seite hat Knopftasten, die jeweils bestimmte Tonkombinationen (Akkorde) erklingen lassen.

Die ältesten bekannten Instrumente mit durchschlagenden Zungen sind die Mundorgeln des Fernen Ostens: z.B. das chinesische Scheng und das japanische Scho. Sie bestehen aus Bambuspfeifen in einer Windkammer aus Holz, Elfenbein oder Kürbis und wurden bereits vor 3000 Jahren beschrieben. Zu Beginn des 17. Jahrhunderts werden sie erstmalig in Europa erwähnt und abgebildet.

Das Akkordeon lässt sich nicht leicht einer Instrumentengruppe zuordnen: Es hat Tasten wie das Klavier und gehört damit zu den Tasteninstrumenten. Sein Klang aber wird – wie bei seinen Verwandten, der Orgel, dem Harmonium, der Mundharmonika – durch Luft erzeugt, und so ist es auch ein

Das Akkordeon selbst ist ein junges Instrument. Am 6. Mai 1829 war es, als Cyrillus Demian, Orgel- und Klavierbauer in Wien, gemeinsam mit seinen Söhnen Karl und Guido ein Patent für ein neues Musikinstrument, das „Accordion", erhielt. Dieses Harmonikainstrument hatte die Gestalt eines kleinen

Holzkastens von 21 cm Länge, 9 cm Breite und 6 cm Höhe – einschließlich eines Blasebalgs mit zwei Falten.

Vorausgegangen waren vielfältige Versuche, Instrumente mit freischwingenden Zungen zu konstruieren. Ihre fantasievollen Namen führen in ein klingendes Raritätenkabinett. Hier finden sich die Organovioliné, die Äoline, das Terpodion neben dem Äolomelodikon, der Physharmonika und dem Äolopantaleon, das übrigens Chopin spielte, das Symphonium und die Harmonica métallique neben der uns vertrauten Mundharmonika, die 1828 von Friedrich Buschmann entwickelt wurde und als „Harfe des Blues-Sängers" in die Jazz-Geschichte einging.

Das Akkordeon verbreitete sich schnell, es wurde außer in Deutschland auch in Frankreich, Italien, Russland, Österreich und Polen produziert und vielfach verändert und verbessert. Matthias Hohner gründete 1857 in Trossingen seine Fabrik, die zunächst nur Mundharmonikas, seit 1900 auch Akkordeons herstellt. Inzwischen gibt es Modelle in verschiedenen Größen – von 24 Diskanttasten und 40 Bassknöpfen bei den kleinen bis zu 40 Diskanttasten und 120 Bassknöpfen bei den Konzertmodellen – und für unterschiedliche Bedürfnisse: Piano- und Knopf-Akkordeons, Instrumente für Anfänger und Volksmusikinstrumente zum leichten Lernen ohne Noten. Die modernen Modelle sind MIDI-fähig. Schülermodelle kosten ab ca. 500 €, Solisten-Modelle ab ca. 2000 €.

Die Musik für Harmonikainstrumente in und außerhalb von Europa ist so lebendig und vielfältig, dass nur ein Teil konserviert und schriftlich fixiert ist. Die Übungs- und Vortragsstücke in den deutschsprachigen Akkordeon-Schulwerken sind einheitlicher: Es sind Lieder, Tänze, Märsche, aber auch klassische Formen wie Suite, Variation, Sonate oder Etüde. Originalwerke großer Komponisten gibt es wenige, dafür aber eine Fülle von anspruchsvollen Bearbeitungen.

In neuer Zeit wurden zahlreiche Originalkompositionen für Akkordeon angeregt. Immer mehr Komponisten entdeckten die Harmonikainstrumente mit ihren ungewöhnlichen Klangfarben und Spieltechniken für ihr Schaffen. Akkordeon, Bandoneon und Mundharmonika spielen eine bedeutende Rolle in der Neuen Musik und im Jazz. „Das Akkordeon, eine wilde Karriere" lautet der Titel eines Standardwerks über das Instrument. Wild, vital, farbig, offen für Experimente ist es bis heute geblieben.

chromatische Mundharmonika mit Schiebevorrichtung

Mundharmonika

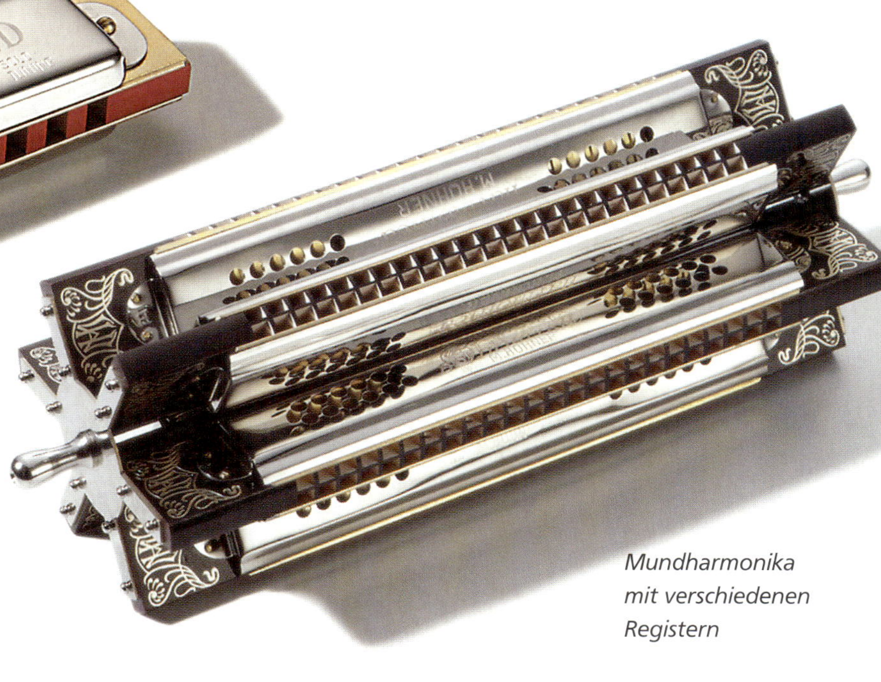

Mundharmonika mit verschiedenen Registern

Praktische Tipps

Akkordeonunterricht wird von kommunalen und privaten Musikschulen und von Privatmusiklehrern angeboten. Beliebt ist auch das Lernen und Spielen in Akkordeon-Clubs und Akkordeonorchestern. Zu den Unterrichtsgebühren kommen der Anschaffungspreis für das Instrument (einschließlich Koffer, evtl. Trolley und zusätzlicher Tragriemen), der Kauf eines Notenständers und der Erwerb von Noten und Unterrichtsmaterialien.

Akkordeonunterricht ist für Kinder und für erwachsene Anfänger und Wiedereinsteiger möglich. Bei einem gesunden Rücken und kräftigen Handgelenken können Kinder schon ab etwa sechs Jahren mit dem Unterricht beginnen. Für den Anfang gibt es kleinere und leichtere Akkordeonmodelle. Sie haben 40–48 Bässe und sind etwa 5 kg schwer. Man kann Instrumente auch gebraucht kaufen oder im Geschäft leihen.

Das Akkordeon ist ein Volksmusikinstrument. Die klassische Akkordeon-Ausbildung kann aber auch bis zum Hochschul-Studium führen. Akkordeon-Spieler nehmen an hochrangigen Wettbewerben teil und sind als Kammermusikpartner in unterschiedlichsten Besetzungen willkommen.

YAMAHA
Musikschule

Das Keyboard

Einleitung

„Mit anderen Musikern zusammenzuspielen, bei Auftritten zusammen zu lachen und zu weinen, das hat eine wahnsinnige Spannung. Man ist aufgeregt dabei wie bei den Vorspielen an der Musikschule. Aber hinterher ist man glücklich."

(Ein Keyboardschüler nach einem Konzert mit seiner Band)

In einer Band mit Gleichaltrigen zusammenspielen, die Musik machen, die man selbst hört, sich am elektronisch erzeugten Klang berauschen, die Performance genießen, eigene Musik erfinden und produzieren – das alles sind Gründe, sich für das Keyboard zu entscheiden.

Das Keyboard hat die Tastatur des Klaviers, ist aber vom akustischen Klavier oder Flügel wesensmäßig verschieden:

Der Klavierspieler formt durch Finger-, Hand-, Arm- und Körperbewegung den Klang seines Instruments. Beim Keyboard mit seiner elektrisch gesteuerten Aktivierung von Tonhöhen, Sounds, Rhythmus- und Akkordautomatik löst eine geringe körperliche Aktion ein komplexes, klanglich „perfektes", für den Spieler nicht unmittelbar durchschaubares Geschehen aus. Während der Klavierspieler mit seinem Körper atmend, singend, gestaltend an seinem Instrument elementare Erfahrungen macht, bedient der Keyboardspieler eine technische Apparatur.

Die Musik für Keyboard orientiert sich am breiten Spektrum der populären Musik: von der Folklore über die Klassiker des Rock'n' Roll und der Rockmusik bis zum Musical, ein für Jugendliche attraktives, im Vergleich zur Klaviermusik aber deutlich kleineres Repertoire.

Keyboards sind in der Anschaffung preiswerter als Klaviere oder Flügel. Einsteiger-Keyboards sind bereits ab 200 € erhältlich. Da – beim Lernen in Gruppen – auch die Unterrichtsgebühren in der Regel unter denen des Klavierunterrichts liegen, eröffnen Keyboards Menschen aus breiten sozialen Schichten einen Zugang zur Musik und einen Einstieg in das eigene Instrumentalspiel.

Das Keyboard ist, im Gegensatz zum Klavier oder Flügel, leicht transportabel und kann überall eingesetzt werden.

Durch die MIDI-Fähigkeit moderner Keyboards ist es möglich, das Keyboard zur Steuerung von Computern und anderen Instrumenten zu verwenden. Mit wenigen Mitteln entsteht ein privates Tonstudio, in dem man anspruchsvolle Produktionen realisieren kann.

Das Instrument, seine Geschichte und seine Musik

Das Keyboard gehört – mit E-Orgel, Digitalpiano und Hammond-Orgel – zu den elektronischen Tasteninstrumenten: Töne werden synthetisch durch elektronische Schwingungserzeuger (Generatoren, Oszillatoren) produziert oder von „natürlichen" Klangquellen (z.B. Pfeifenorgel, Flügel) auf Tonträger aufgenommen, gesampelt und dem Instrument eingegeben. In den meisten Keyboards sind die Sounds aller gängigen Instrumente gespeichert.

Rhythmusstrukturen wie Walzer, Tango, Rock 'n' Roll können auf Knopfdruck abgerufen und durch den Einsatz so genannter Drumsets, digital gespeicherter Schlagzeugklänge, variiert werden. Beim Drücken einer Basstaste (Single Finger-Modus) liefert das Instrument selbstständig passende Harmonien oder wiederholt eingegebene Harmonie- und Bassfolgen. Auf Knopfdruck lässt sich die Tonart wechseln, über Speichermedien (Diskette, CD-ROM) können spezielle Sounds und komplette MIDI-Playbacks abgespielt werden.

Weitere Geräte wie Synthesizer oder Computer lassen sich über normierte Daten-Schnittstellen mit den entsprechenden DIN-Kabeln ansteuern. Kreative Spieler können eigene Spiel- und Klangideen realisieren, die Grenze von der Interpretation zur Komposition wird überschritten.

Etwa 100 Jahre hat es gedauert, das Keyboard bis zu seiner heutigen technischen Reife zu entwickeln: Um 1900 ließ der amerikanische Erfinder und Jurist Thaddeus Cahill eine erste „E-Orgel" patentieren. In Washington stellte er die Orgelmaschine „Dynamophone" vor, ein mehrere Tonnen schweres Gerät von der Größe eines „halben Maschinenhauses". Die Schwingungen wurden durch Wechselstrom-Dynamos erzeugt, mit Hilfe von Schaltern konnte der Spieler Klangfarben zusammensetzen.

Ein weiterer Meilenstein in der Entwicklung des Keyboards war das 1921 von Leon Theremin konstruierte „Ätherophon" oder „Ätherwelleninstrument", ein einstimmiges Instrument mit stufenloser Tonfolge, das durch Handannäherung an den Sender funktionierte.

1928 wurden in der Pariser Oper die „Ondes musicales", eine Erfindung des Musiklehrers und Telegrafisten Maurice Martenot, vorgeführt. Erstmalig diente eine Klaviatur zur Orientierung des tonauslösenden Vorgangs.

Friedrich Trautwein konstruierte 1930 sein „Trautonium", bei dem der obertonreiche Klang tonfrequenter Kippschwingungen von Glimmlampen durch Filter verändert werden konnte. Berühmte Komponisten wie Paul Hindemith, Harald Genzmer und Richard Strauss schufen Werke für dieses Instrument.

1931 entstand der Neo-Bechsteinflügel, ein Stutzflügel ohne Resonanzboden, bei dem jeweils fünf Saiten durch einen elektromagnetischen Tonabnehmer verstärkt wurden. Es folgten das Förster-Elektrochord der Klavierfirma Förster und die Lichttonorgel der Firma Welte. 1946 schließlich baute die Wurlitzer-Company die erste ihrer berühmten Wurlitzer-Orgeln.

1964 gelang Robert A. Moog eine bahnbrechende Erfindung: der erste Synthesizer mit spannungsgesteuerten Oszillatoren. Seine Klangpalette reichte vom Naturinstrumenten-Imitat bis zum nicht mehr beschreibbaren Klang. Die Klangmöglichkeiten können mit achtstelligen Zahlen beziffert werden.

Mit der technischen Entwicklung der elektronischen Instrumente, mit der Möglichkeit, Klänge beliebig zu erschaffen, sie

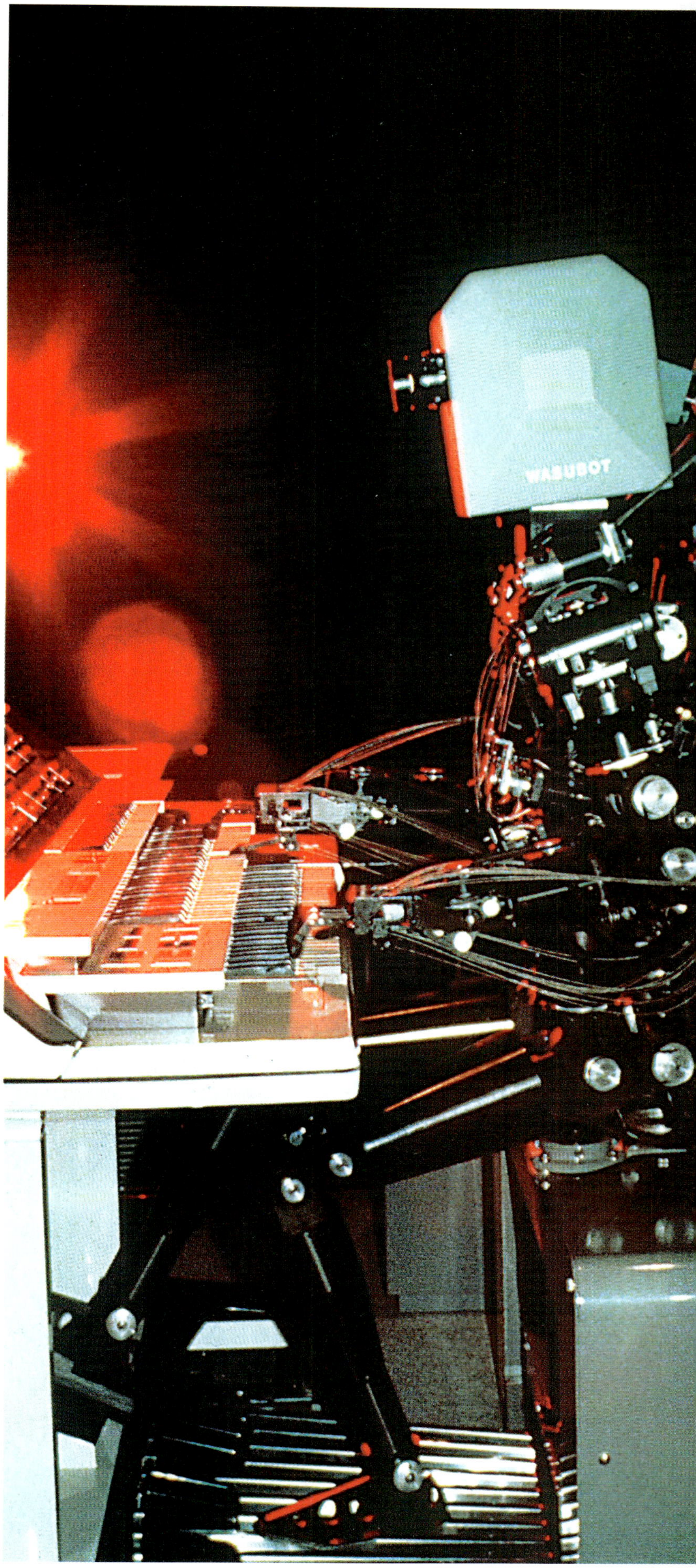

der zukünftige Musiker: ein Roboter?

zu designieren, zu modulieren, zu schneiden, zu filtern und zu speichern, änderten sich Soundgefühl und Klangästhetik. Die Möglichkeiten der neuen Medien, die in den 1950er Jahren einsetzende Computerentwicklung prägten die Elektronische Musik und den gesamten Rock- und Popbereich.

Wie bei allen technischen Geräten schreitet auch die Entwicklung elektronischer Musikinstrumente so schnell voran, dass sie innerhalb weniger Jahre veralten. Zehn Jahre alte Keyboard-Schulen sind heute schon nicht mehr aktuell, jährlich erscheinen mehrere neue. Den meisten ist eine CD mit Demo-Stücken und Mitspiel-Versionen beigelegt. Der Abdruck aktueller Pop-Stücke von den Schülern am meisten gewünscht, ist relativ teuer, sodass vor allem Folklore und Klassikbearbeitungen das Repertoire der Schulen bilden. Einige Schulen bieten Ensemblestücke an. Originale Werke für Keyboard gibt es kaum.

Praktische Tipps

Keyboard-Unterricht wird vor allem von Musikgeschäften angeboten, die beim Kauf der Instrumente beraten. Der Unterricht findet meistens in Gruppen statt. Auch kommunale und private Musikschulen oder Privatlehrer bieten Keyboard-Unterricht an. In einigen allgemein bildenden Schulen wird Klassenunterricht auf Keyboards erteilt.

Wegen der einfachen Spielweise ist das Keyboard-Spiel für Kinder wie für Jugendliche und Erwachsene – auch für behinderte Menschen – möglich. Um Kindern das Erlebnis eines körperlichen, lebendigen Musizierens zu ermöglichen, sollten aber junge Spieler ihre ersten Musikerfahrungen auf einem akustischen Instrument sammeln. Für Jugendliche, die bereits Klavier, Gitarre oder Schlagzeug spielen, stellt das Keyboard eine ideale Ergänzung dar: Die Möglichkeiten eines guten Instruments können zum Arrangieren und Komponieren genutzt werden, die Technik bietet eine ganz eigene Motivation, beim Spiel in einer Band entsteht eine beglückende Gruppendynamik. Das Umsteigen vom Klavier oder Flügel zum Keyboard ist völlig unproblematisch, umgekehrt gelingt der Wechsel jedoch nur selten.

Auch ein Anfänger-Keyboard sollte eine volle Klaviertastatur und einen dynamischen Anschlag (gewichtete Tastatur) haben, um eine wenn auch begrenzte Klangbildung durch den Anschlag möglich zu machen.

Durch ein entsprechendes Equipment lässt sich das Keyboard zum Tonstudio im Wohnzimmer erweitern, das die Grundlage für kreatives Arbeiten darstellt. Dieser schöpferische Umgang mit Musik setzt aber sehr viel an Computerhandling, Musiktheorie, Live-Erfahrungen mit Musikinstrumenten etc. voraus. Die Ausstattung kostet leicht über 1000 €, da ein leistungsstarker Rechner für aufwändige Sound- und Schnittprogramme benötigt wird.

Ziel einer Ausbildung am Keyboard kann die Hausmusik, der Bandleader im Amateurbereich, der Do-it-yourself-Musikproduzent, der Alleinunterhalter sein. Es ist aber auch der umfassend gebildete Musiker und Komponist, der neben Fertigkeiten im Instrumentalspiel die technischen Möglichkeiten eines universellen Instruments nutzt. Ferner kann er mit entsprechenden Programmen die von ihm erstellte Partitur oder Einzelstimmen mit dem angeschlossenen Drucker ausdrucken.

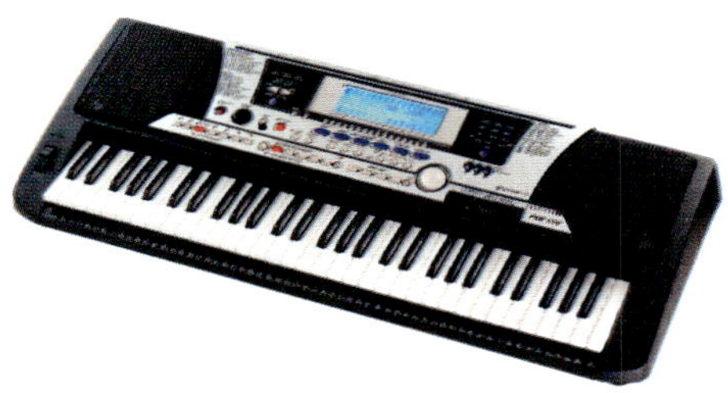

Klaus Heider

In der Werkstatt

Konstruktion des Rahmens

Unter Dampf und Funkensprühen strömt das flüssige Metall in die Einfüllstutzen der Gussform. Vier Männer in schweren Lederschürzen mit dunklen Brillen vor den Augen steuern den Arbeitsvorgang, nachdem sie die auf dem Boden liegende Sandform vorbereitet haben. Nach dem Erkalten des Materials hebt sich die schwere Eisenumrandung und ein Kran zieht den Rahmen aus der Schlacke: ein neuer „Flügel" ist geboren! Allerdings braucht es noch viele Tage und Wochen, bis sich die in verschiedenen Hallen gefertigten Einzelteile zu einem Instrument zusammenfügen.

Zuerst müssen der Panzerrahmen entgratet, geschliffen und das Wirbelfeld mittels Schablone gebohrt werden, damit sich das „graue Entlein" in den „goldenen Schwan" verwandeln kann. Immer noch erfordert der Klavierbau trotz des Einsatzes hochmoderner Maschinen ein großes handwerkliches Können und künstlerisches Fingerspitzengefühl.

In der Schreinerei setzt der Meister ausgewählte Fichtenbretter zusammen und verleimt sie in der Klebepresse. Nach dem Trocknen erhält der Boden in einer computergesteuerten

Hobelmaschine seine endgültige Stärke, 7 mm für den Bass und 9 mm für den Diskant. Aufgezogene Rippenstäbe geben der Decke, ähnlich wie bei einem Streichinstrument, eine leichte Wölbung, was dem Saitenzug entgegen wirkt.

Ein Bolzenautomat treibt die Saitenstifte in die geschwungenen Klangstege, die aus Buche oder Ahorn gefertigt und rund gehobelt sind. Das Aufleimen der Stege, welche zusätzliche Stabilität geben, geschieht ebenfalls in der Presse. Wie in einer Autofabrik befördert ein Montageband den fertigen Resonanzboden in die Spritzkabine, wo er eine Kunstharzlackierung erhält. Die genau berechnete Dosierung und Schichtung des Lackes schützt das Holz und sorgt für die entsprechende Klangqualität.

Die Konstruktion des Rastens (geschwungener Rahmen für den Boden) erfolgt je nach Hersteller in unterschiedlichen Arbeitsgängen. Entweder werden mehrere Buchenholzschichten in der Presse geformt und verleimt, oder die Wandung wird aus massiver Fichte hergestellt, indem man die Biegung durch eng nebeneinander liegende Sägeschnitte erzeugt. Weltfirmen wie Bösendorfer und Steinway schwören auf diese Bauweise, die eine besondere Klangbildung bewirkt, da Resonanzboden und Rasten eine akustische Einheit bilden.

Ähnlich wie bei der Decke einer Gitarre verstärken dicke Längs- und Querbalken den Unterboden des Rastens. Nun kann der Schreiner in die Rahmenkontur den Stimmstock einpassen, der aus kreuzseitig verleimten Ahorn- oder Buchenhölzern besteht, um den Stimmwirbeln einen festen Sitz zu geben. Denn diese müssen über viele Jahrzehnte einen Zug von ca. 20 Tonnen aushalten.

Nach dem Feinschliff kann der Gussrahmen auf Holzplättchen gelagert und mit dem Resonanzboden verschraubt werden, wobei sich durch die Verbindung mit dem Stimmstock eine kompakte und stabile Einheit ergibt. Nun bohrt ein Facharbeiter durch die Aussparungen im Wirbelfeld die Löcher für die Stimmschrauben. Das Beziehen der Saiten verlangt ein perfektes Zusammenspiel von Mensch und Maschine:

Aufziehen der Saiten

Montage der Mechanik

Nachdem die Saite aufgehängt und der Wirbel per Hand gesetzt ist, vollendet ein Automat das Einschrauben des Wirbels in den Stimmstock. Viele Klavierbauer stellen nicht mehr selbst Saiten her, da vor allem das Umspinnen der Bass-Saiten mit Kupferdraht ein besonderes Können voraussetzt.

Ebenso verhält es sich mit der Mechanik und den Hammerköpfen, welche nur noch in wenigen traditionsreichen Klavierfabriken gefertigt werden. Darauf haben sich besondere Betriebe spezialisiert, wie zum Beispiel die Firma Renner in Stuttgart. Nach akustischer Prüfung wird der Hammersatz für verschiedene Flügelmodelle individuell zusammengestellt, verleimt und eingeschliffen. Das Montieren der vielen Einzelteile der Mechanik und der Aufbau des Klaviaturrahmens ist ein Meisterwerk für sich. Hier ist höchste Präzision erforderlich, da jede Taste mit ihrem Fänger in richtiger Position zu den Einzelteilen der Repetitionsmechanik stehen muss. Auch die Herstellung der Dämpfer mit ihren unterschiedlich geformten Filzen (Platten oder Keile) verlangt viel Feingefühl, Präzision und Erfahrung.

Das anschließende Regulieren der Mechanik, die ein gleichmäßiges Spielen ermöglichen soll, ist die Arbeit eines Spezialisten. Immer wieder prüft und korrigiert er den Tastengang, das Auslösen des Hammers und die Dämpferfunktion, bevor die gesamte Mechanik einer maschinellen Belastung unterzogen wird. Parallel dazu entstehen in anderen Räumen die übrigen Gehäuseteile, wie Deckel, Tastenklappe, Notenpult, Pedallyra, Füße usw. In verschiedenen Arbeitsgängen werden diese Komponenten in ihrer Oberflächenbehandlung dem Korpus des Flügels angepasst.

Nach der „Endmontage" und einer chorreinen Stimmung Saiten beginnt die Arbeit des Intonateurs. Mit feinen Nadeln bearbeitet er die Hammerfilze, um das Material weicher zu machen. In vielen Stunden entsteht so der gewünschte Klangcharakter, die „Seele" des Instruments.

Geradezu „cool" geht es dagegen bei der Fertigung von Keyboard und Synthesizer zu. Wurde bei den älteren Geräten noch der natürliche Werkstoff Holz zu Konsolen und Stativen verarbeitet, so herrscht heute überall Kunststoff vor, der als Taste, Gehäuseschale oder Platine für elektronische Bauteile im Spritzverfahren seine Form erhält.

Die rasante Entwicklung der integrierten Schaltkreise hat die externen Kofferteile mit ihren eingebauten Modulen (VCO/

Prüfung der Dämpfer

Korrektur des Tastengangs

Filter/Amplifier), welche über diverse Kabel mit der Tastatur verbunden waren, verschwinden lassen. Die miteinander vernetzten Platinen, die in Elektronikfirmen von Automaten bestückt und verlötet werden, haben ihren Platz in der Oberschale des Keyboards. Zwischen den eingebauten Stereo-Lautsprechern zeigt ein digitales Display alle Funktionen der Sound- und Rythmbanks und der speziellen Effekte an. In der Werkstatt kann ein Fachmann nur defekte Platinen austauschen und einmessen, eine Reparatur erfolgt bei den Herstellern.

Beim Akkordeon gehen beide Werkstoffe noch eine Synthese ein, denn in vielen Profi-Instrumenten findet sich neben

Arbeit des Intonateurs

Montage des Stimmstocks

diversen Bauteilen aus Plastik der hölzerne Stimmstock mit seinen Kanzellen, auf welche die Stimmzungen für den Diskant und die Bässe genagelt werden. Wie beim Klavier überprüft auch hier der Intonateur die Auslösung und Stimmung der Zungen. Daneben kommt Leder bei der Herstellung des Balges zum Einsatz, der die Zungen in Schwingung versetzt und durch die zugeschalteten Register wie bei der Pfeifenorgel den Klangfarben Leben verleiht.

Querschnitt

Gemeinsames Musizieren

Kinder und Jugendliche musizieren genauso gern zusammen, wie sie in den ersten Jahren ihres Lebens gemeinsam spielen. Dieser Vorgang ist ganz natürlich, erfordert zwar gewisse Voraussetzungen, fördert aber viele Veranlagungen und schlummernde Talente. Ebenso verlangt das gemeinsame Musizieren einige Vorkenntnisse und Fertigkeiten auf dem Instrument. Wenn aber dieser Stand erreicht ist, können die jungen Musiker wichtige Erfahrungen machen:

- Zusammenarbeit mit dem Pultnachbarn
- Neues Notenmaterial mehrstimmiger Kompositionen
- Kennenlernen anderer Instrumente
- Arbeit mit einem Dirigenten
- Erzeugen eines gemeinsamen Klangbildes
- Aufeinanderhören
- Disziplin

Dies alles beflügelt die Spieler, ihr Können unter Beweis zu stellen und ihre persönlichen Möglichkeiten auszuschöpfen. Die ersten Erfahrungen im gemeinsamen Musizieren machen die Kinder meist in kleineren Spielgruppen, wie zum Beispiel einer Blockflötengruppe. Entsprechend ihrem jeweiligen Entwicklungsstand bieten sich danach andere Besetzungen an, wie sie von sehr vielen Musikschulen angeboten werden – oft mit fantasievollen Bezeichnungen (wie „Die Quietschfidelen", „Die Stadtstreicher", Youngsters I/II", „Max-Brassers" etc.):

- Holzbläsergruppen (Querflöten/Saxophone)
- Blechbläsergruppen (Trompeten/Posaunen/Hörner)
- Zupfinstrumentengruppen (Gitarren/Mandolinen)
- Percussionsgruppen (alle lateinamerikanischen Instrumente)
- gemischte Besetzungen (Holzbläser/Blechbläser/Rhythmusgruppe)
- Rockband (E-Gitarren/E-Bass/Keyboard/Schlagzeug)
- Bigband (Satz: Klarinetten/Saxophone – Posaunen – Trompeten – Rhythmusgruppe – Klavier/Gitarre/Bass/Schlagzeug)
- Dixielandband (Trompete/Klarinette/Posaune/Banjo/Bass/Schlagzeug) für Fortgeschrittene, da ein hohes Maß an Improvisation gefragt ist
- Kammerorchester (Stufe A für Anfänger/Stufe B für Fortgeschrittene)
- Sinfonieorchester (ab ca. 24 Instrumentalisten) (Streicher/Holzbläser/Blechbläser/Schlagwerk)

Instrumentalensembles in Deutschland

(Quelle: Deutscher Musikrat (Hrsg.): Musik-Almanach 2003/2004, Gustav Bosse Verlag/Bärenreiter Verlag Kassel 2002)

Baden-Württemberg:

Landesjugendorchester Baden-Württemberg, Tel. 0 62 21/33 88-55

Interregionales Jugendorchester, Tel. 07 21/94 76 7-0

Sinfonisches Jugendblasorchester Baden-Württemberg, Tel. 07 21/94 76 7-0

Jugendjazzorchester Baden-Württemberg, Tel. 0 74 61/1 39 53

Akkordeon-Landesjugendorchester Baden-Württemberg, Tel. 0 71 71/6 45 67

Jugendzupforchester Baden-Württemberg, Tel. 07 21/37 43 35

Jugendgitarrenorchester Baden-Württemberg, Tel. 0 62 01/18 16 16

Bayern:

Bayerisches Landesjugendorchester, 09 11/83 73 44 oder 01 71/8 94 73 88

Landes-Jugendjazzorchester Bayern, Tel. 0 83 42/96 18 22

Bayerisches Landesjugendzupforchester, Tel. 09 11/69 79 08

Bayerisches Landesjugend-Zitherorchester, Tel. 0 81 31/35 31 10

Berlin:

Landesjugendorchester Berlin Tel. 0 30/39 73 10 87

JugendStreichOrchester Berlin, Tel. 0 30/39 73 10 87

Berliner JugendJazzOrchester, Tel. 0 30/39 73 10 87

Landes-Akkordeon-Orchester Berlin, Tel. 0 30/36 28 23 20

Brandenburg:

Landesjugendsinfonieorchester Brandenburg, Tel. 03 31/24 02 75

Landesjugendblasorchester Brandenburg, Tel. 03 35/2 84 76 00

Landesjugendjazzorchester Brandenburg, Tel. 0 35/4 30 22 94

Landesjugendakkordeonorchester, Tel. 03 31/2 80 35 25

Landesjugendzupforchester Brandenburg-Berlin, Tel. 03 31/2 80 35 25

Bremen:

Jugendsinfonieorchester Bremen-Mitte, Tel. 04 21/3 61 56-75 oder-76

Landesjugendorchester Bremen, Tel. 04 21/1 63 19 58 => 04296748608

Hamburg:

Albert-Schweitzer-Jugendorchester Hamburg, Tel. 0 43 03/608 oder 0 40/8 31 55 37

Hamburger Jugendorchester (Landesjugendorchester der Freien und Hansestadt Hamburg), Tel. 0 40/4 80 86 47

Jazzessence – Das Landesjugend-Jazzorchester Hamburg, Tel. 040-6452069

Hessen:

Jugend-Sinfonie-Orchester des Landes Hessen, Tel. 0611-34186864 Herr Bosse RR

LandesJugendJazzorchester Hessen, Tel. 0 61 27/34 11

Landesjugendzupforchester Hessen, Tel. 0 61 03/57 01 53

Mecklenburg-Vorpommern:

Landesjugendorchester Mecklenburg-Vorpommern, Tel. 03 85/5 57 44 52

LandesJugendJazzOrchester Mecklenburg-Vorpommern, Tel. 03 81/44 27 26

Niedersachen:

Niedersächsisches Jugendsinfonieorchester, Tel. 05 11/1 53 86

Jugendblasorchestser Niedersachsen, Tel. 05 11/1 52 47

JazzOrchester Niedersachsen, Tel. 05 11/1 61 20 14

Niedersächsisches Jugendzupforchester, Tel. 0 51 41/3 67 30

Accollage – Akkordeonorchester des Landes Niedersachsen, Tel. 0 44 88/15 13

Nordrhein-Westfalen:

LandesJugendOrchester Nordrhein-Westfalen, Tel. 0 28 23/39 14

LandesJugendKammerOrchester Nordrhein-Westfalen, Tel. 0 28 23/97 32 13

LandesJugendBlasOrchester Nordrhein-Westfalen, Tel. 02 11/86 20 64-40

JugendJazzOrchester Nordrhein-Westfalen, Tel. 02 31/5 02 39 45 oder 0 23 73/97 33 33

LandesJugendAkkordeonOrchester Nordrhein-Westfalen, Tel. 02 21/6 80 26 78

JugendZupfOrchester Nordrhein-Westfalen, Tel. 0 23 39/91 26 80 oder 01 73/2 95 62 94

Rheinland-Pfalz:

Landesjugendorchester Rheinland-Pfalz, Tel. 0 65 31/ 91 53 41 oder 01 72/6 53 35 20

Jugendblasorchester Rheinland-Pfalz, Tel. 0 61 31/22 69 12

Zupforchester Rheinland-Pfalz, Tel. 0 63 31/6 52 59

Saarland:

Landes-Jugend-Symphonieorchester Saar / LJO Saar, Tel. 06 81/5 89 12 56

Jugendjazzorchester des Saarlandes, Tel. 06 81/58 51 41

Landes-Schüler-Bigband des Saarlandes, Tel. 0 68 58/15 04

Saarländisches Jugend-Zupforchester, Tel. 0 68 31/5 35 98

Sachsen:

Landesjugendorchester Sachsen, Tel. 03 51/8 10 42 37

Landesjugendblasorchester Sachsen, Tel. 03 72 97/8 99 85

Jugend-Jazzorchester Sachsen, Tel. 03 51/8 10 42 37

Landesjugendzupforchester Sachsen, Tel. 03 75/21 57 91 oder -2 87

Sachsen-Anhalt:

Jugendsinfonieorchester Sachsen-Anhalt, Tel. 03 45/67 89 98 -14

Jugendjazzorchester Sachsen-Anhalt, Tel. 03 45/6 78 99 8-0

Schleswig-Holstein:

Landesjugendorchester Schleswig-Holstein, Tel. 04 31/9 86 58-14

Landesjugendblasorchester Schleswig-Holstein, Tel. 0 43 29/7 46 -

Landesjugendjazzorchester Schleswig-Holstein, Tel. 04 31/9 86 58-12

Thüringen:

Landesjugendsinfonieorchestser Thüringen, Tel. 0 36 43/90 56 32

Landesjugend Bigband Thüringen, Tel. 0 36 43/90 56 33 RR

Landesjugendzupforchester Thüringen, Tel. 0 6343/90 56 33

Autorinnen und Autoren

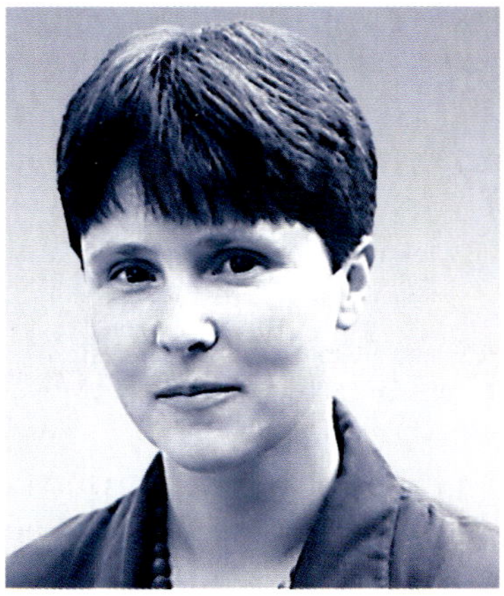

Baier, Dorothea: geb. 1965, Studium der Instrumentalpädagogik und Allgemeinen Musikerziehung mit dem Hauptfach Oboe bei Prof. Christian Schneider an der Musikhochschule Köln. Es folgte eine Zusatzausbildung in Musiktheorie (bei Prof. Michael Schmoll); Lehrerin an der Musikschule der Stadt Leverkusen (für Oboe, musikalische Früherziehung, Grundausbildung und Musiktheorie), dort auch Leiterin der Studienvorbereitenden Ausbildung; daneben Tätigkeit als freiberufliche Oboistin; mehrere Veröffentlichungen zur Oboe (darunter eine Oboenschule für Kinder im Grundschulalter).

Caskel, Christoph: geb. 1932, Studium des Faches „Pauken und Schlagzeug" an der Musikhochschule Köln sowie Musikwissenschaft an der dortigen Universität. In unzähligen Konzerten mit zeitgenössischer Musik hat er sich einen internationalen Ruf als Schlagzeuger geschaffen und dazu beigetragen, das Schlagzeug als Solo-Instrument im Konzertsaal heimisch werden zu lassen. Rundfunk- und Fernsehaufnahmen in allen Hauptstädten Europas, Tokio, Chicago, New York, Los Angeles; Schallplatten bei DGG, Wergo, Time Records; seit 1965 Lehrer an der Rheinischen Musikschule Köln, von 1975–97 Professor an der Musikhochschule Köln (mehrere Jahre Dekan des Fachbereichs 1).

Dausend, Gerd-Michael: geb. 1952, Gitarrenstudium Musikhochschule Köln, Abt. Wuppertal (u.a. bei D. Kreidler), dort seit 1977 Lehrbeauftragter für Gitarre; seit 1974 Lehrer an der Bergischen Musikschule Wuppertal (Fachbetreuer für die Zupfinstrumente); seit 1978 ständiger Gastdozent an der Akademie Remscheid (berufsbegleitende Lehrgänge) und der Bundesakademie Trossingen; umfangreiche weitere Kurs- und Vortragstätigkeit; Veröffentlichungen zur Gitarre (u.a. „Die Gitarre im 16. bis 18. Jahrhundert" / „Die klassische Gitarre", Nogatz Essen), Notenausgaben.

Eickholt, Alfred: Professor für Gitarre und Instrumentaldidaktik an der Musikhochschule Köln, Abt. Wuppertal; daneben Gitarrenlehrer an der Bergischen Musikschule Wuppertal (dort Leiter der studienvorbereitenden Ausbildung); als Künstler, Pädagoge und Juror auf internationalen Festivals ebenso vertreten wie als Referent auf nationalen und internationalen Kongressen; Bundesvorsitzender der EGTA (European Guitar Teachers Association / Sektion Deutschland), Fachberater des Verbandes deutscher Musikschulen (VdM); zahlreiche didaktisch-methodische Veröffentlichungen zur Gitarre (u.a. „Los geht's" – Gitarrenschule für den frühinstrumentalen Beginn, Schott Mainz).

Fischer, Peter: geb. 1966, bedeutender E-Gitarrist, studierte E-Gitarre u.a. in Los Angeles; Studiomusiker, Mitwirkung in zahlreichen Bands; internationale Tätigkeit (Konzerte, Workshops, CD-Produktion, Musik zu Filmen); Dozent u.a. bei Fortbildungsveranstaltungen des VdM und beim international bekannten National Guitar Workshop. Autor mehrerer Gitarren-Lehrbücher (u.a. „Survival Guitar", AMA, eines Lehrvideos („Modern Rock Concepts" 1994) und von Gitarren-Workshops in verschiedenen europäischen Musikmagazinen (u.a. „Gitarre & Bass").

Heider, Klaus: geb. 1940, Studium der Schulmusik und Germanistik an der Musikhochschule und Universität Köln, 1. und 2. Staatsexamen, Konzertexamen Gesang; seit 1970 konzertierte er mit vielen bedeutenden Gruppen für alte Musik (Knabenchor Hannover, Berliner Ensemble für Alte Musik, Odhecaton, Ludus venti, Trio Andare) und namhaften Interpreten wie G. Leonhardt, N. Harnoncourt und R. Jacobs; Konzertreisen und Aufnahmen in vielen europäischen Ländern; Studiendirektor an einem Kölner Gymnasium, Leitung von Orchestern und Chören; mehrere Jahre Lehrauftrag für schulpraktisches Klavierspiel an der Musikhochschule Köln; Arrangeur und Produzent der CD-Reihe „Kinderlieder zum Spielen, Tanzen und Mitmachen".

Helms, Siegmund: geb. 1938, Studium der Schulmusik (inkl. Philosophie, Psychologie), Musikwissenschaft inkl. Musikethnologie (Promotion Berlin 1967) und Geographie in Hannover und Berlin; 1. und 2. Staatsexamen, Schuldienst in Berlin, Göttingen, Kassel, 1971 Dozent für Musikpädagogik an der Universität Bayreuth, 1974 Professor für Musikpädagogik an der Musikhochschule Frankfurt, 1977–2002 an der Musikhochschule Köln (dort Leiter des Instituts für Schulmusik 1977–1989, stellvertr. Direktor 1982–84, Dekan des Fachbereichs Musikpädagogik/Musikwissenschaft 1989–2001), zahlreiche musikpädagogische und -wissenschaftliche Veröffentlichungen.

Hutcap, Christiane: Studium der Violine (bereits ab 16 J.) an der Musikhochschule Köln (Prof. Igor Ozim), Teilnahme an zahlreichen Meisterkursen (u.a. bei S. Accardo, W. Marschner), Kammermusikunterricht (Prof. Günther Kehr), umfangreiche Tätigkeit als Kammermusikerin und Solistin; 1984 Fachbereichsleiterin der Streicherabteilung einer größeren Musikschule in der Nähe von Köln; viele Jahre Assistentin von Prof. Ozim (Musikhochschule Köln); seit 1994 Professorin für Violine an der Musikhochschule Rostock; Dozentin bei internationalen Meisterkursen in Deutschland, Slowenien und Indonesien.

Immer, Friedemann: geb. 1948, Professor für Trompete an der Hochschule für Musik Köln und für Barocktrompete am „Conservatorium van Amsterdam" (Holland). Er hält regelmäßig Kurse und Workshops an Hochschulen vieler Länder und gehört zu den gefragten Trompetern im internationalen Konzertleben. Immer hat sich neben der modernen Trompete auf das Spiel der Barocktrompete spezialisiert und konzertiert mit verschiedenen Orchestern in aller Welt. Mehr als 80 CD-Aufnahmen sowie zahlreiche Rundfunk- und Fernsehproduktionen; Leiter des von ihm gegründeten „Trompeten Consort Friedemann Immer"; Veröffentlichung von Musik für Trompeten und andere Instrumente aus allen Epochen unter *Edition Immer* beim Musikverlag Spaeth/Schmid GbR Herrenberg.

Kreidler, Dieter: geb. 1943, Studium am Robert-Schumann-Konservatorium (Düsseldorf), staatl. Musiklehrer- und künstlerische Abschlußprüfung, 1971 Konzertexamen; langjähriger Mitarbeiter in verschiedenen Gremien des Deutschen Musikrates und der Laienmusikpflege, u.a. Mitglied des Hauptausschusses „Jugend musiziert" und Bundesmusikleiter des Bundes Deutscher Zupfmusiker; zahlreiche Veröffentlichungen, insbesondere im instrumentalpädagogischen Bereich (u.a. Gitarrenschule, 2 Bde., Schott Mainz); Konzerttätigkeit, 1995 Bundesverdienstkreuz, Professor für Gitarre und seit 1997 Dekan der Hochschule für Musik Köln, Abt. Wuppertal.

Twelsiek, Monika: Studium der Schulmusik und Germanistik (1. Staatsexamen), Musikwissenschaft, Instrumentalpädagogik sowie Künstlerische Ausbildung an der Musikhochschule und Universität Köln; Lehrerin an den Musikschulen Rheinbach und Hagen; seit 1992 Leiterin des Fachbereichs „Tasteninstrumente" an der Rheinischen Musikschule Köln; seit 1997 Lehrbeauftragte für Klavierpädagogik an der Robert-Schumann-Hochschule Düsseldorf; Klavierlehrerin; Veröffentlichungen: Rezensionen, Übersetzungen, literarische Texte und musikpädagogische Beiträge; Herausgabe zahlreicher Ausgaben von Klavierwerken.

Wilden-Hüsgen, Marga: Professorin für Mandoline an der Musikhochschule Köln, Abt. Wuppertal; Dozentin und Jurorin bei internationalen Festivals und Wettbewerben; Mitglied der Bundesmusikleitung des „Bundes Deutscher Zupfmusiker" (BDZ); 1992 Landesverdienstorden des Landes NRW, seit 1978 Konzertmeisterin des Landesorchesters NRW „fidium concentus"; Veröffentlichungen zur Geschichte und Didaktik der Mandoline (u.a. Mandolinenschule, Schott Mainz), Editionen alter und neuer Musik für Mandoline. Sie hat sich um eine an der klassischen Spielweise orientierte Mandolinentechnik bemüht und das Spiel auf der Barockmandoline als vollwertigem künstlerischem Instrument wiederbelebt.

Sachregister

Die fett gedruckten Seitenzahlen verweisen auf Abbildungen.

G

H

I

J

K

Bildnachweis und Danksagung

Für die freundliche Bereitstellung des Bildmaterials danken wir folgenden Firmen, Institutionen und Personen:

akg-images, Berlin
C. Bechstein Pianofortefabrik AG, Berlin
Blue Guitar, Musik Produktiv, Ibbenbüren
Julius Blüthner Pianofortefabrik GmbH, Großpösna
L. Bösendorfer Klavierfabrik GmbH, Wien
dpa Deutsche Presse-Agentur, Frankfurt
Fender Musical Instruments GmbH, Düsseldorf
Richard Gruenke & Söhne Bogenmachermeister GmbH, Langensendelbach
Hanika Gitarrenbau, Baiersdorf
Klaus Heider, Bergisch Gladbach
Matth. Hohner AG, Trossingen
Friedemann Immer, Niederkassel
Josef Klier KG, Mundstücke, Diespeck
Küng Blockflötenbau, Schaffhausen
Landesjugendorchester Berlin/Landesmusikrat Berlin
Conrad Mollenhauer Blockflöten GmbH, Fulda
M&T Musik & Technik GmbH, Marburg
Music Store, Köln
Yasuyoshi Naito, Mandolinenbau, Köln
PhotoDisk
Nils Ingo Press, Berlin
Louis Renner GmbH & Co., Klaviermechaniken, Gärtringen
ROMEN A Division of Roland Meinl Musikinstrumente GmbH & Co. KG, Neustadt/Aisch
Sassmann GmbH, Cembalobau, Radevormwald
Wilhelm Schimmel Pianofortefabrik GmbH, Braunschweig
Ed. Seiler, Pianofortefabrik, Kitzingen
Sonor GmbH & Co. KG, Bad Berleburg
Studio 49 Musinkinstrumentenbau GmbH, Gräfelfing
Bruno Tilz Mundstückbau, Neustadt/Aisch
Wersi Music Production GmbH, Köln
Marga Wilden-Hüsgen, Aachen
Yamaha Music Central Europe GmbH, Rellingen

Für die Möglichkeit, Aufnahmen von Meisterbetrieben, Werkstätten, musizierenden Kindern und Gruppen machen zu dürfen, danken wir folgenden Institutionen und Personen:

W.&H. Bünnagel Geigenbaumeister, Köln
Th. Bocklenberg, Lauten, Neuss
W. Heitland Lautenbau, Grevenbroich
Schüler/innen und Rockband der Königin-Luisie-Schule, Köln
Max-Bruch-Musikschule, Bergisch Gladbach
· Die Quietschfidelen (Ltg.: E. Kley)
· Die Stadtstreicher (Ltg.: K. Kreuzer)
· Youngsters I/II (Ltg.: S. Sauvageot)
· Max-Brassers (Ltg.: S. Sauvageot)
· Penless Combo (Ltg.: G. Ruby)
· Gitarrenquartett (Ltg.: J. Heilinger)
J. Monke Metallblasinstrumente, Köln
Musik Produktion Mobil N. Heider, Hennef
Bigband der Kunst- und Musikschule der Stadt Brühl
Holzbläserklasse (Oboe/Fagott) der Musikschule Leverkusen
D. Simonsen Geigenbau, Bonn
Musikhaus Tonger, Köln
H. Viertmann, Fachhandlung für Gitarren, Köln
A.&P. Wendland-Seaborn, Gamben, London

Redaktionsleitung: Klaus Heider

Gesamtherstellung: Naumann & Göbel Verlagsgesellschaft mbH, Köln

ISBN 3-625-21125-4